最新の
収益認識
会計

九州大学名誉教授
大阪商業大学特任教授

岩崎 勇 編著

税務経理協会

はじめに[1]

　今日においては世界的に国際会計基準審議会（IASB）の公表する国際財務報告基準（IFRS）が益々世界標準的な基準として認められ，既に任意適用を含めて100か国以上で採用がなされている。それゆえ，このIFRSの影響力が益々国際的に強くなってきており，それは例えば，わが国においても（狭義）資産負債アプローチ[2]的思考を採用する新しい収益認識基準が基本的に採用されるなど，従来のわが国の会計の基本思考である伝統的発生主義会計を揺るがしかねないような状況となってきている。

　すなわち，より具体的には2014年に（狭義）資産負債アプローチを採用するIASBは国際財務報告基準（IFRS）第15号「顧客との契約から生じる収益」を公表したが，これに合わせて，わが国の基準設定機関である企業会計基準委員会（ASBJ）は2018年3月に新たな収益認識基準として企業会計基準第29号「収益認識に関する会計基準」（「収益認識基準」ともいう）を公表し，2021年4月1日以降に開始する事業年度から適用を開始している。言い換えれば，従来においてわが国においては，収益費用アプローチ的な伝統的発生主義会計の観点から基本的に実現主義の原則に基づき販売取引による財貨・サービスのフローに着目して収益を認識してきたが，新基準では（狭義）資産負債アプローチと資産負債の変動に焦点を当てた収益認識アプローチに基づき履行義務の充足という資産負債の変動（フロー）に着目し，それに基づいて収益を認識することとしている。そして，ASBJは国際的比較可能性の確保の観点からIFRSを基本

---

[1]　本「はじめに」は会計理論学会スタディグループ（主査　岩崎勇）『収益認識についての総合的研究〔最終報告書〕』会計理論学会の「はしがき」所収の岩崎［2023］に基づいている。

[2]　「**（狭義）資産負債アプローチ**」とは資産負債概念の定義のみを鍵概念として使用するアプローチであり，測定を時価で行わないもののことであり，「**（広義）資産負債アプローチ**」とは定義について資産負債概念を鍵概念として使用すると同時に，測定についても公正価値等の時価を使用するアプローチのことである。

的にすべて受け入れるけれども，国内の適用上の課題に対処するため，一部の項目について代替的な取扱いを追加し，許容する形でわが国の新しい収益認識基準を設定している。

このような状況の下において本書は「収益認識についての総合的研究」というテーマの下で2021年に設置された会計理論学会スタディグループにおける研究成果を基礎とするものである。この場合，本スタディグループの目的は文献研究に基づきこれまでなされてきた収益認識会計の理論及び制度上の到達点，従来の収益認識基準と新しい収益認識基準との異同点及び新しい収益認識基準に内在する問題点について検討を行うことであった。

すなわち，本書はスタディグループの『最終報告書』を基礎として，本書の出版のために大幅に要約をしたり，修正をすると同時に，可能な限り新たな知見を加えて作成されたものである。それゆえ，本書の基本的な骨格は最終報告書とほぼ同様であるが，さらにその後の研究成果等が加味されている。

なお，本書はスタディグループにおける共同研究の成果を基礎とするものではあるが，基本的には各メンバーの個人の責任で執筆されたものである。結果として同じ認識を共有することがあるかもしれないけれども，共通の観点に立って全体を取りまとめたものではない。したがって，どの章も当スタディグループの見解を代表するものではないことに注意をして頂きたい。

次に，「本書の構成」についてであるが，本書の構成は第Ⅰ編「全体理論」と第Ⅱ編「個別論点」の2部構成となっている。

第Ⅰ編は「全体理論」の部であり，収益認識に係る全体的な理論を詳細に検討し，その内容，特徴点等を明確化している。

第1章は「収益認識の現代的意義」について検討し，新しい収益認識基準は一見するとIASB等が採用する（狭義）資産負債アプローチに基づいているが，実質的に資産負債アプローチと収益費用アプローチを組み合わせた二元的アプローチに基づくものであること，及び理論的レベルおいては実質的に従来の実現主義の原則と同様な内容なものを要求しているけれども，具体的な基準レベルでは従来とかなり異なった会計処理基準を要求していることを明らかにして

はじめに

いる。

　第2章は「発生主義会計と収益認識基準の関係 − 収益を起点とした発生主義会計の内部システムの変容の観点から − 」というテーマの下に，発生（incur, accrue）という概念に着目し，先行文献を基礎にして従来型発生主義や近年型発生主義と収益認識基準との関係を比較して，その変容の内容を明示している。

　第3章は「資産負債アプローチの計算構造からみた収益認識」というテーマの下に，収益認識基準の特徴を資産負債アプローチの計算構造の視点から明らかにしている。すなわち，第1段階（単純な計算構造）と第2段階（純粋制度的計算構造）を踏まえて収益認識基準に基づく第3段階（具体的制度的計算構造）での計算構造の特徴を明らかにすると同時に，第3段階の計算構造が持つ社会的機能について利害調整機能を中心に明確化している。

　第4章は「IASBの概念フレームワークと会計基準の相互関係」というテーマの下に，両者の相互関係について解明するという問題意識の下に，1989年概念フレームワーク，2010年概念フレームワーク，2013年討議資料，2015年公開草案及び2018年概念フレームワークを取り上げ，そこにおける概念フレームワークの史的展開について跡づけている。そして，そのことから，IASB概念フレームワークの有する基本的特質について明らかにすると共に，それを受けて，IASBの概念フレームワークと会計基準との相互関係について明確にしている。

　第5章は「IFRS15とIASB概念フレームワーク − 範囲及び認識の区分に着目して − 」というテーマの下に，IASBが公表した収益認識基準（IFRS15）と概念フレームワークとの関係性に着目し，どのように両者の整合性が図られているのか，つまり，演繹的かあるいは帰納的か，その関係性について明確にしている。

　第6章は「わが国の収益認識基準をふまえた概念フレームワークの重要性と可変性」というテーマの下で，わが国の企業会計基準委員会（ASBJ）により2004年・2006年に公表された討議資料「財務会計の概念フレームワーク」の重要性と可変性について明確にしている。

　第7章は第6章の論文を受けて「ASBJ概念フレームワークの指導原理性と

iii

説明原理性－収益認識基準との関係に寄せて－」について検討し，当該論文の問題提起の意義を明確化している。

　第8章は「「収益認識に関する会計基準」のコンバージェンスと制度的対応」というテーマの下で，①「収益認識基準」の国際財務報告基準（IFRS）第15号へのコンバージェンスにあたって検討された事項の中から，IFRS第15号の根幹を成す「支配の移転」による考え方を一定の期間にわたり充足される履行義務に適用する際に，それが問題とされた点を明確にし，②「収益認識基準」のコンバージェンスに伴い，法人税法および会計監査においてどのような制度的対応がなされたのかについて明らかにしている。

　第9章は「FASB／IASBにおける収益認識の会計基準の設定過程の分析－公正価値の是認と却下－」というテーマの下で，公正価値の是認と却下に関係づけながら，FASBの2002年の会議からFASB／IASB討議資料（2008年）までの内容を，内部ロビングとトップダウン・アプローチ＝規範的アプローチ／ボトムアップ・アプローチ＝記述的アプローチの視点より明確にしている。

　第10章は新たな収益認識基準の導入に伴う「わが国の従来の収益認識理論・実務への影響の概要」を明確化している。

　第Ⅱ編は「個別論点」の部であり，収益認識に係る個別論点について検討している。

　すなわち，第11章　変動対価，第12章　返品権付販売，第13章　ポイント制度，第14章　本人と代理人の区分，第15章　有償支給取引，第16章　工事契約，第17章　役務提供取引，第18章　ライセンス供与，第19章　請求済未出荷契約という個別論点について検討し，その特徴点や従来の基準との差異等について明確にしている。

〔参考文献〕
岩崎勇［2023］「はしがき」会計理論学会スタディグループ（主査　岩崎勇）『収益認識についての総合的研究〔最終報告書〕』会計理論学会，6－8頁。

岩崎勇（大阪商業大学教授・九州大学名誉教授）

目　　次

はじめに・i

第Ⅰ編　収益認識についての理論的研究

第1章　収益認識の現代的意義
- Ⅰ　はじめに ……………………………………………………………… 3
- Ⅱ　わが国における収益認識基準の展開 ……………………………… 4
  - 1　利益観の転換・4
  - 2　発生主義会計の変容・7
  - 3　収益認識基準の変容・8
  - 4　新しい収益認識基準の特徴点・11
  - 5　新基準の影響と従来の基準との差異・12
- Ⅲ　おわりに …………………………………………………………… 15

第2章　発生主義会計と収益認識基準の関係
　　　　－収益を起点とした発生主義会計の内部システムの変容の観点から－
- Ⅰ　はじめに …………………………………………………………… 17
- Ⅱ　発生主義会計の内部システムの変容 …………………………… 18
  - 1　従来型の発生主義会計（収益費用アプローチ系統）・18
  - 2　近年型の発生主義会計（資産負債アプローチ系統）における「発生主義」・24
  - 3　近年型の発生主義会計（資産負債アプローチ系統）における「収益・費用」・25
- Ⅲ　おわりに …………………………………………………………… 26

第3章　資産負債アプローチの計算構造からみた収益認識
- Ⅰ　はじめに
  － 計算構造の段階的な検討の枠組み － …………………………………… 29
- Ⅱ　計算構造における収益認識基準の検討 ……………………………… 31
  - 1　収益認識基準の目的と基本原則・31
  - 2　売上の負債化・32
- Ⅲ　売上の負債化の機能 ………………………………………………… 35
  - 1　収益認識基準と実現主義の原則・35
  - 2　収益認識基準の利害調整機能・36
- Ⅳ　おわりに ……………………………………………………………… 38

第4章　IASBの概念フレームワークと会計基準の相互関係
- Ⅰ　はじめに ……………………………………………………………… 41
- Ⅱ　IASB概念フレームワークの基本的特質の解明 …………………… 42
  - 1　「一般目的財務報告の目的」における変更と「有用な財務情報の質的特性」における変更との相互関係・43
  - 2　「一般目的財務報告の目的」及び「有用な財務情報の質的特性」における変更と「認識及び認識の中止」における変更との相互関係・45
  - 3　「一般目的財務報告の目的」及び「有用な財務情報の質的特性」における変更と「測定」における変更との相互関係・47
- Ⅲ　おわりに
  － IASBの概念フレームワークと会計基準の相互関係 － ……………… 48

第5章　IFRS 15とIASB概念フレームワーク
－範囲及び認識の区分に着目して－
- Ⅰ　はじめに ……………………………………………………………… 53
- Ⅱ　IFRS 15における概念フレームワークの影響 ……………………… 54
  - 1　IFRS 15の収益認識モデル（5ステップ）・54

2　IFRS 15における概念フレームワークの影響・54
Ⅲ　範囲区分における概念フレームワークの影響 ………………………… 55
Ⅳ　認識区分における概念フレームワークの影響 ………………………… 57
　　1　契約の識別（ステップ1）・57
　　2　履行義務の識別（ステップ2）・58
　　3　履行義務の充足（ステップ5）・59
Ⅴ　お わ り に ……………………………………………………………… 61

第6章　わが国の収益認識基準をふまえた概念フレームワークの重要性と可変性

Ⅰ　は じ め に ……………………………………………………………… 65
Ⅱ　概念フレームワークの重要性（貢献性） ……………………………… 66
Ⅲ　概念フレームワークの可変性 …………………………………………… 69
Ⅳ　お わ り に ……………………………………………………………… 73

第7章　ASBJ概念フレームワークの指導原理性と説明原理性
　　　　　－収益認識基準との関係に寄せて－

Ⅰ　は じ め に ……………………………………………………………… 75
Ⅱ　「可変性」に関する概念整埋 …………………………………………… 76
　　1　変化の2つのパターン・76
　　2　概念フレームワークの役割の変化・76
Ⅲ　概念フレームワークの変化の「必要性」と「可能性」 ……………… 78
　　1　制度変化のコスト制約・78
　　2　変化するIASB概念フレームワーク・78
　　3　変化しないASBJ概念フレームワーク・79
Ⅳ　収益認識基準と概念フレームワーク …………………………………… 81
Ⅴ　お わ り に
　　－市川［2023］の問題提起の意義－ ………………………………… 83

第8章 「収益認識に関する会計基準」のコンバージェンスと制度的対応

- Ⅰ　はじめに ………………………………………………………………… 85
- Ⅱ　IFRS第15号へのコンバージェンス ………………………………… 86
  - 1　IFRS第15号における収益認識の考え方・86
  - 2　ASBJにおける「支配の移転」の考え方の検討・88
- Ⅲ　「収益認識基準」の導入に係る制度的対応 ………………………… 90
  - 1　法人税法における対応・90
  - 2　一定期間にわたる収益認識に係るKAMの報告・92
- Ⅳ　おわりに ………………………………………………………………… 94

第9章　FASB／IASBにおける収益認識の会計基準の設定過程の分析　－公正価値の是認と却下－

- Ⅰ　はじめに ………………………………………………………………… 97
- Ⅱ　2002年から2005年までの会議の議事録での議論 ………………… 99
- Ⅲ　FASB／IASB討議資料（2008年）の特徴点 ……………………… 104
- Ⅳ　おわりに ………………………………………………………………… 106

第10章　わが国の従来の収益認識理論・実務への影響の概要

- Ⅰ　はじめに ………………………………………………………………… 111
- Ⅱ　収益認識基準適用による12の個別論点への影響 ………………… 112
- Ⅲ　収益認識基準の12の個別論点への影響の分析 …………………… 119
  - 1　収益認識基準適用前・119
  - 2　収益認識基準適用後・119
- Ⅳ　おわりに ………………………………………………………………… 121

目　次

第Ⅱ編　収益認識についての個別論点研究

第11章　変動対価に関する収益認識

- Ⅰ　はじめに …………………………………………………………… 127
- Ⅱ　変動対価の検討 …………………………………………………… 128
  - 1　収益認識の考え方・128
  - 2　変動対価の検討・129
- Ⅲ　おわりに …………………………………………………………… 136

第12章　返品権付販売に関する収益認識

- Ⅰ　はじめに …………………………………………………………… 139
- Ⅱ　返品権付販売を構成する2つの要素 …………………………… 140
  - 1　商品等の支配の移転・140
  - 2　返品権の付与・140
- Ⅲ　返品権付販売の会計処理 ………………………………………… 141
- Ⅳ　返品権付販売の収益認識の検討 ………………………………… 143
  - 1　返品権と履行義務に関する考え方・143
  - 2　返金負債の特質・145
- Ⅴ　おわりに …………………………………………………………… 148

第13章　ポイント制度に関する収益認識

- Ⅰ　はじめに …………………………………………………………… 151
- Ⅱ　ポイント制度の会計処理
  　－従前の会計処理（引当金方式）－ …………………………… 152
  - 1　カスタマー・ロイヤルティ・プログラムの設例・152
  - 2　引当金方式の論理・153

5

III	ポイント制度の会計処理

　　－収益認識基準の会計処理（取引価格配分方式）－ ………………… 154

　　1　カスタマー・ロイヤルティ・プログラムの設例・154

　　2　取引価格配分方式の論理・155

IV	おわりに ……………………………………………………………… 159

第14章　本人と代理人の区分に関する収益認識

I	はじめに ……………………………………………………………… 163
II	従来の本人と代理人の区分 ………………………………………… 164
III	収益認識会計基準における本人と代理人の区分 ………………… 165
IV	小売業における消化仕入の取り扱い ……………………………… 167

　　1　従来の消化仕入・167

　　2　収益認識会計基準における消化仕入・169

V	2つの利益観における本人と代理人の区分 ……………………… 170

　　1　収益費用アプローチにおける本人と代理人の区分・170

　　2　資産負債アプローチにおける本人と代理人の区分・171

VI	おわりに ……………………………………………………………… 172

第15章　有償支給取引に関する収益認識

I	はじめに ……………………………………………………………… 175
II	有償支給取引に関する基準の整理 ………………………………… 175

　　1　有償支給取引の内容・175

　　2　基準，指針の規定する会計処理・176

III	2017年公開草案の設例からの検討 ………………………………… 179

　　1　検討の方向性・179

　　2　2017年公開草案の設例と会計処理・179

IV	おわりに ……………………………………………………………… 183

目　次

第16章　工事契約に関する収益認識

- Ⅰ　はじめに ……………………………………………………………… 185
- Ⅱ　工事契約会計と工事進行基準 ……………………………………… 186
  - 1　従来の工事契約における収益認識・186
  - 2　工事契約会計基準・186
  - 3　工事進行基準の論拠・187
- Ⅲ　収益認識会計基準における工事契約にかかる収益認識 ………… 189
  - 1　履行義務が充足される期間の判定・189
  - 2　進捗度の見積り・192
- Ⅳ　おわりに
  　－工事契約における収益認識会計基準の意義－ ………………… 193

第17章　役務提供取引に関する収益認識

- Ⅰ　はじめに ……………………………………………………………… 197
- Ⅱ　役務提供取引に関する収益認識 …………………………………… 197
  - 1　会計基準の基本的枠組み・197
  - 2　「一定の期間にわたり充足」される履行義務の判定・200
  - 3　履行義務の充足にかかる進捗度・202
- Ⅲ　役務提供取引に関する収益認識の具体例
  　－海運業における収益認識－ ……………………………………… 202
  - 1　海運業の損益計算書・202
  - 2　海運業における収益認識基準導入前の収益認識・203
  - 3　海運業における現行の収益認識・204
- Ⅳ　おわりに ……………………………………………………………… 205

第18章　ライセンス供与に関する収益認識

- Ⅰ　はじめに ……………………………………………………………… 209
- Ⅱ　ライセンス供与に関する収益認識の会計処理 …………………… 210

7

1　ライセンス契約に含意される約束・210
　　2　ライセンス供与の約束と他の約束との区別・210
　　3　ライセンス供与の約束の性質の判定・211
　　4　売上高又は使用量に基づくロイヤルティ・213
Ⅲ　ライセンス供与の収益認識に係る会計実務への影響 ……………… 213
　　1　ライセンス供与の収益認識に係る会計方針の変更・215
　　2　フランチャイズ契約の収益認識に係る会計方針の変更内容・216
Ⅳ　お わ り に ……………………………………………………………… 217

第19章　請求済未出荷契約に関する収益認識

Ⅰ　は じ め に ……………………………………………………………… 221
Ⅱ　請求済未出荷契約の概要と特徴 ……………………………………… 222
Ⅲ　収益認識基準の適用による会計処理の変化 ………………………… 223
Ⅳ　関連当事者に対する請求済未出荷契約の会計基準の有効性 ……… 227
Ⅴ　お わ り に ……………………………………………………………… 229

索　　引 …………………………………………………………………… 233

———————— ＊ ———————— ＊ ————————

【資　料】

　下記のQRコードにより「収益認識に関する会計基準」と「収益認識に関する会計基準の適用指針」の全文を見ることができます。

　会計基準　　　　　適用指針

企業会計基準委員会ホームページ（www.asb-j.jp）

第Ⅰ編
収益認識についての理論的研究

第1章　収益認識の現代的意義
第2章　発生主義会計と収益認識基準の関係
　　　　－収益を起点とした発生主義会計の内部システムの変容の観点から－
第3章　資産負債アプローチの計算構造からみた収益認識
第4章　IASBの概念フレームワークと会計基準の相互関係
第5章　IFRS15とIASB概念フレームワーク
　　　　－範囲及び認識の区分に着目して－
第6章　わが国の収益認識基準をふまえた概念フレームワークの重要性と可変性
第7章　ASBJ概念フレームワークの指導原理性と説明原理性
　　　　－収益認識基準との関係に寄せて－
第8章　「収益認識に関する会計基準」のコンバージェンスと制度的対応
第9章　FASB／IASBにおける収益認識の会計基準の設定過程の分析
　　　　－公正価値の是認と却下－
第10章　わが国の従来の収益認識理論・実務への影響の概要

第 1 章

収益認識の現代的意義[1]

I　はじめに

　財務会計の主たる目的は企業の経営成績等の経営状況について有用な財務情報を投資家等に提供することである。この場合，利益の発生源泉である収益をいつどのように計上するのか（「収益認識」）は会計の中心課題の一つであり，特に国際的に利益観が従来の収益費用アプローチから資産負債アプローチへ転換したり，複数要素取引等がより重要性を増すという新たな現代的な状況の下で，資産負債アプローチに基づく国際会計基準審議会（IASB）の収益認識基準（IFRS第15号「顧客との契約から生じる収益」，以下単に「IASB収益認識基準」ともいう）をほぼそのまま受け入れたわが国の収益認識基準（企業会計基準第29号「収益認識に関する会計基準」，以下単に，「収益認識基準」ないし「基準」ともいう）の内容・特徴と従来のそれとの違い，並びに計算構造としての従来の発生主義会計（「伝統的発生主義会計」）がどのように変容したのかを明らかにすることは現在において極めて重要な意義がある。

　そして，ここでの問題意識は，㋐従来の収益費用アプローチにおける実現稼

---

[1]　本章は2023年9月30日公表の会計理論学会スタディグループ（主査　岩崎勇）『収益認識についての総合的研究〔最終報告書〕』会計理論学会，第1部第1章「収益認識の現代的意義」所収の岩崎［2023］に基づいている。

得過程モデルを基礎とする実現主義の原則が，IASBの資産負債アプローチに基づく新しい収益認識基準を基本的にすべて受け入れたわが国の新しい収益認識基準においてどのように関連しているのか否か，すなわち，資産負債アプローチに基づく新しい収益認識基準を収益費用アプローチに基づく実現主義の原則として二元的（ハイブリッド）アプローチ的に捉え直すことができるのか否か，また，④どのような点が従来のものと異なるのかということを明らかにしようとするものである。

そして本章の目的は，①わが国の新基準で採用されている利益観は二元的（ハイブリッド）アプローチであること，②理論的・原則的レベルにおいて新基準においても実質的には実現主義の原則と同様な内容が要求されていること，及び③従来基準がどのように変容したのかという変容の内容を明確にしていくことである。

Ⅱ　わが国における収益認識基準の展開

1　利益観の転換

(1) 従来のわが国の利益観

利益をどのようなものと考えるのかという捉え方（「**利益観**」）には表1－1のように，①収益費用を財務諸表の鍵概念と考え，利益を企業の効率性を示すものとして，収益とそれを稼得するための犠牲額（費用）を比較して収益から費用を差し引いたものと捉えるアプローチ（「**収益費用アプローチ**」[2]）と，②資産負債を財務諸表の鍵概念とし，利益を企業の富の増加額を示すものとして，

---

[2]　収益費用アプローチは「損益計算書アプローチ」とも呼ばれ，資産負債アプローチは「貸借対照表アプローチ」とも呼ばれる。また，利益観を損益計算の仕組みと捉えた場合，収益費用アプローチでは損益計算書上で収益から費用を差し引いて利益計算をするという利益計算機能を重視し，他方，資産負債アプローチでは貸借対照表上で期末純資産から期首純資産を控除して利益計算をするという利益計算機能を重視するもので，資産や負債（ストック）の評価だけで利益を決めるアプローチである。

期末純資産から期首純資産を差引いたものと捉えるアプローチ(「**資産負債アプローチ**」)とがある。なお,資産負債アプローチにも,㋐鍵概念としての資産負債を先に定義し,他の財務諸表の構成要素を資産負債から導き出すという定義のみに着目する(**狭義**)**資産負債アプローチ**と,㋑財務諸表の構成要素の定義のみならず,測定属性として時価とも結びつける(**広義**)**資産負債アプローチ**とがある。

表1－1　利　益　観

内　　　容		利　益　観	
収益費用を鍵概念:これらを先に規定するもの (伝統的発生主義会計＋測定属性:原価主義)		収益費用 アプローチ	二元的 アプローチ
㋐資産負債を鍵概念:これらを先に定義するもの	(狭義)定義のみ	資産負債 アプローチ	
㋑資産負債を鍵概念＋時価測定(公正価値等)	(広義)定義と測定属性		－

　わが国の利益観は,伝統的発生主義会計([貨幣]動態論)によってきたので,基本的に収益費用アプローチによっていたものといえる。その後2004年に公表(2006年に改訂)されたわが国の討議資料「財務会計の概念フレームワーク」では収益費用が資産負債の変動として定義されているので,形式的に考えればわが国の採用する利益観は(狭義)資産負債アプローチである。ただし,この概念フレームワークを実質的に考えれば,例えば,収益費用アプローチ的な考え方に基づき(包括利益よりも)当期純利益の方をより重要な財務業績であると考え,個別財務諸表では損益計算書で当期純利益を計算表示し,包括利益計算書を作成せずに,その他の包括利益は貸借対照表上純資産の部へ直接算入したり,また収益費用アプローチ的な考え方に基づいて資本と利益との関係で効率性を表すために,「純利益を重視して,純利益を生み出す投資の正味ストックとしての資本を,純資産から分けて定義し」(第3章　財務諸表の構成要素　18項),貸借対照表上で株主資本概念を,そして損益計算書上で当期純利益概念を残している。このようにこの概念フレームワークにおいてはどちらかというと実質

第Ⅰ編　収益認識についての理論的研究

的に当期純利益を重視し，収益費用アプローチ的な考え方になっている。それゆえ，ここで採用されている概念フレームワークは最終的には両者のアプローチが併存する二元的アプローチを採用したものであるといえる。

(2) 新しいIASBベースの収益認識基準の利益観

　ここではわが国が基本的に全面的に受け入れたIASBの収益認識基準を支えるメタ基準としての利益観について明確にしていくこととする。

　現在IASBにおける個別会計基準は，メタ基準（基準を設定するための基準）としての概念フレームワークに基づいて設定（概念フレームワーク→個別会計基準）されている。この場合，2014年5月にIASBによって公表された新しい収益認識基準は2010年改訂版の「財務報告に関する概念フレームワーク」を前提として設定されている。ここにおいては資産負債アプローチを採用し，財務諸表の構成要素を，資産負債を財務諸表の構成要素の鍵概念として，資産負債の増減変動によって収益費用を規定している（par.4.25）。また，測定の側面においては収益認識基準において測定属性のモデルとして，収益費用アプローチと同様な取引価額主義に基づく顧客対価モデルとなっているので，（狭義）資産負債アプローチである。

　以上のように，わが国において討議資料の概念フレームワークを前提とする場合，利益観については新しい収益認識基準が導入されるまで二元的アプローチが採用されてきた。他方，わが国が今回受け入れた新基準の背景となっているメタ基準としての利益観は（狭義）資産負債アプローチである。ただし，この（狭義）資産負債アプローチをそのまま受け入れているのか，それとも従来の二元的アプローチを採用しているのかが明確にされなければならないが，わが国において少なくとも新しい収益認識基準の導入にともなって新たに個別財務諸表においても包括利益計算書を導入する動きや株主資本の部を廃止すること等の制度会計改正の動きがないことから，従来と同様に二元的アプローチに基づき（狭義）資産負債アプローチを形式的に受け入れると同時に，従来と同様に収益費用アプローチを重視しているものと考えられる。

2 発生主義会計の変容

　次にここでは新しい収益認識基準の採用に伴ってそれを支える計算構造を示す発生主義会計の内容とその変容について明確にしていきたい。

(1) 従来のわが国の発生主義会計

　会計計算構造の大きな枠組みとして、わが国の従来の伝統的な損益計算構造は基本的に収益費用アプローチ的思考に基づき以下のような伝統的発生主義会計の下に行われてきた。この場合、これまで発生主義の原則は「収益費用の期間帰属の決定」[3]に関する「期間」や「フロー」[4]に関連する概念として使用されてきた。すなわち、従来の伝統的発生主義会計の内容として、㋐すべての収益費用を発生主義の原則に基づき計上すること、㋑収益費用は収入支出（収支）に基づくこと（「収支額基礎」）、㋒収益については実現主義の原則に基づくこと、㋓収益費用に直接言及し把握するという直接規定法の採用、㋔費用収益対応の原則に基づくこと等が挙げられる。

　このように、わが国の従来における大枠の会計計算構造としての伝統的発生主義会計の内容として、適正な期間損益を計算するために、発生主義の原則、実現主義の原則、費用収益対応の原則、収支額基礎及び直接規定法すなわち費用と収益の対応を重視し、実現主義の原則を内包した「収支と連携した発生主義会計」であった。

---

(3) 実現主義の原則を内包し、収支と連携する（貨幣動態論的な）伝統的発生主義会計では収益費用が損益の期間帰属を決定し、他方、収入支出が損益測定の決定を担ってきた。

(4) 会計上のストックとフローについて、**ストック**（stock）とは一定時点の在高のことであり、**フロー**（flow）とは一定期間における取引に基づくストックの増減変化（すなわち流れ）のことである。このように、ストックとフローは「時間的な視点」からは、ストックは時点に関連し、フローが期間に関連する。また、「財の動きの観点」からは、ある時点のストックがあり、それが増減変化するという流れを示したのがフローで、その結果としてその時点でのストックが存在することになり（[ストック→]フロー→ストック→フロー……）、ストックとフローは密接に関係してる。

(2) IASBベースの新しい発生主義会計の内容と変容の内容

　IASBの前身である国際会計基準委員会（IASC）は1989年の概念フレームワークとしての「財務諸表の作成表示に関する枠組み」の中で「基礎となる前提」として「発生主義会計」を規定していた。その後2018年に大改訂されたIASBの会計基準であるIFRSを支え，その前提となる最新の「財務報告に関する概念フレームワーク」内の「発生主義会計により反映される財務業績」において，従来と同様に「発生主義会計」を規定している。

　この資産負債アプローチに基づく新しい発生主義会計の主要な特徴として，㋐現金主義の原則ではなく，発生主義の原則を規定していること，㋑伝統的な収支の縛りを排除していること，㋒実現主義の原則の縛りを排除していること，㋓発生主義会計の内容を資産負債アプローチと資産負債の変動（フロー）に焦点を当てた資産負債の変動（経済的資源及び請求権の変動［フロー］）の側から収益費用を規定する間接規定法を採用していること等が挙げられる。ここでの特徴としては，測定属性として時価の使用が可能となるように，（収支や実現主義の縛りから解放された）「収支と連携しない発生主義会計」ないし「資産負債の変動と連携した発生主義会計」となっている。

　このように，同じ発生主義会計という用語が使用されているが，従来のわが国の伝統的発生主義会計とわが国が基本的に全面的に受け入れた収益認識基準の基礎となる概念フレームワークの中で規定されているIASBの新しい発生主義会計との間に明確な相違が存在している。ただし注意すべきことは，「収支の縛り」に関しては従来の「収支の縛りのあるもの」から会計基準の設定過程の当初において公正価値アプローチ（「収支の縛りのないもの」）へ，そしてさらに最終的に顧客対価アプローチに基づき「収支の縛りのあるもの」へ再び復活している，ということである。この「収支額基礎」の側面からは「会計基準レベル」では伝統的発生主義会計へ先祖返りしていると言い得る。

3　収益認識基準の変容

　ここでは新基準の採用に伴った収益認識基準の概要と従来の基準の変容の内

容を明確にしていきたい。

(1) 従来の収益認識基準の考え方

　従来の収益認識基準の考え方は基本的に伝統的発生主義会計の考え方の下に，収益の認識については実現主義の原則[5]，費用については発生主義の原則及び費用収益対応の原則に基づいて認識がなされてきた。この場合，例えば，収益認識に関する基本的な規定として「企業会計原則」において「売上高は，実現主義の原則に従い，商品等の販売又は役務の給付によって実現したものに限る」（企業会計原則，損益計算書原則三B）とされてきた。ここで「実現主義の原則」とは経済価値の増減変化が実現した時に収益費用を計上する原則のことであり，ここにおける「実現」とは後で取り消されない事実として経済価値の増減変化が生じることである。そして，この具体的な収益認識基準として販売基準がある。この規定は，少なくとも現在においてもわが国の企業の圧倒的大多数を占める中小企業においてはいわゆる『中小企業会計要領』（『中小企業の会計に関する基本要領』）等を通じて生き続けている。この場合，実現主義の原則の具体的な会計基準としての販売基準によれば，「実現の要件」として一般に，①「財貨用役の提供」と②「対価の受領」の2要件を満たすことが要求されている。これと同時に，費用については基本的に発生主義の原則及び費用収益対応の原則に基づいて認識され，それらの測定については基本的に取引価額主義に基づいて行われてきた。

　以下では，これらの内容が新基準においてどのように変容したのかを検討していきたい。

(2) IASBベースのわが国の収益認識基準

① IASBベースのわが国の収益認識基準

　ここではわが国が基本的に全面的に受け入れたIASBの収益認識基準がどの

---

[5] 従来においては収益計上のタイミングを決定する収益認識原則として制度的には処分可能利益の計算表示との関連から基本的に実現主義の原則が採用されてきた。

ような経過を経て設定されたのか等について明確にしていくこととする。

　これに関してIASBは米国FASBとの収益認識共同プロジェクトにおいて，2002年9月から従来の収益費用アプローチに基づく数多くの首尾一貫性のない「実現主義の原則に基づく収益認識基準」に代えて，新たな資産負債アプローチと資産負債の変動（フロー）に焦点を当てた収益認識アプローチに基づく包括的で統一的な「資産負債の変動に基づく収益認識基準」の開発を行ってきた。

　そして，IASBは2008年12月に討議資料「顧客との契約から生じる収益」を，2010年6月に公開草案「顧客との契約から生じる収益」を，さらに2011年11月に再公開草案「顧客との契約から生じる収益」を公表した。そして，最終的な会計基準として2014年5月に国際財務報告基準（IFRS）第15号「顧客との契約から生じる収益」を公表した。

　このような基準設定過程において初期においては表1－2のように資産負債アプローチに基づき測定モデル（公正価値モデル）と配分モデル（顧客対価モデル）とが提示され，このうちIASBが指向する本来の（広義）資産負債アプローチにより測定属性を時価で行い，資産や負債（ストック）の評価だけで収益（資産負債［ストック］の時価評価－（時価の変動）→収益認識）を決める公正価値モデルを中心として議論が展開された。

表1－2　利益観と測定モデル

利　益　観	測　定　モデル	測　定　属　性
収益費用アプローチ	実現稼得過程モデル	顧客対価（の配分額）
資産負債アプローチ	顧客対価モデル	
	公正価値モデル	公正価値

（出所）　岩崎［2023］18頁。なお，辻山［2009］11頁を参考にして著者作成。

　しかし，その後の審議過程において資産や負債の評価だけで収益を決める公正価値モデル（資産負債［ストック］の時価評価→収益）による場合には，収益認識のパターン，複雑性，誤謬のリスク等の理由により公正価値モデルは取り下げられ，従来の実務と整合性のある顧客対価モデル（資産負債の変動［フロー］→収益）が採用されることになった（藤井［2020］8頁）。

② わが国における新しい収益認識基準の設定と収益認識プロセスの変容

前述の国際的な会計基準への統合化のトレンドに合わせて，わが国の会計基準をより一層国際的な会計基準へ統合化するという観点からわが国においても新たに包括的な収益認識会計基準を公表している。

新基準における収益認識の基本的な考え方は，従来の収益費用アプローチの下で収益を実現主義に基づき財貨用役を得意先に提供した段階で一括して収益を認識する基準に代えて，表1－3のような「収益認識プロセス」として5つのステップを踏んで，資産負債の変動（フロー）に焦点を当てた収益認識アプローチに基づき顧客との約束である「履行義務の充足」という要件を通して収益認識を行うもの（収益間接把握法：資産負債の増減変化［フロー］→収益）である。すなわち，新基準の基本原則は，㋐履行義務の充足という顧客への財又はサービスの（支配の）移転（「財貨用役の提供」というフロー）のタイミングで，㋑企業が権利を得ると見込まれる対価（「対価の受領」）の額（取引価格：取引価額主義ないし取引対価主義）で収益を認識する（16項）ものである。この新しい基本原則は従来の実現主義の原則における実現の2要件（「財貨用役の提供」と「対価の受領」）と実質的に同じものである。

表1－3　収益認識プロセス

対象(何を)	①顧客との契約の識別	資産負債の定義：資源と義務の把握
	②契約における履行義務の識別	以上①②：収益認識単位の決定
測定：金額 (いくらで)	③取引価格の算定	－
	④履行義務への取引価格の配分	以上③④：収益測定金額の決定
認識(いつ)	⑤履行義務の充足による収益認識	収益認識時期の決定

4　新しい収益認識基準の特徴点

ここでは新基準の特徴点について明確にしていくこととする。これには表1－4のようなものがある。

表1-4　新しい収益認識基準の特徴点

摘　要	旧　基　準	新　基　準
①基準の包括性	なし	包括的で統一的な基準
②基準の詳細性	詳細でない	細分化・詳細化
③IFRSとの比較可能性	低い	高い
④利益観	（収益費用アプローチの重視）（二元的アプローチ）	（狭義）資産負債アプローチ（二元的アプローチ）
⑤測定モデル	取引価額主義に基づく顧客対価モデル	取引価額主義に基づく顧客対価モデル
⑥収益認識のタイミングの決定基準	「財貨用役の提供」と「対価の受領」	支配の移転を伴う履行義務の充足（ただし，実質は従来と同様）

①「基準の包括性」に関して，新基準は包括的で統一的な基準となっている。②「基準の詳細性」に関して，適用指針や処理例を含めて，新しい収益認識基準の規定内容は精緻化・細分化・詳細化が図られている。③「IFRSとの比較可能性」に関して，新しい収益認識基準は完全な比較可能性は達成されないけれども，従来のわが国収益認識基準と比較して非常に比較可能性が高まった。④「利益観」に関して，新しい基準では形式的には（狭義）資産負債アプローチによっている。ただし，実質的には前述のように二元的アプローチによっているものと考えられる。⑤「測定モデル」に関して，（狭義）資産負債アプローチの下で顧客対価モデルを採用している。⑥「収益認識のタイミングの決定基準」に関して，資産負債の変動に焦点を当てた収益認識アプローチに基づき「履行義務の充足」による収益認識となっている。

5　新基準の影響と従来の基準との差異

(1)　影響のないもの

ここでは新基準の導入においても従来基準から変化しないものについて明確にしていくこととする。

新しい5つのステップによる収益認識基準は，「形式的」には従来の実現主

義の原則（の実現の要件）を資産負債アプローチの論理を用いてより精緻化した形で表現しているだけであり，「実質的」には従来の収益費用アプローチに基づく実現主義の原則と同じ内容のものが適用されている。すなわち，わが国の新基準は，純理論的な（広義）資産負債アプローチで設定されているのではなく，これまでわが国において伝統的に蓄積されてきた有益で会計実務に適合した知見である収益費用アプローチに基づく従来の収益認識基準（「実質」）を，（狭義）資産負債アプローチの形式でより精緻化して表現し直したものである。この意味からは，新基準は形式的には（狭義）資産負債アプローチに基づき資産負債を重視しているが，実質的には収益費用アプローチに基づく有用で実務的な知見である実現主義の原則の内容を内蔵した二元的アプローチに基づく基準である。

(2) 影響のあるもの

ここでは新基準の導入に伴って従来基準から変化したものについて明確にしていくこととする。

まず，①「利益観レベルの変化」に関して，形式的には（狭義）資産負債アプローチへの転換しており，利益観の転換がみられる。ただし，実質的には二元的アプローチによっている。②「比較可能性レベルの変化」に関して，新しい収益認識基準は基本的にIFRSをそのまま受け入れたのでIFRSで作成される財務諸表と同様なものとなり，IFRSとの比較可能性が一段と高まった。③「基準の包括性ないし基準の適用レベルの変化」に関して，新基準では包括的で統一的な基準へ変化している。④「基準の詳細性」に関して，新しい収益認識基準の規定内容は，精緻化・細分化・詳細化が図られている。⑤「新たな重要事項等への対応性」に関して，それへの対応がなされ規定内容が細分化等している。⑥「収益認識単位レベルないし実現原則の適用対象レベルの変化」に関して，収益認識単位が細分化がなされより細かい「履行義務単位」へ変化している。⑦「タイミングレベルの変化」に関して，具体的には新基準では一時点において収益計上ないし履行義務の履行の遂行に伴った「一定の期間にわた

第Ⅰ編　収益認識についての理論的研究

表1－5　新基準の導入により影響のあるもの

摘　　要	旧　基　準	新　基　準
①利益観	（収益費用アプローチの重視）（二元的アプローチ）	（狭義）資産負債アプローチ（二元的アプローチ）
②比較可能性	低い	高い
③基準の包括性	なし	包括的で統一的な基準
④基準の詳細性	詳細でない	細分化・詳細化
⑤新たな重要事項	未対応	対応済
⑥収益認識単位等	取引単位で一括認識	履行義務単位で5段階プロセス
⑦収益認識のタイミングの決定基準	「財貨用役の提供」と「対価の受領」で（基本的に）一時点計上	支配の移転を伴う履行義務の充足（一時点計上又は一定期間計上）
⑧収益の把握方法	収益の直接把握	履行義務の充足という資産負債の増減変化（フロー）の結果として収益費用を認識
⑨総額・純額主義	総額主義	純額主義
⑩収益認識方法	総額処理法	純額処理法

り収益計上」へ変化している。⑧「収益の把握方法」に関して，新しい収益認識基準においては資産負債の変動に焦点を当てた収益認識アプローチに基づき履行義務の充足という資産負債の増減変化（フロー）の結果として収益費用を認識することとなっている。⑨「処理の方法（総額主義か純額主義か）レベルの変化」に関して，新基準では本人か代理人かで代理人の場合には「純額計上」へ変化している。⑩「収益認識の仕方レベルの変化」に関して，より具体的には例えば変動対価の一つである返品権付販売について新基準では変動対価として「純額処理法」へ変化しているように，新しい収益認識基準では従来収益として計上していたものの一部が負債となるという収益の負債化が生じている。

　以上のように，会計基準レベルでは新しい収益認識基準の導入に伴って多くの変更がなされている。

Ⅲ おわりに

　以上のように，わが国において会計のより一層の国際化とIFRSとのコンバージェンスを推進するために，2018年に新基準の導入がなされた。これに伴ってわが国の収益認識基準は従来の収益費用アプローチ的な伝統的発生主義会計を重視する基準から（狭義）資産負債アプローチに基づく基準へと転換された。しかし，この新基準は（狭義）資産負債アプローチに基づき顧客対価モデルを採用しており，一見すると「形式的」には従来の実現主義の原則に基づく収益認識が放棄されたかのように思われる。しかし，その実質を詳細に検討してみると，「実質的」にはわが国の新基準で採用されている利益観は形式的な（狭義）資産負債アプローチと従来の収益費用アプローチの知見や実践性を統合した二元的アプローチであることが理解できる。言い換えれば，新基準は，①測定属性については従来の実現主義の原則のものと同じ，取引価額主義であると同時に，②従来の実現の2要件である「財貨用役の提供」と「対価の受領」という実質的に同じ要件を5つのステップという収益認識ステップの中で要求している。しかも，そこでは，本来的な資産負債アプローチによるストックを先に認識し，その後ストックの変動額として収益を認識するものではなく，あくまでもまず履行義務の充足というフローを把握して，それを収益として認識しているのである。このような意味で新基準は，形式的には（狭義）資産負債アプローチに基づき資産負債によって収益費用が定義されるが，実質的には収益の稼得プロセスである履行義務の充足（すなわち財貨用役の提供というフローの把握）と対価の受領によって収益認識を行うものであり，それゆえ従来の実現主義の原則による収益認識と同様な内容を持つものであると理解し得る。しかし，原則や理論レベルでは実質的に同じ実現主義の原則に基づく収益認識であるとしても，具体的な会計基準レベルにおける個々の取引の認識については種々の従来とは異なった内容の基準が採用されていることも明確にされた。

第Ⅰ編　収益認識についての理論的研究

〔参考文献〕

岩崎勇［2019］『IFRSの概念フレームワーク』税務経理協会。
岩崎勇編著［2019］『IASBの概念フレームワーク』税務経理協会。
岩崎勇［2023］「収益認識の現代的意義」会計理論学会スタディグループ（主査　岩崎勇）『収益認識についての総合的研究〔最終報告書〕』会計理論学会，第1部第1章所収。
企業会計基準委員会（ASBJ）［2006］「討議資料　財務会計の概念フレームワーク」。
企業会計基準委員会（ASBJ）［2020］企業会計基準第29号「収益認識に関する会計基準」。
椛田龍三［2023］「FASB／IASBにおける収益認識の会計基準の設定過程の分析—2002年から討議資料（2008年）まで—」会計理論学会スタディグループ［2023］『収益認識についての総合的研究〔最終報告書〕』会計理論学会。
企業会計基準第29号［2018］「収益認識に関する会計基準」企業会計基準委員会。
企業会計基準適用指針第30号［2018］「収益認識に関する会計基準の適用指針」企業会計基準委員会。
佐々木隆志主査［2019］『顧客との契約から生ずる収益の認識に関する会計諸問題の研究　−令和元年度　最終報告書−』日本会計研究学会　収益認識スタディ・グループ。
斎藤静樹編著［2005］『詳解　討議資料　財務会計の概念フレームワーク』。
辻山栄子［2009］「正味ポジションに基づく収益認識」『企業会計』第61巻第9号6−15頁。
藤井秀樹［2020］「収益認識会計基準に関する一考察」『會計』第198巻第1号1−14頁。
International Accounting Standards Board（IASB）［2010］*Conceptual Framework for Financial Reporting*.（IFRS財団編・企業会計基準委員会　財務会計基準機構監訳［2017］『IFRS基準 2017 Part A』中央経済社）
International Accounting Standards Board（IASB）［2014］*IFRS 15 Revenue from Contracts with Customers*.（企業会計基準委員会他監訳［2022］『IFRS基準 2022〈注釈付き〉Part B』中央経済社）
International Accounting Standards Board（IASB）［2018］*Conceptual Framework for Financial Reporting*.（IFRS財団編・企業会計基準委員会　財務会計基準機構監訳［2022］『IFRS基準 2022〈注釈付き〉Part A』中央経済社）

岩崎勇（大阪商業大学教授・九州大学名誉教授）

第2章

発生主義会計と収益認識基準の関係[1]
－収益を起点とした発生主義会計の内部システムの変容の観点から－

I はじめに

　周知のように，財務諸表構成要素の相互関連性についての理解の仕方を示す会計理論上の用語として，または，会計事象をシステム的に理解，処理・実践するための「参照枠」を明示する用語として，収益費用アプローチ，資産負債アプローチがある。この対比的用語の存在が，「2つの異なる会計システム」の存在を共通認識化することを可能にしている。

　国際的に，具体的基準レベルにおいてシステム変容が生じた近年の「収益会計」の実践は，収益と対をなす「費用会計」にも自ずと変容をもたらし，会計がシステムである限り，必然的に構成要素全体の相互関連にも影響をもたらすものとなる。すなわち，「発生主義会計」の変容である。

　この現実にもかかわらず，従来型の「収益会計」の実践，近年の新しい「収益会計」の実践のいずれも同様に「発生主義会計」の下で機能していることになっている。事実上異なる2つの会計実践に対して，その運用システムに関する名称変更が行われる動きがない。以前と現在に共通部分を含み，相互に排他

---

[1] 本章は会計理論学会スタディグループ（主査　岩崎勇）[2023]『収益認識についての総合的研究〔最終報告書〕』会計理論学会における徳山担当第2章を要約，加筆して，再構成したものである。徳山英邦［2023］27－47頁。

的関係ではないにしろ，少なくとも従来型と新型の差異，「発生主義会計」の内部構造の関係性の変化の明確化を指向する意義はあると思われる。

本章は，発生（incur, accrue）に着目して，従来型発生主義と近年型発生主義を対比的に，先行文献を基礎にして明示することを目的としている。

Ⅱ　発生主義会計の内部システムの変容

1　従来型の発生主義会計（収益費用アプローチ系統）

⑴　「企業会計原則」を基礎とした発生主義会計

周知のように，企業会計原則は，従来型発生主義会計の計算構造を示すものとして理解されており，「一般に公正妥当と認められる企業会計の慣行」[2]の役割の土台であり，特に中小企業会計を前提とすると，現在でも依然として直接的効力を有するものである。

ここに従来型発生主義とは，わが国固有の損益計算構造のみを意味するものではなく，その成り立ちからしても米国で1960年代初頭のARS 3 号[3]によって，いわゆる資産負債アプローチの計算構造が提唱され始める頃までは，「一般に認められた会計原則（GAAP：Generally Accepted Accounting Principles）」として揺るぎなく機能してきた計算システムと，その基礎を同じくするものである。

発生主義会計の説明として，企業会計原則では，以下のように記述されている。

「すべての費用及び収益は，その支出及び収入に基づいて計上し，その発生した期間に正しく割当てられるように処理しなければならない。ただし，未実現収益は，原則として，当期の損益計算に計上してはならない。」（第二　損益計算書原則　一A）（下線波線は筆者加筆）

---

(2)　会社法第431条における表現である。
(3)　Sprouse R. T. and Moonitz, M. [1962]。

第2章　発生主義会計と収益認識基準の関係

(2)　黒澤［1977］に基づく従来型発生主義会計のビルディング・ブロック

　黒澤［1977］は，以下のように述べている[4]。

　「近代企業の会計を支配する諸基準のうちで，もっとも基礎的なものは，発生主義の原則である。発生主義会計を広義に解するならば，実現主義も費用収益対応の原則も，費用配分の原則も，発生主義の原則から導き出された会計基準であると解釈することができる。近代的会計制度を発生主義会計（accrual accounting）と名付けるゆえんである。」

　すなわち，黒澤［1977］は，収益費用の期間帰属の決定を行う従来型発生主義会計システムが，その内訳要素として「実現主義」，「費用収益対応の原則」及び「費用配分の原則」を内包していることを示唆している。この3つのビルディング・ブロック[5]が，発生主義会計のサブシステムとして，具体的に機能していることになっている。その3つの原則の適用についての一般的解釈[6]の一つの流れに基づいて示すと，表2-1のとおりである。

　従来型の発生主義会計は，費用と資産の振り分けに関する「費用配分の原則」をサブシステムとして有していることもあって，貸借対照表計算領域の資産の取得に関する取得原価主義を含めて，貸借対照表と損益計算書の両方に及ぶ計算システム全体として広義に捉える場合も，論者によって，また文脈によってもありうるが，上述の黒澤［1977］，山下［1968］をはじめ，一般的には，発生主義は，収益，費用の期間帰属を決定する包括的な「認識」基準，それを基礎にした計算体系全体として説明されている。

　また，会計行為における「測定」面に限定すると，シュマーレンバッハ理論におけるいわゆる「一致の原則（合致の原則）」を基礎にして，黒澤［1977］，山下［1968］に限らず，従来型（収益費用アプローチ系統）の「発生主義会計」

---

(4)　黒澤清［1977］106頁。黒澤は，企業会計原則の設定に貢献された先学である。
(5)　Storey, R. K.（1964）は，制度上の重要な文献を取り上げながら，「正確な用語法の確立」に言及している。p.8, p.24, p.61等でビルディング・ブロック（building blocks）という用語を用いている。本章では，その用語を踏襲している。
(6)　例えば山下勝治［1968］52-53頁，中村忠［2005］41-76頁，森川八洲男［1991］91-96頁を参照されたい。

19

第Ⅰ編　収益認識についての理論的研究

表2－1　従来型発生主義会計システムにおける計算構造

損益＼認識	期間損益「認識」の内訳的説明	当期の「損益」の期間帰属の決定としての「認識」
収益に関連	・買い手の買取意思に裏づけされた①財ないしサービスの提供，②測定対価としての現金・現金等価物（貨幣性資産）の流入，この2要件によって収益を捕捉。 ・個々の取引ベースの「売上」が日々捕捉され，期首から期末にかけて累積（accrue）されていく。	「実現主義」の取引当初時点における適用。
収益に関連	・決算，財務諸表の作成時点に「未実現利益の控除」の指針を適用する。 ・上記によって，当該会計期間の売上総額としての「売上高」，収益の期間帰属が最終決定され，損益計算書への計上能力が認識される。	「実現主義」の最終適用。
費用に関連	・当初費用の発生（incur, accrue）に，費用に関する発生基準を適用。	費用認識基準としての「発生主義」の適用の第1段階。
費用に関連	・収益と，その産出に貢献した期間費用であるか否かの決定。「費用収益対応の原則」の適用（収益→費用の例外もある）。 ・上記原則の適用によって，当該会計期間の費用としての損益計算書への計上能力が認識される。	費用の期間帰属が決定。「発生主義」の適用の第2段階①。
費用に関連	・支出額の期間配分としての「費用配分の原則」を適用。 ・「支出額の期間配分」とは①当期内のある支出＝当期の費用（費用化），②当期内の支出⇒次期以降の費用（資産化：次期以降に費用化される残額，そして，その残額は翌期以降に，再度費用化と資産化の峻別），及び③当期の費用⇒次期以降の支出への備え（負債性引当金），この3つの決定論理である。狭義の「費用配分の原則」は，当期の費用（費用化）と次期以降の費用（資産化）の決定原理であり，結果として「(資産)原価配分」の意味である。この計算原理における優先順位は，①費用の捕捉→②結果としての資産の捕捉が主軸である。	費用認識の「発生主義」の適用の第2段階②。 ・当期の期間費用と，次期以降の費用との判別規準。

は，企業会計原則における「費用及び収益は，その支出及び収入に基づいて計上し」の部分，収支による始まりと，収支との最終的帰結まで見届けるシステム，すなわち，収支主義（収支額基準，測定対価主義ともいう）の制約を受けるものとして捉えられていると解釈できる[7]。また，その前提として，売買の取引当事者間における数値の突合せ，その信頼性を重要視していると解される。

(3) 米国における会計用語辞書の「発生」の意味
　　－Kohlerの会計用語辞典－

Kohler, E. L. [1970] では，「発生（accrue）」について，以下の2つを規定している[8]。

「1．成長する（to grow）；増加する（to increase）；累積する（to accumulate）。2．会計上の事象の発生または継続的な変化の過程にある会計上の条件の出現の結果として，通常，従来の期間の終わりに，会計上認識すること。」（下線波線筆者加筆）

上記うち，「累積する（to accumulate）」に着目したい。一般に，損益計算書はフロー計算書で，貸借対照表はストック計算書であると説明される場合がある。しかし，上述の「発生」の定義，「累積，成長，増加」という意味に着目すると，発生主義に基づいて，期首から期末にかけて一会計期間内に限定した損益計算書の意味内容は，累積物（ストック）の収容体として，少し異なってみえるし，むしろ原義に即しているともいえる。

損益計算書の科目と金額についての期間帰属重視指向（収益費用アプローチ）は，収益・費用の各勘定の期首から期末における「累積数値」の精緻化を優先する指向となるので，累積数値の最終的集計表としての損益計算書，すなわち期末に作成される財務諸表と不即不離の関係になる。必然的に，認識行為とは，財務諸表への計上行為，それを意味するものとなる。また，収益・費用の各勘

---

[7] 石川純治［2018］77-80頁，100-101頁，141-143頁の指摘も参照されたい。
[8] Kohler, E. L. [1970] *A dictionary for accountants Fourth Edition*, p.15（訳書16, 17頁）。

定は，一会計期間内に限っていえば，期末に向けて，金額の一方的累積計算という意味においての累積額，ストック計算指向の勘定となる。この意味では，損益計算書が「勘定金額」累積のストック情報となる。

他方，貸借対照表の科目と金額捕捉重視志向（資産負債アプローチ系統）の場合には，期末の財務諸表の作成時点を待たずに勘定残高を，個々に捕捉・把握する指向となる。日々の記帳行為によって，各勘定の金額変動を「個々に描写すること」，「構成要素の定義を満たす項目を捕捉するプロセス」が重要となる。資産・負債勘定は，一会計期間内に限っていえば，日々，各勘定内の貸借の金額増減とその差額捕捉，すなわち，その残高数値重視という意味で，常に，差し引き計算されるフロー要素の各勘定とその集合体ともいえる。

再び上記のKohler, E. L.［1970］を確認すると，「従来の期間の終わりに」に関して，発生主義の適用は，一会計期間の終わりにおける「認識」行為であることの説明である。上述の「期末」との「拘束性」，すなわち，収益・費用が，「利益」計算に拘束される場合，最終数値としての「利益」のために，全ての収益勘定，費用勘定の結果が出そろう必要があること，すなわち，認識とは，財務諸表への計上行為である旨と整合する記述である。

また，Kohler, E. L.［1970］では，「発生主義（accrual basis（of accounting））」について，以下のように規定している。

「現金主義とは区別され，収益と費用を月や年など特定の期間と特定し，現金の受払日に関係なく，取得した資産とともに発生時（incur）に計上する会計方法。現金主義とは異なる。」（下線波線筆者加筆）

上記の「現金の受払」の文言から，収支との関連を念頭に収益費用の概念規定が行われており，その意味で，「収入・支出」との関連性で規定する「企業会計原則」の捉え方と立場を同じくするものである。「収支との顛末」，その関係性が定義の主軸になっている。

(4) 従来型発生主義会計を前提とした収益概念の類型化
－収益，費用に関する会計観の可能性と制約－

　安平［1994］は，簿記・財務会計論のテキストにみられる収益，費用の概念を整理し，検討されている。その分類に基づき一覧表にすれば，表2－2のように類型化される。

　これらの定義は，貸借対照表構成要素（資本）の観点から収益費用を規定する型と，損益計算書構成要素それ自体で収益費用を規定する型の2つに大別できる。

　表2－2を前提にすると，前者が，資産・負債の変動，すなわち，純資産の変動との関わりで収益を定義する方法である。A－①，A－②である。後者が企業の提供する商品ないし用役の流出入そのものを，直接の計算対象として対流関係で捉え，その観点から定義を行う方法である。B－①からB－③である。

表2－2　収益と費用の概念規定

	費　用	収　益
A－①	経営活動による資本の減少	経営活動による資本の増加 この場合の資本とは，いわゆる資本等式による資本，すなわち，自己資本
A－②	資本減少の原因ないし原因事実	資本増加の原因ないし原因事実
B－①	［収益をうるための］経済価値の犠牲・費消・引渡し（流出概念）	経営活動による経済価値の増加・獲得・受入れ（流入概念）
B－①－2	収益のために費消された財貨・用役の価値（流出【消滅】概念）	経営活動の結果として外部に提供された財貨・用役の価値が収益（流出概念）
B－②	財貨・用役の価値ないし給付の入・取得（流入概念）	財貨・用役の価値ないし給付の出・提供（流出概念）
B－③	消費された財貨・用役の対価（ないし失われた支出対価）（流出概念）	提供した財貨・用役の対価（収入対価）（流入概念）

※　流入概念，（流出【消滅】概念）は，筆者による加筆。

前者の①，②は収益・費用の定義を資本（持分，純資産）の増減の観点から記述しているので，いわゆる資産負債アプローチに関連すると解されうるが，直接に資本（持分）の増減に言及していることに留意する必要がある。まずは「資産や負債の変動」を「包括利益の変動」に係らせて，その包括利益の内訳要素として，収益，利得，費用及び損失の4つを規定している米国FASBの資産負債アプローチと異なる点があることを指摘しておきたい。

この類型化の段階で確認しておきたいことは，例えば，収益をA－①で規定しておいて，費用をB－①で規定することは論理構成上不適切であるということである。

したがって，「収益」に変容があれば，収益と対をなす「費用会計」にも自ずと収益概念に整合するように変容が生じ，会計がシステムである限り，必然的に構成要素全体の相互関連にも影響をもたらすという事実である。

2　近年型の発生主義会計（資産負債アプローチ系統）における「発生主義」

IASBは，1989年公表の国際会計基準の概念フレームワーク「財務諸表の作成表示に関する枠組み」の改訂として，2018年3月に改訂版「財務報告に関する概念フレームワーク」（以下，「改訂版」）を公表している。

発生主義（Accrual Basis）について，「1989年版」では「継続企業」と双璧をなすように2つのみを掲げて「基礎となる前提」の章を設けて重要視していた。発生主義に関して，「改訂版」でも「一般目的財務報告の目的」の章で，「発生主義会計（Accrual accounting）に反映される財務業績」として引き続き言及しており，それは次のとおりである[9]。

「発生主義会計は，取引その他の事象及び状況が報告企業の経済的資源及び請求権に与える影響を，たとえそれによる現金の受取及び支払が異なる期間に発生するとしても，それらの影響が発生する期間に描写する。これが重要であ

---

(9) 訳出に際しては，IFRS財団公表の日本語版訳を参照している。

る理由は，報告企業の経済的資源及び請求権並びにその経済的資源及び請求権の変動に関する情報の方が，当該期間の現金収入及び現金支払のみに関する情報よりも，企業の過去及び将来の業績を評価するためのよりよい基礎を提供するからである。」(par.1.17)

この発生主義会計は，一定の解釈の幅を許容しつつも従来型発生主義会計，特に「・買い手の買取意思に裏づけされた①財ないしサービスの提供，②測定対価としての現金・現金等価物（貨幣性資産）の流入，この2要件」のうちの②との結びつき方が完全に変容したものである。

近年型（資産負債アプローチ系統）の発生主義会計，そして，その体系下における収益・費用計算は，「資産および負債の変動で定義される収益及び費用」[10]として構築されている。

3 近年型の発生主義会計（資産負債アプローチ系統）における「収益・費用」

収益の定義に関して，IASB「改訂版」概念フレームワーク，IFRS15号の定義を一覧化して示すと，表2－3のようになる[11]。「改訂版」，IFRS15号のいずれもIASBの収益・費用の定義は，持分の増減（したがって「請求権」）への言及と，資産負債の増減（「経済的資源」の純額計算への言及）の二本立ての両面で直接的に言及するものとなっている[12]。

---

[10] 「資産および負債の変動で定義される収益及び費用」は，改定版結論の根拠，BC4.93の表題の表現である。
[11] 翻訳についてはIASB財団公表訳，FASBについては平松・広瀬訳［2002］を参照している。
[12] この点の詳細については，徳山英邦［2019］を参照されたい。

第Ⅰ編　収益認識についての理論的研究

表2−3　IASB「改訂版」概念フレームワーク／IFRS第15号における収益の定義

IASB「改訂版」(2018年) における定義： 収益（Income）とは，持分の増加を生じる資産の増加又は負債の減少（持分請求権の保有者からの拠出に関するものを除く）。(par. 4. 68, par. 4. 2) ※　「1989年版」において「収益（income）の定義の中には，収益（revenue）と利得（gain）の両方が含まれる…」(par. 74) と定義。
IFRS 15号（2014年）における定義： （広義の）収益（income）： 資産の流入もしくは増価又は負債の減少という形での当会計期間中の経済的便益の増加のうち持分の増加を生じるもの（持分参加者からの拠出に関連するものを除く）。（付録A用語の定義） 収益（revenue）： （広義の）収益（income）のうち，企業の通常の活動の過程で生じるもの。（付録A用語の定義）

Ⅲ　おわりに

　本章では，①収益費用計算が収入支出計算との連繫で規定される従来型発生主義会計と，②収益費用計算が経済的資源と請求権の増減計算との連繫で規定される近年型発生主義会計とを対比的に明示した。従来型発生主義会計は，現金収支から離れて，会計事象（・取引）を認識，測定する計算原理である。また，近年型発生主義会計でもこの点は同様である。新旧の「発生主義」の共通，根幹部分である。ただし，この現金収支から離れて会計事象（・取引）を認識する際の，その「収支の制約」からの離れ方の相違に着目した。

　従来型発生主義会計が，「実現主義」の適用，したがって，期末の未実現利益の排除を待って機能すること，同様に費用についても，収益との対応関係を確認する必要性から認識行為は，期末時点における財務諸表への計上行為と不即不離であることを確認した。

　収益が変われば，それと「対」をなす費用も変容しているという前提のための確認として，安平［1994］を基礎にした収益概念と費用概念の類型化の提示も行った。

これに対して，IASBの概念フレームワーク型，それと整合するIFRS第15号，さらには，紙幅の関係で本章では取り上げなかったがIFRS第15号とほぼ同様の会計基準第29号（企業会計基準委員会公表）は，この「期末利益」と不即不離の関係にはない。この点については，すでに徳山［2019］において検討してあるので，参照されたい。

〔参考文献〕

FASB［1985］Statement of Financial Accounting Concepts No.6, *Elements of Financial Statements*, Accounting Standards.（平松一夫・広瀬義州訳［2002］『FASB財務会計の諸概念（増補版）』中央経済社）

Kohler, E. L.［1970］*A dictionary for accountants Fourth Edition*, p.15（染谷恭次郎訳『コーラー会計学辞典』16－17頁）．

Sprouse R. T. and Moonitz, M.［1962］Accounting Research Study No.3, *A Tentative Set of Broad Accounting Principles for Business Enterprises*. AICPA.（佐藤孝一・新井清光訳［1962］『会計公準と会計原則』中央経済社）

Storey, R. K.［1964］*The search for accounting principles : today's problems in perspective*. AICPA，（井原理代・田中嘉穂共訳［1978］『会計原則の探求―今日の課題と展望―』香川大学会計学研究室）．

石川純治［2018］『基礎学問としての会計学：構造・歴史・方法』中央経済社，77－80頁，100－101頁，141－143頁．

黒澤清［1977］『近代会計学小辞典　第二版』春秋社，106頁．

徳山英邦［2019］「IASB／IFRS体系下における収益・費用概念の特質－会計行為（認識，測定，伝達）の定義の変容と関連して－」『産業経理』第78巻第4号，産業経理協会，64－73頁．

徳山英邦［2023］「第2章発生主義会計と収益認識基準の関係―収益変容とそれに整合する費用，その他の構成要素への影響の観点から―」会計理論学会スタディグループ（主査　岩崎勇）「収益認識についての総合的研究―最終報告書―」27－47頁．

中村忠［2005］『新稿現代会計学〔九訂版〕』白桃書房，41－76頁．

森川八洲男［1991］『財務会計論［改訂版］』税務経理協会，91－96頁．

安平昭二［1994］「収益・費用概念と収益・費用勘定－企業会計システムの特徴を考えるために－」『会計システム論研究序説－簿記論的展開への試み－』神戸商科大学経済研究所，3－15頁．

山下勝治［1968］『会計学一般理論－決定版－』千倉書房，52－110頁．

徳山英邦（帝京大学教授）

第3章

資産負債アプローチの計算構造からみた収益認識[1]

Ⅰ はじめに
－計算構造の段階的な検討の枠組み－

　本章の目的は，収益認識基準の特徴とその社会的機能を，資産負債アプローチの計算構造の視点から明らかにすることである。現実の損益計算は，目的達成のために構成された認識・測定・計算などの手段の体系という側面を持つ[2]。しかし，この手段が対象とする取引・事象およびこの手段やその対象を取り巻く環境は多様であり，これらを反映した会計基準も多岐にわたる。したがって，各種会計基準に基づく現実の損益計算を一括して捉えることは難しい。そこで，表3－1に示すように，段階的に計算構造を検討する枠組みが必要であると思われる。なお，表3－1の第2段階と第3段階は本章の対象に対応させて表示したものとなっているので，具体的な研究対象に応じて変更する必要がある。

---

(1) 本章は，2023年9月30日公表の会計理論学会スタディグループ（主査　岩崎勇）『収益認識についての総合的研究〔最終報告書〕』会計理論学会，第1部第3章所収の岡田［2023b］に基づいている。
(2) 伝達・公開も固有の側面を持つが，本章では割愛する。

第Ⅰ編　収益認識についての理論的研究

表3-1　計算構造の段階的検討の枠組み[3]

第1段階「単純な計算構造」[4]：単なる損益計算の仕組み
目的：貸借対照表における純資産の純増減に基づく損益計算（財務諸表の構成要素の定義，認識，測定などは第2段階以降の検討課題） ① 収益と費用は，貸借対照表で算定された損益の原因説明 ② 発生原因の説明対象となる損益の範囲と説明のタイミングは選択可能 ③ 原因を一つの計算書で表示する必然性はない（リサイクルが生じる可能性）
第2段階「純粋制度的計算構造」：ASBJ討議資料[5]に基づく計算構造
目的：投資家による将来のキャッシュフローの予測に役立つ企業成果等の情報提供（ASBJ [2006] 第2章1項） ① 財務諸表の質的特性，財務諸表の構成要素の定義，認識，測定などの考え方の提示 ② 包括利益の内容は，経済的資源（キャッシュの獲得に貢献する便益の源泉）の支配に基づく資産と負債の差額たる純資産の純増減のうち株主などとの直接取引を除いた部分（ASBJ [2006] 第3章4～8項） ③ 純利益は収益と費用との差額であり，投資のリスクからの解放に基づく期間帰属の決定（ASBJ [2006] 第3章13～16項）
第3段階「具体的制度的計算構造」：収益認識基準と関連づけた計算構造
目的：顧客との契約から生じる収益及びキャッシュフローの性質，金額，時期及び不確実性に関する有用な情報の財務諸表利用者への報告（収益認識基準115項） ① 財・サービスの顧客への移転と交換に企業が得ると見込む対価に基づく収益の描写（収益認識基準16項） ② 顧客との契約を構成する履行義務に配分された取引価格に基づく収益の測定（収益認識基準17項など） ③ 履行義務の充足等に基づく売上認識による損益の原因説明時期の決定（収益認識基準35～45項など）

（出所）　筆者作成。

---

[3] 第1段階については，岡田 [2003]，岡田 [2023a]，岡田 [2023b]，第2段階については，岡田 [2023a]，岡田 [2023b] も参照していただきたい。岡田 [2003] では，第1段階①に示す特徴から，資産負債アプローチの計算構造の中で，収益費用アプローチにおいて伝統的に使われていた収益や費用を選ぶことができる点で2つのアプローチが併存しうる特徴があることを示した（116-119頁）。

[4] これまで筆者は，第1段階を「技術的計算構造」と呼んでいた（例えば岡田 [2023b] など）。しかし，「技術的」という言葉が超歴史的という意味を持つので，誤解を避けるために，表3-1では「単純な計算構造」に名称を変更した。「単純」というのは，表3-1にも書いているように，財務諸表の構成要素の定義，認識，測定などについては考慮せず，損益計算を，純資産の純増減を計算する仕組みとしてのみとらえることを意味している。

[5] 第2段階は，「会計基準の概念的基礎を提供」し，会計「基準開発の指針」の役割

表3－1のうち，本章が対象とするのは第3段階である[6]。表3－1において第2段階と第3段階に分けるのは，概念フレームワークに基づく計算構造と具体的な会計基準に基づく計算構造との相違を示すことができると考えるからである[7]。

　そこで，本章は，Ⅱ節では，第1段階と第2段階を踏まえて収益認識基準に基づく第3段階での計算構造の特徴を明らかにし，Ⅲ節では，第3段階の特徴が持つ社会的機能（役立ち）について利害調整を中心に検討する。

Ⅱ　計算構造における収益認識基準の検討

1　収益認識基準の目的と基本原則

　収益認識基準における「基本となる原則」（以下，基本原則）は，次のとおりである。

　「本会計基準の基本となる原則は，約束した財又はサービスの顧客への移転を当該財又はサービスと交換に企業が権利を得ると見込む対価の額で描写するように，収益を認識することである。」（16項）

　収益認識基準（115項）では，この基本原則の目的を次のように述べている。

　「本会計基準では，IFRS第15号と同様に，<u>顧客との契約から生じる収益及び</u>

　を持つ概念フレームワーク（ASBJ［2006］前文）における計算構造をイメージしている。なお，ASBJ［2006］は，資産負債アプローチと収益費用アプローチが併存した「ハイブリッドな構造」（辻山［2007］141頁）と言われることがある。この点については注3で述べた資産負債アプローチの特徴を参照してほしい。

(6)　会計基準の中には情報開示に関連するものもあるので，第3段階での検討対象とはならない会計基準もある。

(7)　例えば，岩崎［2023a］（15－16頁）では，「抽象的概念レベル」でのIASB概念フレームワークにおける発生主義と「具体的な会計基準レベル」での収益認識基準における発生主義の検討から，概念フレームワークにおける公正価値アプローチが収益認識基準における顧客対価主義に変化したことを，「伝統的な発生主義への先祖返り」と評している。このような指摘も，第2段階と第3段階の違いを表したものと言えるであろう。

キャッシュ・フローの性質，金額，時期及び不確実性に関する有用な情報を財務諸表利用者に報告するために基本となる原則を示している（16項参照）。（以下略）」（下線部は岡田）

そして，この基本原則に従って収益認識のための5つのステップが示されている（収益認識基準（115項））。すなわち，①顧客との契約の識別，②契約における履行義務の識別，③取引価格の算定，④契約における履行義務への取引価格の配分，⑤履行義務を充足したとき又は充足するにつれての（以下，履行義務の充足等）収益の認識である（17項）。

これらは，表3－1の第2段階で示した概念フレームワークにおける目的や，財務諸表の構成要素としての収益の認識時期及び測定を具体化したものとみなせるであろう。例えば，ASBJ［2006］における収益認識のタイミングと比べてみる。

ASBJ［2006］（第4章3項）では，収益を含む財務諸表の構成要素の認識の契機を，「基礎となる契約の原則として少なくとも一方の履行」としている。また，ASBJ［2006］（第4章44項）では，収益計上の判断規準は，投資のリスクから解放された資産の取得とされている。ASBJ［2006］における「投資のリスクからの解放」は，収益（と費用）全般にわたる考えであるが，事業投資について考えれば，投資したキャッシュの回収とされている（斎藤［2024］12頁）。これに対して，収益認識基準（35項，132項）では，第5ステップにおける履行義務の充足等で収益は認識される。履行義務の充足等は，財やサービスの顧客に対する移転によって行われるが，その移転は顧客がそれらに対する支配を獲得したときとされている（収益認識基準（35項，132項））。

2　売上の負債化

収益認識基準は，その3項で定められているものを除く取引全体の収益認識を包括的に規定したものである（92項）。本節1項で述べたことから，売上認識のタイミングは，履行義務の充足等に基づく支配の移転ということができる。これを表3－1に照らしてみれば，第1段階で示した単純な損益計算において

選択可能な損益の説明のタイミングを，支配の移転としているといえる。

収益認識基準や適用指針では，多様な販売取引に関する売上認識のタイミングが取り上げられている。これらの中には，収益認識基準適用前は一括して売上計上されていた金額の一部を契約負債や返金負債などとして次期以降に繰り越すものもある。

契約負債が生じる例としてはポイント付販売がある[8]。ポイント付販売は，商品販売と付与したポイント使用への対応という2つの履行義務から構成される。これらのうち，期末時点で顧客がポイント未履行の場合，この部分に対応する金額は契約負債としてポイント使用時（又は失効時）まで繰延べられる。

返金負債が生じる例としては返品権付販売がある[9]。返品権付販売は，商品販売と返品権への対応という2つの履行義務から構成される。これらのうち，返品権は，次期以降に顧客からの返品があった場合に当該顧客に返金する義務である。これは，企業が権利を得ると見込まれない額と考えられるので，売上額から控除される。

このように，販売取引を履行義務の束と捉えると，返品や返金が見込まれる部分や，リベートや値引きが見込まれる部分が明確になり，この部分が契約負債や返金負債として計上される。岩崎［2023b］（204-208頁）や石山［2023］（230-231頁）では，この点について，収益認識基準では，（従来売上として計上していた）収益の一部が負債化して返金負債が計上されていると述べられている[10]。

表3-1の第1段階に示したように，資産負債アプローチでは，収益や費用は純資産の増加や減少の原因を説明するものである。販売取引では，販売対価

---

[8] ポイント付販売（追加オプション）については，石山［2023］を参照していただきたい。
[9] 返品権付販売については，大野［2023］を参照していただきたい。
[10] 収益の負債化については岩崎［2023a］や岡田［2023b］でも述べている。なお，企業会計基準委員会事務局他編［2020］（62頁）では，変動対価の見積りが，取引価格に反映されるため，売上リベートの場合，当初の売上計上額が少なくなるケースが生じることが考えられるとしている。

第Ⅰ編　収益認識についての理論的研究

として受け取った資産が増加するが，他方で，ポイント付販売や返品権付販売のように，契約負債や返金負債が生じることもある。したがって，販売に伴い増減する資産や負債の原因を説明する項目の性格が問題となる。例えば，商品販売とその保守メンテナンスサービスの2つの履行義務から構成される販売は仕訳例①のようになる。なお，金額は任意に付している。

仕訳例①
　　（借）現金預金　　1,000　　　（貸）売　　　上　　900
　　　　　　　　　　　　　　　　　（貸）契約負債　　100

仕訳例①では，現金預金（資産）が1,000増加しているにも関わらず，その原因を示す売上（収益）は900となり，現金預金の増加全体を説明するものとはなっていない。しかし，もし売上を1,000として計上すると，契約負債の増加100の原因の説明が必要となるが，この負債増加に対応する費用勘定はないように思われる。そこで，次のような仕訳例②が，この仕訳例①の背後にあると思われる。

仕訳例②
　　（借）現金預金　　1,000　　　（貸）売　　　上　　1,000　……　いったん全額売上計上
　　（借）売　　　上　　100　　　（貸）契約負債　　　100　……　売上の繰延べ

仕訳例②の貸方の売上1,000と借方の売上100が相殺されて，仕訳例①になっていると考えらえる。つまり，いったん販売取引によって生じる資産全額の増加原因として貸方に売上計上され，ついで契約負債が未履行義務であるため，その説明として借方に売上の繰延が計上されていると考えられる。藤井［2020］（6頁）で，収益認識基準では，報告収益の純額化が図られているとされている背後には，このことがあるように思われる。

　そして，次期以降この契約負債が履行されたとき，この負債減少の原因として売上が計上されることになる。この点からみれば，収益認識基準適用前には売上として計上されていた金額の一部又は全額が契約負債や返金負債として負債化（売上の負債化）され，販売によって増加した資産の原因説明の時期を履行義務遂行の時期まで遅らせているということができるであろう。

Ⅲ 売上の負債化の機能

1 収益認識基準と実現主義の原則

　収益認識基準適用前は，売上は，企業会計原則（第二損益計算書原則，三，B）に定められる実現主義の原則に基づいて認識されていた。この前提には，未実現収益は原則として計上してはならないとされていることがある（企業会計原則（第二損益計算書原則，一，A））。したがって，具体的には，次の2要件を満たしたときに収益は実現したとされる[11]。

① 財・サービスの提供
② その対価としての現金または現金同等物の獲得

　この実現主義の原則と，収益認識基準に基づく売上認識は内容的には変わらないといわれる[12]。岩崎［2023a］（19頁）は，収益認識基準16項における基本原則は，以下の2つの点で，従来の実現の2要件と実質的に同じとしている。

㋐ 履行義務の充足という顧客への財またはサービスの（支配の）移転（「財貨用役の提供」）のタイミングでの収益認識
㋑ 企業が権利を得ると見込まれる対価（「対価の受領」）の額（中略）での収益認識

　ただし，岩崎［2023a］（24頁）は，実現主義の原則では，その前提となる収益費用アプローチに基づいて収益費用が直接的に認識されるのに対して，収益認識基準では，その前提となる資産負債アプローチに基づいて規定された資産負債を介して間接的に収益費用が認識されるとしている点で相違があるとしている。また，収益認識基準における，契約を構成する履行義務の遂行状況等に

---

[11] 田中［2021］147頁。この2要件は，経済安定本部企業会計基準審議会「税法と企業会計原則との調整に関する意見書」（経済安定本部［1952］総論第一，二）に述べられている。
[12] 田中［2021］155頁。

応じた売上の計上は，従来の基準に比べて精緻化・細分化・厳格化したものであり，段階的な収益計上への変化や収益の負債化などの相違がみられることも指摘している（岩崎［2023a］24頁）。つまり，実現主義の原則と収益認識基準は，実質的に同じではあるものの，差異もあるため，従来の実現主義の原則（その前提となる発生主義の原則を含む）が果たしてきた社会的機能を収益認識基準がどのように果たすのかを検討する必要がある。

2　収益認識基準の利害調整機能

会計には，情報提供機能と利害調整機能がある。このうち，情報提供機能は，Ⅱ節1でみたように，収益認識基準115項における，情報利用者に対する有用な情報提供目的と関わると考えられる[13]。この情報利用者の中心は投資家と考えられるが，投資家の投資活動には国境がないので，この機能は国際的な資本配分につながるといえる。これに対して，利害調整機能は，各国や地域の商慣習や法制度とも関わる。つまり利害調整機能を果たすことは，それぞれの国や地域で収益認識基準が存在する根拠になると考えられる。

(1)　現在の株主と将来の株主との利害調整

山下［1972］（12頁）は，期間損益計算の根拠を，現在の株主と将来の株主とが異なることに求めなければならないとしている。そして，発生主義の社会的意味は，企業会計上の一切の費用と収益を，世代間で異なる株主の誰が負担し，誰が参加するかを決めるものであるとしている（山下［1972］14頁）。このことは，収益認識基準適用前の収益認識の根底にある考えとみることができる。

だが，発生主義にだけ基づく収益認識では未実現利益が生じる。未実現利益を計上すれば，現在の株主は評価益を受け取るが，次年度に時価が下落すれば，次年度の株主が損を被るという不合理をもたらす（山下［1972］15-16頁）。そこで，発生主義に基づく利益の実現主義による内容的な限定，つまり未実現利

---

[13]　この点については，岡田［2017］，岡田［2023b］も見ていただきたい。

益の排除によって次年度以降の株主が損失を被らないようにして今年度の株主との利害調整をしているのである。同様の効果は，返品調整引当金などにもみることができる。藤田［2012］（80-81頁）では，引当金は，将来生じる可能性がある費用を，それが発生した期の将来株主が負担するのではなく，その原因となる取引が発生した期の株主に負担させる効果があるとしている[14]。

　他方，山下［1972］（12-13頁）では，純財産の増加分を利益とする考え方には，このような考えが無いとされている。確かに，表3-1の第1段階の純資産の純増減に基づく単純な損益計算では，現在の株主と将来の株主との利害調整は含まれていない。しかし，第3段階の収益認識基準に基づく具体的制度的計算構造では，増加した資産の全額が純資産となるのではなく，未履行義務に配分された取引価格は負債として純資産を減額させるものとなっている。このことは，将来における履行義務の充足等による負債（未履行義務）が減少した期間の株主の収益となる点で，未実現利益の排除と同様の効果を持つと考えられる。言い換えると，契約負債や返金負債の直接的計上は，それが当期の純資産の減少をもたらし，次年度以降の株主の売上の参加を可能としているといえるであろう。

(2) 債権者保護

　山下［1972］（20頁）によると，実現主義は債権者保護も達成するとされている。未実現利益に相当する資産の流出を防ぎ，債権者の担保を維持するからである。また，返品調整引当金などの引当金も，次年度以降に生じると予想される費用や損失を当期に計上するので，配当を抑制するが，引当金計上額に見合う資産の流出は次年度以降に生じる。藤田［2012］（84-85頁）は，費用は，費消された資産の補填による再生産の維持という役割を持つが，その費消分を上回る費用計上額を利益留保と呼んでいる。つまり，引当金は，費用や損失の

---

[14] 山下［1972］（「序に代えて」8頁）は，引当金を「支出前取」と呼んでいる。また，沼田［1971］（20頁）は，この点について「損失の填補について事業年度間の貸借が行われている」と述べている。

計上を通して，債権者の担保となる資産の一部留保と将来におけるその充当を可能にするという点において，間接的に債権者の担保を厚くする機能をもつと考えられる。

これに対して，収益認識基準における負債の計上は，販売により受け取った資産の増加額を減少させる効果を持つ。純資産の純増減を利益の内容とする資産負債アプローチでは，負債の計上は純資産の減少につながるので，利益を減額させる効果をもつ。しかし，販売によって受け取った資産そのものが減少しているわけではないので，契約負債の金額だけ資産は社内に残るといえるであろう。この点からみれば，契約負債の計上は，引当金に見られた費用や損失計上を通じた間接的な債権者保護のための担保の確保ではなく，直接的に担保を厚くしていると考えられる。

Ⅳ　おわりに

本章では，表3-1に示した資産負債アプローチの検討枠組みの第3段階に焦点をあて，収益認識基準に基づく具体的制度的計算構造について検討した。収益認識基準の特徴は，販売取引を構成する履行義務の束の遂行状況に応じた売上の計上と，そのために返金負債や契約負債が生じる点にある。本章では，これを売上の負債化として特徴付けた。

そして，この売上の負債化は，従来の実現主義の原則が果たしていた現在と将来の株主間の利害調整や債権者保護の役割を果たすことを確認した。収益認識基準における売上の負債化は，販売契約の履行義務への細分とその履行に基づく売上の計上をしている点で，従来の実現主義の原則よりも精緻化・細分化・厳格化された収益認識になっているといえる。このことを可能とするのは，販売取引により増減した資産や負債が把握され，次いでその増減原因としての収益費用が把握されることに由来すると思われる。

情報提供機能や利害調整機能は，収益認識基準に代表される会計基準が，社会に存在し得る根拠であると考えられる。しかし，会計基準はこれらの機能を

永続的に果たすものではないであろう。会計基準がこれら機能を果たせなくなったときは，その内容に応じて，表3－1に示した計算構造の第1段階から第3段階のいずれかの段階での対応（会計基準の制定改廃等）が求められるであろう。

しかし，本章では，表3－1の第2段階で取り上げたASBJ［2006］が討議資料にとどまっており，第3段階の収益認識基準と直接的につながっていない点に問題がある。また，本章では，契約負債の性格について簡単な検討をしたにとどまっており，返金負債，返品資産や契約資産を含めた全体的検討はできていない。これらは，今後の課題である。

〔参考文献〕
石山宏［2023］「ポイント制度に関する収益認識」岩崎勇主査［2023］第2部第15章所収。
岩崎勇主査［2023］会計理論学会スタディグループ『収益認識についての総合的研究〔最終報告書〕』(http://www.jsssa-net.org/study.html)。
岩崎勇［2023a］「収益認識の現代的意義」岩崎勇主査［2023］第1部第1章所収。
岩崎勇［2023b］「変動対価に関する収益認識」岩崎勇主査［2023］第2部第13章所収。
大野智弘［2023］「返品権付販売に関する収益認識」岩崎勇主査［2023］第2部第14章所収。
岡田裕正［2003］「資産負債アプローチの計算構造」『經濟學研究』（九州大学）第69巻第3・4合併号。
岡田裕正［2017］「IFRSと会計の機能」小津稚加子編著『IFRS適用のエフェクト研究』第3章所収，中央経済社。
岡田裕正［2023a］「資産負債アプローチの計算構造の段階的考察」『會計』第204巻第2号。
岡田裕正［2023b］「資産負債アプローチと収益認識」岩崎勇代表［2023］第1部第3章所収。
企業会計基準委員会（ASBJ）［2006］「討議資料財務会計の概念フレームワーク」。
企業会計基準委員会事務局・公益財団法人財務会計基準機構編［2020］『詳解収益認識会計基準』中央経済社。
経済安定本部［1952］「税法と企業会計原則との調整に関する意見書」。
斎藤静樹［2024］「財務報告の概念フレームワーク－ASBJ討議資料のメッセージ」『企業会計』第76巻第1号。
田中建二［2021］『財務会計入門（第6版）』中央経済社。
辻山栄子［2007］「財務諸表の構成要素と認識・測定をめぐる諸問題」斎藤静樹編著『詳解討議資料財務会計の概念フレームワーク』第2部第6章所収，中央経済社。

第Ⅰ編　収益認識についての理論的研究

沼田嘉穂［1971］「引当金の概念について」『駒大経営研究』第3巻第2号。
藤井秀樹［2020］「収益認識会計基準に関する一考察」『會計』第198巻第1号。
藤田昌也［2012］『会計理論のアポリア』同文舘出版。
山下勝治［1972］『貸借対照表論－貸借対照表法の近代化－』中央経済社。

岡田裕正（長崎大学教授）

第4章

IASBの概念フレームワークと会計基準の相互関係[1]

I はじめに

　国際会計基準委員会（IASC）は1989年7月に『財務諸表の作成及び表示に関するフレームワーク』（以下，1989年CF）（IASC [1989]）を制定した。その後，IASCは2001年4月に国際会計基準審議会（IASB）に組織変更されたが，概念フレームワークについてはそのまま踏襲されていた（以下，2001年CF）（IASB [2001]）。

　そして，2004年10月に，IASBは米国財務会計基準審議会（FASB）と概念フレームワークの改訂プロジェクトを共同で立ち上げ，共同プロジェクトの成果として，2010年9月にフェーズAに関する改訂概念フレームワーク（以下，2010年CF）（IASB [2010a]）を公表した。しかし，その後この共同プロジェクトは「休止」され，フェーズB以下の作業は将来の課題として先送りされることになった。

　ところが，IASBは2012年5月に単独で概念フレームワーク・プロジェクトの「再開」を決定し，2013年7月には討議資料『財務報告に関する概念フレームワークの見直し』（以下，2013年DM）（IASB [2013]）を，2015年5月には公開

---

(1) ここにおける記述は，高須 [2023a]，高須 [2023b] 及び高須 [2023c] に依拠している。

草案『財務報告に関する概念フレームワーク』（以下，2015年ED）(IASB [2015a])を，そして，2018年3月には『財務報告に関する概念フレームワーク』（以下，2018年CF）(IASB [2018a]) を公表したのである。

そこで，本章においては，IASBの概念フレームワークと会計基準との相互関係について解明するという問題意識のもとに，まず，1989年CF（2001年CF），2010年CF，2013年DM，2015年ED及び2018年CFを取り上げ，そこにおける概念フレームワークの史的展開について跡づけることにする。そして，そのことから，IASB概念フレームワークの有する基本的特質について明らかにすると共に，それを受けて，IASBの概念フレームワークと会計基準との相互関係について検討することにする。ただし，ここにおいては，概念フレームワークにおけるすべての項目ではなく，収益認識会計基準に影響を及ぼしていると考えられる「一般目的財務報告の目的」，「有用な財務情報の質的特性」，「認識及び認識の中止」並びに「測定」に限定してその考察を行うことにする[2]。

Ⅱ IASB概念フレームワークの基本的特質の解明

本節においては，1989年CF（2001年CF），2010年CF，2013年DM，2015年ED及び2018年CFの検討に基づいて，IASB概念フレームワークの有する基本的特質について明らかにすることにする。

しかも，その場合に，IASB概念フレームワークにおいては，共通して，「一般目的財務報告の目的」が「概念フレームワーク」の基礎をなすものであり，そのことから，「概念フレームワーク」のその他の側面，すなわち「有用な財務情報の質的特性」，「財務諸表の構成要素」，「認識及び認識の中止」，「測定」，「表示及び開示」については，それから論理的に生み出されるものとされていると共に，「認識及び認識の中止」，「測定」及び財務報告のその他の局面に関する選択の指針として役立てるために「有用な財務情報の質的特性」を使用し

---

[2] 本章においては，2010年CF，2013年DM，2015年ED及び2018年CFをIASB概念フレームワークに関連する文書として取り扱う。

第4章　IASBの概念フレームワークと会計基準の相互関係

ているとされている（IASB［2010a］par.OB 1, IASB［2010b］pars.BC 3.6 - BC 3.7, IASB［2015a］par. 1.1, IASB［2018a］par. 1.1, IASB［2018b］pars.BC 2.7 - BC 2.8）。

そこで，ここではまず，2010年CF，2015年ED及び2018年CFにおける「一般目的財務報告の目的」の変更が「有用な財務情報の質的特性」にもたらした変更について，そして次に，それらの変更が2013年DM，2015年ED及び2018年CFにおける「認識及び認識の中止」並びに「測定」に与えた影響について明らかにしていくことにする[3]。

1 「一般目的財務報告の目的」における変更と「有用な財務情報の質的特性」における変更との相互関係

ここでは，1989年CF（2001年CF），2010年CF，2015年ED及び2018年CFにおける「一般目的財務報告の目的」及び「有用な財務情報の質的特性」に関する記述について，その要点を一覧表にして示すことにする。

表4-1 「一般目的財務報告の目的」及び「有用な財務情報の質的特性」

	一般目的財務報告の目的	有用な財務情報の質的特性	
		基本的な質的特性	トレード・オフ関係
1989年CF（2001年CF）	情報提供目的及び受託責任目的	目的適合性と信頼性	明示されている
2010年CF	情報提供目的	目的適合性と忠実な表現	明示されていない
2015年ED	情報提供目的，その中での情報提供目的と受託責任目的との二分化	目的適合性と忠実な表現	明示されている
2018年CF	情報提供目的，その中での情報提供目的と受託責任目的との二分化	目的適合性と忠実な表現	明示されている

上記のことから，「一般目的財務報告の目的」における変更を受けて，意思

---

[3] なお，2010年CFにおいては「認識及び認識の中止」並びに「測定」に関する記述が，2013年DMにおいては「一般目的財務報告の目的」及び「有用な財務情報の質的特性」に関する記述が行われていない。

第Ⅰ編　収益認識についての理論的研究

決定有用性アプローチのもとに,「情報提供目的」と「受託責任目的」の取扱いに相違があることが明らかになる。すなわち，1989年CF（2001年CF）においては,「情報提供目的」と「受託責任目的」を並列の目的としていたのに対して，2010年CF，2015年ED及び2018年CFにおいては「情報提供目的」のみを基本的な目的としているのである。ただし，2015年ED及び2018年CFにおいては,「情報提供目的」を基本的な目的としつつも，その中で「受託責任目的」を復活させているのである。

そして，このことが,「有用な財務情報の質的特性」について影響を及ぼしているといえる。すなわち，1989年CF（2001年CF）においては,「情報提供目的」に関連する質的特性である「目的適合性」と「受託責任目的」に関連する「信頼性」が基本的な質的特性とされていたのに対して，2010年CF，2015年ED及び2018年CFにおいては「情報提供目的」に関連する「目的適合性」と「忠実な表現」が基本的な質的特性とされているのである。また,「トレード・オフ関係」についても，1989年CF（2001年CF）においては，その存在が「明示されている」のに対して，2010年CFにおいては,「明示されていない」のである。しかし，2015年ED及び2018年CFにおいては,「情報提供目的」の中で「受託責任目的」が復活されたことから，そこでは「トレード・オフ関係」も復活され，その存在が「明示されている」のである。ただし，1989年CF（2001年CF）における「トレード・オフ関係」が「目的適合性と信頼性」との間に認められていたのに対して，2015年EDにおいては「測定の不確実性のレベルと目的適合性」との間に，2018年CFにおいては,「測定の不確実性のレベルと忠実な表現」との間に認められているのである[4]。

---

(4) 2010年CFにおいては,「測定の不確実性」は「忠実な表現」と関連づけて取り扱われていた（IASB［2010a］par.QC 16）。

2 「一般目的財務報告の目的」及び「有用な財務情報の質的特性」における変更と「認識及び認識の中止」における変更との相互関係

ここでは，1989年CF（2001年CF），2013年DM，2015年ED及び2018年CFにおける「認識及び認識の中止」に関する記述のうち，まず「認識規準」について，その要点を一覧表にして示すことにする。

表4－2　「認識規準」

	主たる認識規準	副次的な認識規準
1989年CF (2001年CF)(注)	(1) 蓋然性，(2) 信頼性	重要性
2013年DM	(1) 目的適合性及びコスト制約，(2) 忠実な表現	
2015年ED	(1) 目的適合性，(2) 忠実な表現，(3) コスト制約	
2018年CF	(1) 目的適合性，(2) 忠実な表現	コスト制約

(注)　1989年CF（2001年CF）においても，認識規準とはされていないが，「目的適合性」，「コスト制約」については記述されている。

次に，2013年DM，2015年ED及び2018年CFにおいて，「ガイダンス」として「目的適合性」に影響を与える要因に関連してあげられている場合，及び「測定の不確実性」に関連してあげられている場合について，その要点を一覧表にして示すことにする。

表4－3　「目的適合性」に影響を与える要因に関連する場合

	目的適合性のある情報を提供しない可能性がある場合
2013年DM	(1) 結果の範囲が極端に広く，その結果の確率を見積ることが異常に困難である場合 (2) 資産又は負債が存在するが，経済的便益の流入又は流出が生じる蓋然性が低い場合 (3) 資源又は義務を識別するのが非常に困難である場合 (4) 資源又は義務の測定に，キャッシュ・フローの非常に困難な配分又は異常に主観的な配分が必要になる場合 (5) ある資産を認識することが，財務報告の目的を果たすために必要

第Ⅰ編　収益認識についての理論的研究

	ではない場合
2015年ED	(1) 資産が存在するかどうか若しくはのれんから分離可能なのかどうか，又は負債が存在するかどうかが不確実である場合 (2) 資産又は負債が存在するが，経済的便益の流入又は流出が生じる蓋然性が低い場合 (3) 資産又は負債の測定が利用可能である（又は入手できる）が，測定の不確実性のレベルが非常に高いため，もたらす情報にほとんど目的適合性がなく，他の目的適合性のある測定値が利用可能でなく入手可能でもない場合
2018年CF	(1) 資産又は負債が存在するかどうかが不確実である場合 (2) 資産又は負債が存在するが，経済的便益の流入又は流出が生じる蓋然性が低い場合

表4-4　「測定の不確実性」に関連する場合

	忠実な表現が提供されない可能性がある場合
2013年DM(注)	(1) 結果の範囲が極端に広く，その結果の確率を見積ることが異常に困難である場合 (4) 資源又は義務の測定に，キャッシュ・フローの非常に困難な配分又は異常に主観的な配分が必要になる場合
	目的適合性のある情報を提供しない可能性がある場合
2015年ED	(1) 結果の範囲が極端に広く，その結果の確率を見積ることが異常に困難である場合 (2) 資源又は義務の測定に，キャッシュ・フローの非常に困難な配分又は異常に主観的な配分が必要となる場合
	忠実な表現が提供されない可能性がある場合
2018年CF	(1) 資産又は負債の測定値を見積る唯一の方法がキャッシュ・フローを基礎とした測定技法を用いる場合であり，かつ (2) ①結果の範囲が異常に広く，その結果の確率を見積ることが異常に困難である，②測定値が，その結果の確率の見積りの小さな変更に対して異常に感応度が高い，③資産又は負債の測定に，キャッシュ・フローの異常に困難な配分又は異常に主観的な配分が必要になる，という状況のうち一つ又は複数が存在する場合

(注)　表4-3に記載されている(1)及び(4)については，「測定の不確実性」に関連する場合である。しかも，2013年DMにおいては，「測定の不確実性」について2010年CFのQC 16項を引用する形で行われている（IASB［2013］par.4.17）ことから，そこにおいて「測定の不確実性」に関連する場合としてあげられているものは，「忠実な表現が提供されない可能性がある場合」に該当すると考えられる。

上記のことから,「認識規準」については,「有用な財務情報の質的特性」における基本的な質的特性の変更を受けて,主たる認識規準として「信頼性」が「忠実な表現」に変更されていると共に,基本的な質的特性が認識規準における選択の指針として用いられていることが明らかになる。一方,「蓋然性」については,2013年DM,2015年ED及び2018年CFでは,「ガイダンス」において,「目的適合性のある情報を提供しない可能性のある場合」として取り扱われており,また,「ガイダンス」において「測定の不確実性」に関連してあげられているものについては,「有用な財務情報の質的特性」における「トレード・オフ関係」の変更を受けて,2013年DM及び2018年CFにおいては,「忠実な表現が提供されない可能性がある場合」に,2015年EDにおいては「目的適合性のある情報を提供しない可能性がある場合」として示されているといえるのである。

3　「一般目的財務報告の目的」及び「有用な財務情報の質的特性」における変更と「測定」における変更との相互関係

　2013年DM,2015年ED及び2018年CFにおいては,「測定基礎」をあげると共に,「測定」にあたり,その情報は目的適合性があり,かつ,表現しようとしているものを忠実に表現しなければならないとしている。そこで,ここにおいては,「測定基礎」について,1989年CF（2001年CF）を含めて,それを一覧表にして示すことにする。

表4－5　「測定基礎」

	測定基礎
1989年CF (2001年CF)	(1)　歴史的原価,(2)　現在原価,(3)　実現可能(決済)価額,(4)　現在価値
2013年DM	(1)　原価を基礎とした測定,(2)　現在市場価格(公正価値を含む)(①出口価格,②入口価格)並びに使用価値及び履行価値[注], (3)　他のキャッシュ・フローを基礎とした測定
2015年ED	(1)　歴史的原価,(2)　現在価額(①公正価値,②使用価値,③履行価値)

2018年CF	(1) 歴史的原価，(2) 現在の価値（①公正価値，②使用価値及び履行価値，③現在原価）

（注） 使用価値及び履行価値という測定基礎は明示されてはいないが，これらの測定基礎を用いるという思考は存在していた。

　上記のことから，「測定基礎」については，その内容に相違はあるものの，いずれにおいても並列列挙されているのみであることが明らかになる。しかしその場合にも，2013年DMにおいては「適切な測定の識別方法に関するガイダンス」が提示されていたのである。ところが，2015年EDにおいては，それが会計基準レベルの詳細な内容が多すぎるという批判を受けて，「適切な測定の識別方法に関するガイダンス」は提示してはいなかったが，2018年CFにおいては，ガイダンスとは明示されていないものの，それが復活されているのである。

Ⅲ　おわりに
－IASBの概念フレームワークと会計基準の相互関係－

　以上のことから，IASB概念フレームワークにおいては，2010年CF，2013年DM，2015年ED及び2018年CFを通じて，「一般目的財務報告の目的」が「有用な財務情報の質的特性」を規定し，そして，それが「認識及び認識の中止」並びに「測定」を規定していることが明らかになった。しかも，ここでは「有用な財務情報の質的特性」が「認識規準」及び「測定基礎の選択」にあたって使用されており，このことが概念フレームワーク全体に貫徹しているといえるのである。

　しかしその一方で，IASBの概念フレームワークと会計基準との相互関係については，その間に相違が認められるのである。すなわち，2013年DMにおいては，「認識」に関連して，認識規準を「概念フレームワーク」から切り放し，特定の会計基準を開発又は改訂する際に考慮する規準とするという考え方が示されており，また，「認識の中止」に関連して，「企業が資産又は負債の構成部

第4章　IASBの概念フレームワークと会計基準の相互関係

分を保持する場合には，IASBは特定の会計基準を開発又は改訂する際に，企業が取引から生じた変動をどのように描写するのが最善になるのかを決定すべきである」，「認識の中止が生じた時に，企業が資産又は負債の構成部分を保持する場合に，(1) 全面的な認識の中止アプローチ，(2) 部分的な認識の中止アプローチ，のどちらのアプローチを使用すべきなのかを決定するのは，会計単位に応じて，特定の会計基準を開発又は改訂する場合の決定になる」というように，その決定を特定の会計基準を開発又は改訂する際に委ねるという考え方が示されているのである。しかし，このような考え方は，2015年ED及び2018年CFには引き継がれなかったのである。

さらに，「認識」及び「測定」に関連してあげられている「ガイダンス」についても，その間に相違が認められるのである。すなわち，2013年DMにおいて「認識」に関連してあげられている「ガイダンス」については，2015年ED及び2018年CFに引き継がれているのに対して，「測定」に関連してあげられている「ガイダンス」については，2015年EDには引き継がれず，2018年CFにおいては形を変えて引き継がれているのである。

それでは，IASBの概念フレームワークと会計基準との相互関係について認められるこのような相違はなぜ生じてきたのであろうか。言い換えると，2013年DMにおいて提案された考え方は，概念フレームワークと会計基準との間にどのような変質をもたらすことになるのであろうか。

2013年DMにおいて提案された考え方を敷衍すると，概念フレームワークと会計基準との関係が直接的な関係となる。すなわち，そこにおいて，「概念フレームワークにおける決定を特定の会計基準を開発又は改訂する際に委ねる場合」には，「概念フレームワークの外部化」が生じ，逆に「概念フレームワークにガイダンスを設定する場合」には，「会計基準の内部化」が生じることになる。そして，そこでは，いずれにしても概念フレームワークと会計基準との間で渾然一体とした運用が行われるようになる。このことから，「測定」に関連するガイダンスについては，概念フレームワークと会計基準とを分離することを目的として行われた批判を受けて，2015年EDにおいては引き継がれな

49

第Ⅰ編　収益認識についての理論的研究

かったのである。しかし，2018年CFにおいてはそれが形を変えて復活されており，そこでは「会計基準の内部化」を推し進める結果となっているといえる。言い換えると，従来の概念フレームワークにおいて懸案事項であった「認識及び測定」について，「認識」に関連しては「ガイダンス」を明確に組み込むことによって，「測定」に関連しても形はともかく「ガイダンス」を組み込むことに成功することによって，さらなる一歩を踏み出すことになったといえる。

〔参考文献〕

岩崎勇編［2019］『IASBの概念フレームワーク』税務経理協会。

高須教夫［2023a］「IASB（IASC）概念フレームワークの史的展開－『一般目的財務報告の目的』及び『有用な財務情報の質的特性』に着目して－」会計理論学会スタディグループ（主査　岩崎勇）『収益認識についての総合的研究〔最終報告書〕』会計理論学会，2023年，65－77頁。

高須教夫［2023b］「IASB（IASC）概念フレームワークの史的展開－『認識及び認識の中止』に着目して－」会計理論学会スタディグループ（主査　岩崎勇）『収益認識についての総合的研究〔最終報告書〕』会計理論学会，2023年，78－93頁。

高須教夫［2023c］「IASB（IASC）概念フレームワークの史的展開－『測定』に着目して－」会計理論学会スタディグループ（主査　岩崎勇）『収益認識についての総合的研究〔最終報告書〕』会計理論学会，2023年，94－110頁。

IASB［2001］*Framework for the Preparation and Presentation of Financial Statements*, IASB（IASC財団編，企業会計基準委員会・財団法人財務会計基準機構監訳『国際財務報告基準（IFRS）2007』レクシスネクシス・ジャパン，2007年）.

IASB［2010a］*The Conceptual Framework for Financial Reporting 2010*, IASB（IFRS財団編，企業会計基準委員会・公益財団法人財務会計基準機構監訳『国際財務報告基準（IFRS）2012』中央経済社，2012年）.

IASB［2010b］*Basis for Conclusions, The Conceptual Framework for Financial Reporting 2010*, IASB（IFRS財団編，企業会計基準委員会・公益財団法人財務会計基準機構監訳『国際財務報告基準（IFRS）2012』中央経済社，2012年）.

IASB［2013］*A Review of the Conceptual Framework for Financial Reporting*, Discussion Paper, DP/2013/1, IASB（企業会計基準委員会訳『財務報告に関する概念フレームワークの見直し』）.

IASB［2015a］*Conceptual Framework for Financial Reporting*（Exposure Draft），ED/2015/3, IASB（企業会計基準委員会訳『財務報告に関する概念フレームワーク』（公開草案））.

IASB［2015b］*Basis for Conclusions on the Exposure Draft Conceptual Framework for Financial Reporting*, IASB（企業会計基準委員会訳『『財務報告に関する概念フレー

ムワーク」に関する結論の根拠』(公開草案)).
IASB [2018a] *Conceptual Framework for Financial Reporting*, IASB (IFRS財団編, 企業会計基準委員会・公益財団法人財務会計基準機構監訳『IFRS基準〈注釈付き〉2020, PART A』中央経済社, 2020年).
IASB [2018b] *Basis for Conclusions on the Conceptual Framework for Financial Reporting*, IASB (IFRS財団編, 企業会計基準委員会・公益財団法人財務会計基準機構監訳『IFRS基準〈注釈付き〉2020, PART C』中央経済社, 2020年).
IASC [1989] *Framework for the Preparation and Presentation of Financial Statements*, IASC (国際会計基準委員会訳『財務諸表の作成表示に関する枠組み』, 1989年).

高須教夫(大阪学院大学教授・兵庫県立大学名誉教授)

第5章

IFRS 15とIASB概念フレームワーク
− 範囲及び認識の区分に着目して−

I　はじめに

　2014年にIASBよりIFRS 15「顧客との契約から生じる収益（IASB [2014a]）」は公表され，その後2016年に一部改訂され現在に至っている。これに対して，現行の概念フレームワーク（CF）「財務報告に関する概念フレームワーク（IASB [2018a]）」は，IFRS 15と同時並行的に開発及び改訂作業が進められ，IFRS 15の公表後に改訂されている。

　一般的に個別基準（IFRS）とCFの関係は，CFの目的の一つに首尾一貫した概念に基づいたIFRSの開発があげられる（IASB [2018b] par.BC 0.18）ことから，CFより演繹的に個別のIFRS開発や改訂が行われると解される。では，IFRS 15は，その公表前後に改訂されたCFとどのように整合性を図っているのか，とりわけ，公表後に改訂された現行の2018年CFとはどのような関係性にあるのであろうか。この点，先行研究では，IFRSが先行して開発・改訂され，それらと整合性のある又は矛盾しないCFが帰納的に開発・改訂される可能性が示唆されている（斎藤 [2013] 425頁，秋葉・羽根 [2020] 72頁）。

　そこで本章では，IFRS 15とCFの関係性に着目し，どのように整合性が図られているのか，つまり，演繹的かあるいは帰納的か，その関係性について検討を試みることとしたい。

第Ⅰ編　収益認識についての理論的研究

Ⅱ　IFRS15における概念フレームワークの影響

1　IFRS15の収益認識モデル（5ステップ）

　IFRS15は，顧客との契約から生じる収益及びキャッシュフローの性質，金額，時期及び不確実性に関する有用な情報を財務諸表の利用者に報告するために，企業が適用しなければならない原則を定めることを目的とする（IASB [2014a] par.1）。そして，当該目的を達成するために，基本原則に従った収益認識モデル（5ステップ）が示されている（par.2）。

　IFRS15は，付録等を除くと，「目的」，「範囲」，「認識」，「測定」，「契約コスト」，「表示」そして「開示」の7つのカテゴリー（区分）から構成されている。本章では，紙幅の関係上，範囲の区分（pars.5-8）と，ステップ1（契約の識別），ステップ2（履行義務の識別）とステップ5（履行義務の充足）からなる認識の区分（pars.9-45）を取りあげて検討する[1]。

2　IFRS15における概念フレームワークの影響

　最初に，IFRS15の範囲及び認識区分において，CFの記述がどのように参照されているかを検索する。なお，本章では，IFRS15の基準本文と結論の根拠を検討対象とする[2]。

　まず，IFRS15（範囲及び認識の区分）において，CFを直接的に参照した記述（conceptual frameworks）を検索した。その結果，IFRS15の結論の根拠においてのみ当該記述を確認することができた。一つは，範囲区分において，CFの収益の定義が明示的に引き継がれている（IASB [2014b] par.BC 29）。もう一つ

---

[1]　その他の区分を含めた詳細な検討については，井上 [2023] を参照されたい。
[2]　IFRS15は，2016年公表の「IFRS第15号の明確化（IASB [2016]）」において一部改訂されたが，かかる改訂にCFの記述が確認されないため，本章では，2014年公表のIFRS15（IASB [2014a], [2014b]）を検討対象とする。

は，認識区分において，ステップ5（履行義務の充足）のコア概念である支配の概念が，CFの定義に基づき示されている（par.BC 120）。

次に，CFの参照が直接的ではないが，それを意図又は考慮した記述について検索した。その際，CFの「有用な財務情報の質的特性」に関する記述に着目した。なぜなら，CFでは，「一般目的財務報告の目的」及び「有用な財務諸表の質的特性」に影響を受けて，その他の側面が論理的に展開されているからである（高須［2023］66頁 注89）。そこで，2010年CF以降の「有用な財務諸表の質的特性」に係る主要論点を基に検索対象を決定した。具体的には，財務情報を有用にする基本的特性である目的適合性（relevance）と忠実な表現（faithful representation）（IASB［2010a］, par.QC 5）を対象とした。また，目的適合性の下位概念である予測価値（predictive value）と確認価値（confirmatory value）（par.QC 7），そして忠実な表現の下位概念である完全性（complete），中立性（neutral）及び無誤謬（free from error）（par.QC 12）も対象とした。さらに，2012年に開始されたIASB単独のCF改訂作業を経て，2018年CFでは，忠実な表現が経済的現象の法的形式だけでなくその実質も含めること（IASB［2018a］par. 2.12），そして，その下位概念の中立性を達成する重要概念として慎重性（prudence）を復活することが示されている（par. 2.16）。そこで，実質優先（substance over form）と慎重性も検索対象とした。その結果，IFRS 15の結論の根拠において，忠実な表現とその下位概念を意図する記述を認識区分に確認することができた。

以上のように，IFRS 15の範囲区分では，収益の定義についてCFを直接的に参照する記述がみられる。また，認識区分では，支配の概念について直接的にCFが参照され，認識規準について主に忠実な表現が考慮されていることがわかる。以下，範囲区分と認識区分にわけて，CFの影響を検討する。

III　範囲区分における概念フレームワークの影響

IFRS 15では，収益の定義は広義と狭義にわけて定義されている。（広義の）収益（income）は，「資産の流入若しくは増加又は負債の減少という形での当

第Ⅰ編　収益認識についての理論的研究

会計期間中の経済的便益の増加のうち持分の増加を生じるもの（IASB［2014a］Appendix A）」をいう。そして，この広義の収益のうち，IFRS 15の適用範囲である（狭義の）収益（revenue）は，「企業の通常の活動過程で生じるもの（Appendix A）」をいう。この点，結論の根拠によると，IFRS 15の収益の定義については，2010年CFの収益の定義を修正しないこと，つまり引き継ぐことが明示されている（IASB［2014b］par.BC 29 footnote 2）。

　2010年CFでは，業績の測定に直接関係する構成要素として収益を示し（IASB［2010a］par.4.2），収益（income）とは，当該会計期間中の資産の流入若しくは増加又は負債の減少の形をとる経済的便益の増加であり，持分参加者からの出資に関連するもの以外の持分の増加を生じさせるものとして定義される（par. 4.25(a)）。そして，広義の収益（income）には，収益（revenue）と利得（gain）の両方が含まれ，収益（revenue）は，企業の通常の活動の過程において発生するものと定義されている（IASB［2010a］par.4.29）。現行の2018年CFは，基本的に2010年CFを引き継ぎ，収益を資産と負債の変動に基づき定義（IASB［2018a］par.4.68）し，特徴の異なる収益については，その違いを表示により区別することを求めている（par.4.72）[3]。

　以上要するに，収益の定義に関して，IFRS 15とCFには次のような整合性がみられる。一つは，収益の定義が資産及び負債の変動に基づき定義されている点である。この点は，IFRS 15が，顧客対価を用いて履行義務を測定し，その履行義務の充足に即して認識する収益認識モデル（辻山［2012］133頁）を採用することにも現れている。すなわち，財務諸表の構成要素の定義に関して，IFRS 15とCFは資産負債アプローチに基づいているのである（辻山［2010］10-11頁）[4]。もう一つは，IFRS 15が，狭義の収益を適用範囲とする点である。

---

[3]　2010年CFでは，財務諸表の構成要素である広義の収益に，下位クラスの狭義の収益や利得が含まれることが強調されていたのに対して，2018年CFでは，そのような強調を定義に含めることは有用でないとして削除されている（IASB［2018a］par. BC 4.96）。
[4]　収益を顧客対価で測定する一方で，現金の収入ではない何らかの事象に即して収益の認識額を決定する場合，収益の認識額により資産・負債の評価額が決まる。よって，

IFRS 15では，広義と狭義の収益の相違点が，2010年CFと同様に強調されており，その際，2010年CFの定義を参照することが示されている。よって，収益の定義に関するIFRS 15の規定は，2010年CFから演繹的に導き出されたといえる。なお，2010年CFの収益の定義は基本的に，2018年CFに引き継がれているため，IFRS 15とCFの整合性は維持されることとなる。

認識区分における概念フレームワークの影響

1　契約の識別（ステップ１）

　ステップ１は，IFRS 15の適用対象となる顧客との契約を識別する段階であり，ここでは契約を識別するために，5つの要件が示されている（IASB［2014a］par.9）。そして，その要件のうち，(d)経済的実質（commercial substance）は，すべての契約において重要な要求事項とされる（IASB［2014b］pars.BC 40 - BC 41）。加えて，契約の結合や変更に関する規定においても，「経済的実質の忠実な描写」が重視されている（pars.BC 75 - BC 78）。つまり，ステップ１では，質的特性の忠実な表現が，経済的実質と関連づけて考慮されている。

　この経済的実質は，CFの「実質優先」に類する概念と考えられる。実質優先は，忠実な表現が経済現象の経済的実質（economic substance）を表現することから，重複を避けるため2010年CFで削除された特性である（IASB［2010b］par.BC 3.26，［2018b］par.BC 2.32）。ところが，2018年CFでは，経済現象の実質を忠実に表現する必要性（実質優先）が再度示されている（IASB［2018b］par.BC 2.33）。つまり，2018年CFでは，忠実な表現を行うために実質優先の考え方（忠実な表現→実質優先）を採用する必要性が示されているのである（岩崎［2019］70頁）。よって，IFRS 15のステップ１（契約の識別）に関する規定は，2018年CFと整合性が認められ，ここにCFとの帰納的関係性を確認すること

　このモデルは配分アプローチに属する（辻山［2010］11頁）。

ができる。

2　履行義務の識別（ステップ2）

　ステップ2は，収益認識の会計処理単位を決定する段階である。IFRS 15では，履行義務を，別個の財又はサービス（あるいはその束）などを顧客に移転する契約における約束として，他の義務と区別して新たに定義する（IASB［2014a］par. 22，［2014b］par.BC 84）。このように履行義務の定義を開発した目的は，当該会計処理単位を企業が適切に識別することを確保するためであり，そして，意味のある識別は，企業の履行を忠実に描写することに基づくべきであるとされている（IASB［2014b］par.BC 85）。

　会計処理単位は，2010年CFでは確認できないが，現行の2018年CFにおいて確認できる項目である（IASB［2018a］par. 4.48）。2018年CFでは，会計処理単位を取引自体ではなく，権利及び義務に着目して定義（IASB［2018a］par. 4.48）しており，それは，目的適合性があり，かつ，関連する取引又は事象の実質を忠実に表現する有用な情報を提供するように選択されなければならないとする（par. 4.51）。同じく，IFRS 15においても，契約に含意された約束（契約の中の履行義務の識別）に関して，法的形式だけでなく取引の経済的実態を考慮することが要請されている（IASB［2014a］pars. 24 − 25，［2014b］par.BC 87）。

　会計処理単位に関する規定が2010年CFでみられない点に着目する限りにおいて，IFRS 15のステップ2（履行義務の識別）に関する規定は2018年CFに先行しているといえる。ところが，その履行義務の識別要件（IASB［2014a］pars. 22 − 30，［2014b］pars.BC 94 − BC 112）において，まず忠実な表現が考慮され，忠実に表現されている場合には目的適合性のある情報が提供されるというプロセス，すなわち，2010年CFで示された「基本的な質的特性の適用プロセス[5]」

---

[5] 情報が有用であるためには，目的適合性があり，かつ忠実に表現される必要があり，そのための最も効率的なプロセス（基本的な質的特性の適用プロセス）は，次のようになる。①報告企業の財務情報利用者に有用となる可能性のある経済現象を識別する，②その現象に関する情報のうち，利用可能で忠実に表現できる場合に最も目的適合性の高い情報を識別する，③その情報が利用可能で忠実に表現できるかどうかを判断し，

が考慮されている点，そして，会計処理単位の選択に関する要件が各基準の開発に当たり決定されるべきことが，IFRS 15が公表される直前の2013年CF討議資料より提案され，2018年CFに引き継がれている点（IASB［2013］pars. 9.35 – 9.41, ［2018b］par.BC 4.76）に着目した場合，IFRS 15の履行義務の識別要件は，CF改訂作業と同時並行的に検討された可能性が高い，つまり，CFとの演繹的関係が認められる。

以上のことから，ステップ2に関する規定において，IFRS 15は，CFと帰納的関係がみられるだけでなく，CFとの演繹的関係が認められる部分も存在すると考えることができる。

3　履行義務の充足（ステップ5）

(1) 支配の概念

ステップ5では，履行義務の充足を判断する際のコアとなる支配の概念についてCFが直接的に参照されている。IFRS 15によると，企業は，約束した財又はサービス（資産）を顧客に移転することにより，企業が履行義務を充足した時に（又は充足するにつれて），収益を認識しなければならない。資産が移転するのは，顧客が当該資産に対する支配を獲得した時（又は獲得するにつれて）である（IASB［2014a］par. 31）。結論の根拠によれば，この判定に支配を用いる（支配アプローチの採用）理由として，(a)財又はサービスは共に顧客が取得する資産であり，現行の資産の定義が，支配を用いてその認識又は認識の中止のタイミングを決定している，(b)所有に伴うリスクと経済価値よりも支配により財又はサービスの移転を判断する方が整合的である，(c)リスク・経済価値アプローチは，履行義務の識別と矛盾する可能性がある，ことが示されている（IASB［2014b］par.BC 118）。

もしそうであれば基本的な質的特性を充足するプロセスは終了する。そうでない場合には，その次に目的適合性の高い種類の情報でそのプロセスを繰り返す（IASB［2010a］pars.QC 18 – QC 19, ［2018a］pars. 2.20 – 2.21）。この規定は，2010年CFにおいて設けられたものであり，基本的に2018年CFに引き継がれている（岩崎［2019］71 – 72, 80頁　注4）。

第Ⅰ編　収益認識についての理論的研究

　2010年と2018年のCFでは，支配は資産の定義の構成要素の一つとして説明されている（IASB［2018a］pars.4.3-4.5,［2018b］pars.BC4.23, BC4.40-BC4.43）。しかし，2010年CFと異なり，2018年CFでは，資産は「過去の事象の結果として企業が支配している現在の経済的資源（IASB［2018a］par.4.3）」として，経済的資源は「経済的便益を生み出す潜在能力を有する権利（par.4.4）」として別個に定義されている（IASB［2018b］pars.BC4.6-BC4.7）。また，支配については，IFRS15の「資産に対する支配の概念[6]」を直接的に参照している（IASB［2018a］pars.4.19-4.20,［2018b］par.BC4.40 footnote 19）。このことから，支配の概念に関して，IFRS15は先行しており，2018年CFと帰納的関係にあるといえる。

(2)　認識規準（認識と認識の中止）

　ステップ5では，間接的であるが，認識規準（認識と認識の中止）においてCF（質的特性のうち，主に忠実な表現）が考慮されている。ステップ5は，財又はサービスの支配がいつ移転されるのかの判定に関わる重要な段階であり，このように支配に基づき収益を認識するのは，CFが資産の認識又は認識の中止のタイミングを支配により決定するからであるとする（IASB［2014b］par.BC117）。さらに，IFRS15では，支配の概念の適用に関して，忠実な表現が，不動産の建設に関する契約（IASB［2014b］par.BC152）や，履行の完全な充足に向けて進捗度を測定する方法においても考慮されている（par.BC164）。

　2010年CFでは，将来の経済的便益の蓋然性と測定の信頼性に基づく認識規準が示されたが（IASB［2010a］pars.4.38, 4.47），2018年CFでは，具体的な認識規準ではなく，財務情報の質的特性（目的適合性及び忠実な表現）に基づいた認識の決定要因が示されている（IASB［2018a］pars.5.7, 5.12-5.25）。ここに，「質的特性の実質化[7]」を確認することができる（岩崎［2019］74頁）。また，

---

[6]　IFRS15では「資産に対する支配とは，当該資産の使用を指図し，当該資産からの残りの便益のほとんどすべてを獲得する能力を指す。支配には，他の企業が資産の使用を指図して資産から便益を得ること妨げる能力が含まれる。（IASB［2014a］par.33）」とする。

[7]　「質的特性の実質化」とは，質的特性が単なる財務情報の質的特性に留まらず，認

2018年CFでは，2010年CFにみられない認識の中止に関する会計上の要求事項について，忠実な表現を考慮するべきことが示されている（IASB [2018a] pars. 5.26-5.27）。

このように，2018年CFの認識規準が財務情報の質的特性に基礎をおくのと同様にIFRS 15の認識規準においても，その基礎にある支配概念の適用に関して，忠実な表現が考慮されている。つまり，2018年CFに具現化された「質的特性の実質化」が，IFRS 15に先行して認められるのである。また，2010年CFでみられない認識の中止に関する記述が，IFRS 15において確認される（IASB [2014b] par.BC 118(a)）。以上のことから，認識規準（認識と認識の中止）について，IFRS 15はCFと帰納的関係にあるといえる。

 おわりに

IFRS 15とCFの開発及び改訂作業は，同時並行的に進められてきたことから，本章では，両者の整合性についてIFRS 15の範囲及び認識の区分に限定して検討を試みた。すなわち，IFRS 15がCFに基づいて演繹的に開発・改訂されているのか，あるいは，先行してIFRS 15が開発・改訂され，その後に整合性のある又は矛盾しないCFが帰納的に開発・改訂されているのかを明らかにした。その結果を要約したものが，表5-1である。

表5-1において示したように，IFRS 15の規定には，CFから演繹的に導き出された部分と，IFRS 15の規定が先行し，帰納的にCFに包括されている部分の双方を確認することができる。演繹的関係が確認されたのは，範囲区分の「収益の定義」と認識区分の「履行義務の識別要件」についてである。これらには共通して，2010年CFの定義や概念が直接的又は間接的に認められる。な

識規準や測定基礎の選択などの際に実際に機能することをいう（岩崎 [2019] 73頁）。この点，2010年CFでは提案に留まっており，具体的に認識規準にみられるのは，2018年CFにおいてである（IASB [2010b] pars.BC 3.4-BC 3.7, [2018a] pars. BC 5.4, BC 5.8）。

第Ⅰ編　収益認識についての理論的研究

表 5 － 1　IFRS 15と概念フレームワークの関係性（範囲及び認識区分）

IFRS 15 区分／ステップ	概念フレームワーク参照の種類			IFRS 15と概念フレームワークの関係性	
	直接的参照	間接的参照			
	対象項目	対象項目	参照された質的特性	演繹的	帰納的
範囲区分	収益の定義	－	－	○	
認識区分					
ステップ1	－	識別要件：経済的実質	忠実な表現・実質優先		○
ステップ2	－	履行義務の定義と識別要件（会計処理単位）	目的適合性・忠実な表現［基本的な質的特性の適用プロセス］	○	○
ステップ5	支配の概念	認識規準：認識と認識の中止	忠実な表現［質的特性の実質化］		○

（出所）　井上［2023］129頁，表 7 － 2 を筆者一部修正。

　お，「履行義務の識別要件」については，2010年以降一貫してCFにて示された「基本的な質的特性の適用プロセス」が確認されると共に，2013年CF討議資料にて示されたように，その識別要件の決定が各会計基準の開発に委ねられていることから，CF改訂作業と同時並行的に検討された可能性が高いといえる。帰納的関係が確認されたのは，認識区分の「契約の識別要件（経済的実質）」，「支配の概念」，「履行義務の定義（会計処理単位）」そして「認識規準」に関する規定である。これらは共通して，2010年CFではみられないが，その後のCF改訂過程において提案された概念や定義を直接的又は間接的に参照（考慮）している。なお，IFRS 15の認識規準については，2018年CFに具現化された「質的特性の実質化」を確認することができる。

　以上のように，IFRS 15は，演繹的又は帰納的な関係性を通じて，現行の2018年CFと整合性が図られていることが明らかとなった。本章の考察が，基準開発という視点から，IFRSとCFとの関係性を考える際の手掛かりを示す一助となれば幸いである。

第5章 IFRS15とIASB概念フレームワーク

〔参考文献〕

秋葉賢一・羽根圭祐〔2020〕「IFRSにおける収益認識に関する帰納的検討」『金融研究』第39巻第3号，日本銀行金融研究所，65－108頁。

井上定子〔2023〕「IFRS15とIASB概念フレームワーク」会計理論学会スタディグループ（主査　岩崎勇）『収益認識についての総合的研究〔最終報告書〕』第7章所収，111－132頁。

岩崎勇〔2019〕「有用な財務情報の質的特性」岩崎勇編著『IASBの概念フレームワーク』税務経理協会，第5章所収，63－82頁。

斎藤静樹〔2013〕『会計基準の研究（増補改訂版）』中央経済社。

高須教夫〔2023〕「IASB（IASC）概念フレームワークの史的展開－「一般目的財務報告の目的」及び「有用な財務情報の質的特性」に着目して－」会計理論学会スタディグループ（主査　岩崎勇）『収益認識についての総合的研究〔最終報告書〕』第4章所収，65－77頁。

辻山栄子〔2010〕「収益認識をめぐる実現・稼得過程の現代的意義」『會計』第177巻第4号，1－20頁。

辻山栄子〔2012〕「財務会計における認識と測定－フローとストックの規定関係－」大日方隆編著『会計基準研究の原点』中央経済社，第8章所収，121－140頁。

Barker, Richard and Alan Teixeira〔2018〕"Gaps in the IFRS Conceptual Framework", *Accounting in Europe*, Vol.15, No.2, pp.153－166.

International Accounting Standards Board（IASB）〔2010a〕*The Conceptual Framework for Financial Reporting 2010*, IASB.（IFRS財団編，企業会計基準委員会・公益財団法人財務会計基準機構監訳『国際財務報告基準（IFRS）2012，PART A』中央経済社，2012年）

IASB〔2010b〕*Basis for Conclusions, The Conceptual Framework for Financial Reporting 2010*, IASB.（IFRS財団編，企業会計基準委員会・公益財団法人財務会計基準機構監訳『国際財務報告基準（IFRS）2012，PART B』中央経済社，2012年）

IASB〔2013〕*A Review of the Conceptual Framework for Financial Reporting*, Discussion Paper, DP/2013/1, IASB.（企業会計基準委員会訳，討議資料『財務報告に関する概念フレームワークの見直し』）

IASB〔2014a〕International Financial Reporting Standards（IFRS）15, *Revenue from Contracts with Customers 2014*, IASB.（IFRS財団編，企業会計基準委員会・公益財団法人財務会計基準機構監訳『国際財務報告基準（IFRS）2015，PART A』中央経済社，2015年）

IASB〔2014b〕*Basis for Conclusions on IFRS15, Revenue from Contracts with Customers 2014*, IASB.（IFRS財団編，企業会計基準委員会・公益財団法人財務会計基準機構監訳『国際財務報告基準（IFRS）2015，PART B』中央経済社，2015年）

IASB〔2016〕IFRS15, *Revenue from Contracts with Customers 2016*, IASB.（IFRS財団編，企業会計基準委員会・公益財団法人財務会計基準機構監訳『国際財務報告基準（IFRS）2017，PART A』中央経済社，2017年）

第Ⅰ編　収益認識についての理論的研究

IASB［2018a］*Conceptual Framework for Financial Reporting*, IASB.（IFRS財団編，企業会計基準委員会・公益財団法人財務会計基準機構監訳『IFRS基準〈注釈付き〉2021，PART A』中央経済社，2021年）

IASB［2018b］*Conceptual Framework for Financial Reporting－IFRS Conceptual Framework Basis for Conclusions－*, IASB.（IFRS財団編，企業会計基準委員会・公益財団法人財務会計基準機構監訳『IFRS基準〈注釈付き〉2021，PART C』中央経済社，2021年）

井上定子（兵庫県立大学大学院教授）

第6章

わが国の収益認識基準をふまえた概念フレームワークの重要性と可変性

I はじめに

　本書（スタディグループ）の目的に照らして，わが国の概念フレームワークと収益認識基準の関係に関するテーマが，筆者に課されることになった。ついては，本書の目的である「文献研究に基づきこれまでなされてきた収益認識会計の理論及び制度上の到達点とそれに内在する問題点について検討を行っていくこと」（岩崎［2022］2頁）に則し，わが国のASBJにおける2018年（2020年改正・2021年適用指針改正・2022年修正等）に公表された一連の収益認識基準をふまえたうえで，同じくASBJにより2004年・2006年に公表された討議資料「財務会計の概念フレームワーク」（以下，新旧対応表等を含め，まとめて表記する場合は，ASBJ概念フレームワークとする。個別表記の場合は，各年度等を概念フレームワークに付す）の重要性と可変性について論じることを目的とする。

　このための検討事項として，ASBJ概念フレームワークと収益認識基準との関係性を取り扱った筆者の過去の論稿に市川［2020a］がある。市川［2020a］の目的は，わが国の収益認識基準に関して，その改正点等を確認すると共に，ASBJ 2006年概念フレームワークとの関係性についても検討することにあった。しかし，そこでは，いわゆる可変的な概念フレームワークと会計基準の具体的な関係性まで示したものではなかったといえる（なお，市川［2020a］の「要約」

第Ⅰ編　収益認識についての理論的研究

は，紙幅の関係から市川［2023］133-134頁を参照して頂きたい）。

　本章においては，貴重な研究の機会を頂いたため，改めてわが国の収益認識基準をふまえたうえで，藤井［2016］，高須・岩崎［2019］等を引用しながら，市川［2020a］では論じるに至らなかった，概念フレームワークの重要性（貢献性）や可変性に関して論じることとしたい。

Ⅱ　概念フレームワークの重要性（貢献性）

　後述するが，今なお，IASBにおいても概念フレームワークが開発され続けている「事実」からも，以前としてその重要性は失われてはいない。むしろ必要であるから，概念フレームワークはその可変性も含めて存在観を示していると考えられる。

　しかし，概念フレームワークの性質そのものは，果たしてどのようなものなのか，概念フレームワークを設定する貢献性とは何なのか，その検討がなされるべきであろう。なぜならば，ASBJ 2006年概念フレームワークによれば，概念フレームワークは「会計基準の概念的な基礎を提供」（ⅴ頁）するものであり，会計基準の概念的な基礎を設定する意味を問うことは，今後の会計基準設定活動にも多大な影響を与えるためである。

　本章では，藤井［2016］を引用しながら，概念フレームワークの特質を確認し，その重要性（貢献性）について検討する。藤井［2016］は，アメリカにおいて約100年にわたり歴史的事実としての規範理論が生成・発展してきた概念フレームワークの経緯とその役割の重要性（貢献性）を明確に示していると考えられる。

　概念フレームワーク（規範理論）に関する歴史的事実としての規範理論の生成・発展に関して，藤井［2016］によれば「アメリカにおける会計理論の開発活動は…（略）…実証主義的な観点で一括りにすることのできない形で進められてきたのであった。約100年にわたるその歴史を改めて俯瞰すると，実証主義の観点からは理論と見なし得ない規範理論の開発が連綿と継承され，その

第6章　わが国の収益認識基準をふまえた概念フレームワークの重要性と可変性

到達点として概念フレームワークが形成されてきたことが理解できる。これに対して，実証理論の歴史らしい歴史は，1960年代後半以降に観察されるようになったに過ぎない」（藤井［2016］9頁）と指摘している。アメリカにおける会計理論の生成・発展の経緯については表6－1のとおりである。

表6－1　アメリカにおける会計理論の生成・発展

法令・プロナウンスメント等	個人研究・モノグラフ等
1933　証券法 1934　証券取引所法 1936　AAA会計原則試案 1938　SHM会計原則 1941　AAA会計原則 1948　AAA会計原則 1957　AAA改訂会計原則 1966　ASOBAT 1970　APBステートメント第4号 1977　SATTA 1978　SFAC第1号 1980　SFAC第2号 1984　SFAC第5号 1985　SFAC第6号	Sprague［1901］［1907］ Hatfield［1916］ Paton［1922］ Canning［1929］ Gilman［1939］ Paton & Littleton［1940］ May［1943］ Moonitz［1961］ Sprouse and Moonitz［1962］ Hendriksen［1965］ Ball and Brown［1968］ Fama［1970］ Watts and Zimmerman［1978］ Watts and Zimmerman［1986］

（出所）　藤井［2016］6頁。

また，概念フレームワークの科学性と存在理由については「検証可能性を欠いた規範理論は非科学的理論であり，本稿のこれまでの考察にもとづけば，概念フレームワークはその代表的な一例ということになるのである。意思決定有用性アプローチで定式化された『財務報告の基本目的は，利用者の経済的意思決定に有用な情報を提供することである』という基本命題…（略）…におい

第Ⅰ編　収益認識についての理論的研究

ては，反証条件が明らかにされていないために，その真偽を経験的証拠にもとづいて検証することは不可能である。というよりむしろ，それ以前の問題として，当該命題は経験的証拠にもとづく真偽の検証をそもそも予定していないといった方が適切かもしれない。しかし，まさにかかる科学性の欠如こそが，規範理論の約100年にわたる命脈に不可欠の要素であったというのが，筆者の見解である」（藤井［2016］10頁）と述べている。つづけて，「『会社がどのような方法を適用するべきか』という問いに規範理論がどれだけ的確に回答してきたかは措くとして，科学的会計理論がなしえなかった制度設計への建設的貢献を規範理論が行ってきたこと（あるいは少なくともそのような貢献をつねに目指してきたこと）は，動かしがたい歴史的事実である。すなわち，この点に，概念フレームワーク（より一般的には規範理論）の存在理由を見いだすことができるのである。規範理論の性質と役割を以上のように理解することによって，当該理論が100年の長きにわたってその命脈を連綿と保ってきた理由を整合的に説明する一つの視点を獲得することができるであろう」（藤井［2016］11頁／傍点筆者）とし，概念フレームワークの貢献性を明確に示している。

　その貢献性は端的に述べれば，「科学的会計理論がなしえなかった制度会計への貢献という社会的な役割」（藤井［2016］12頁）である。このように歴史的経緯からも，制度設計，すなわち会計基準設定において，基礎的な概念を提示する概念フレームワークの貢献性は高いといえる。そして，そうであるからこそ，現代においても，いまだIASBは概念フレームワークの改訂を行い続けているといえる。また，そうであるならば，わが国においても企業のトップラインに多大な影響を与えるような新たな会計基準（収益認識基準）が示されたのであれば，当該基準導入に伴う概念フレームワークの可変性を肯定する方向性もあるのではないか。

第6章　わが国の収益認識基準をふまえた概念フレームワークの重要性と可変性

Ⅲ　概念フレームワークの可変性

　本章はわが国の収益認識基準をふまえた概念フレームワークの重要性と可変性を論じるものであるが，概念フレームワークの可変性を検討するにあたり，わが国よりも，その変遷が顕著な概念フレームワークを一部取り上げたい。

　高須・岩崎［2019］においては，「Ⅱ　IASC（IASB）『概念フレームワーク』の目的の変遷」（高須・岩崎［2019］4頁）として，表6－2の変遷を示しており，第一に，表6－2は各目的に照らして，当該概念フレームワークの「変遷」が行われてきたことがわかる[1]。第二に，FASBとの比較を通して，IASB固有の目的があったことが理解できる（表6－2白地部分）。

　このような目的の変遷について，高須・岩崎［2019］は，「何がIASBに『概念フレームワーク』の目的をめぐるこのような変更を行わせたのであろうか。その問いに対する解答は，その変更によって基本的な目的には変更がなく，付加された目的のみが削除されていることから，1989年『概念フレームワーク』の制定当時に存在していた固有の目的の必要性が存在しなくなったというものである」（高須・岩崎［2019］12頁／傍点筆者）と述べている。つづけて，「『代替的な会計処理の数を削減するための基礎を提供することにより，財務諸表の表示に関する規則，会計基準及び手続の調和を促進するために役立つこと』という目的は，比較可能性・改善プロジェクトとそれに続くIOSCOとのコア・スタンダードをめぐる調整が2000年5月に終了したことから，その必要性がなく

---

(1)　そもそも「米国財務会計基準審議会（FASB）による概念フレームワークの制定は，その後，カナダ勅許会計士協会（CICA），オーストラリア会計基準審議会（AcSB & PSASB）等における同様の概念フレームワーク制定の動きをもたらした。そしてそれを受けて，国際会計基準委員会（IASC）は1989年7月に『財務諸表の作成および表示に関するフレームワーク』…（略）…を制定した。」（高須・岩崎［2019］3頁）とされており，FASBの制定から世界へと波及していった概念フレームワークの策定作業から各国の概念フレームワークへの注目の高さ，ひいてはその重要性が確認できる。

第Ⅰ編　収益認識についての理論的研究

表6－2　IASC（IASB）概念フレームワークの変遷と固有の目的

年	題　　目	固有の目的（FASBと異なる目的）	考　　察
1989	1989年『概念フレームワーク』（2001年『概念フレームワーク』）における「概念フレームワーク」	国際会計基準が認めている代替的な会計処理の数を削減するための基礎を提供することにより，IASC理事会が財務諸表の表示に関する規則，会計基準及び手続の調和を促進するために役立つこと。各国の会計基準設定主体が国内基準を開発する際に役立つこと。	左記2つが固有の目的。それ以外の目的はFASB概念フレームワークの目的に包摂される目的（本表には未記載）。2010年『概念フレームワーク』における「概念フレームワーク」は，1989年『概念フレームワーク』（2001年『概念フレームワーク』）における「概念フレームワーク」を踏襲。
2010	2010年『概念フレームワーク』における「概念フレームワーク」	固有の目的については同上。ただし，IASB概念フレームワークの目的を検討する際に見直されることになるとして，「それまでは」という限定が付される。	
2013	2013年『討議資料』における「概念フレームワーク」	－	固有の目的の削除。基本的な目的のみ示される。FASB概念フレームワークの目的と一致。
2015	2015年『公開草案』における「概念フレームワーク」	－	
2018	2018年『概念フレームワーク』における「概念フレームワーク」	－	

（出所）　高須・岩崎［2019］3－16頁をもとに筆者作成。

なったといえる。また，『各国の会計基準設定主体が国内基準を開発する際に役立つこと』という目的も，IASBの設立後，時間の経過と共に，会計基準の国際的収斂が進行していることから，その必要性がなくなってきたといえる」（高須・岩崎［2019］12頁）ということが指摘されている。

「基本目的＋固有の目的」が付加されていた経緯は，当時のIASCに会計基準設定戦略があったからである（高須・岩崎［2019］13頁参照）。しかし，上述のように付加する必要は最早なくなった。高須・岩崎［2019］は「IASC（IASB）『概念フレームワーク』」をめぐる状況が，IASBの設立後，時間の経過を経て，

第 6 章　わが国の収益認識基準をふまえた概念フレームワークの重要性と可変性

会計基準の国際的な収斂を目指す『国内会計基準の国際会計基準化』からIFRSの採用（アドプション）による『国際会計基準の国内会計基準化』へと変容していったことを示している」（高須・岩崎［2019］13－14頁）と指摘している。

　以上のことから，高須・岩崎［2019］は1989年IASB概念フレームワーク，2010年IASB概念フレームワークにおいては，基本の目的に，固有の目的を付加したものを示していたが，それ以後の2013年，2015年，2018年の概念フレームワークでは，その固有性は削除されたことが理解でき，そしてその要因は，1989年IASB概念フレームワークの制定当時に存在していた固有の目的が必要なくなったからであると述べている（高須・岩崎［2019］9頁参照）。より具体的には，高須・岩崎［2019］（10－11頁参照）によれば，IASCは会計基準を設定するにあたり，一貫して各国の会計基準の間に相違があることを認識した上で，その妥協を図るという手法を採用してきたが，国際連合，経済協力開発機構等の規制主体が国際的基準設定の場に登場してきたことから，IASCは独自の実践規範性を有する会計基準の設定を迫られることになったためであるとされる。

　ここで重要なのは，国際的な情勢の変化や戦略により（外的要因により），概念フレームワーク（の目的）が変遷してきたという過程である。

　わが国でもそれは例外ではない。ASBJ 2004年概念フレームワークは，その公表の経緯について「概念フレームワークを記述する体系には，本来，多様な選択肢がありうるが，この討議資料の構成は，大枠で海外の先例に従っている。海外の主な会計基準設定主体が公表した概念書は，わが国でもすでに広く知られているため，それと構成を揃えることで関係者の理解が容易になり，この討議資料の機能がより効率的に発揮されると期待できるからである。さらに，海外と同一の構成を採用することによって，会計基準の国際的収斂（または調和）をめぐるコミュニケーションも，より円滑になるであろう」（ⅰ頁）との記述にあるように，国際的な概念書の公表の影響から，海外の先例に従い，作成・公表されたのである。その経緯を含む変遷過程をまとめた一覧表は，紙幅の関係上，市川［2023］138－139頁を参照して頂きたい。

　ASBJ 2004年概念フレームワークからASBJ 2006年概念フレームワークの変

第Ⅰ編　収益認識についての理論的研究

遷のなかで主要論点に関して大きな変化はないと考える。ただし「会計基準の概念的な基礎を提供する」（v頁）という文言は，改めてASBJ 2006年概念フレームワークにおいて明記（明確化）されたものと考える。当時はまだIASBとFASBが共同作業を行っていた時代であり，その時代的背景もあり，ASBJ 2006年概念フレームワークは「公開草案という形で公表することは適切でない」（v頁）と述べ，また「コメントは求めない」（v‒vi頁）としていた。しかし，その後，IASBは単独で概念フレームワーク設定を開始し，わが国においてもIFRS第15号の基本的な考え方を取り入れた収益認識基準が2018年に公表されている。この収益認識基準は，企業のトップラインに大きな影響を与える会計基準である。ASBJ 2006年概念フレームワークは「会計基準の概念的な基礎を提供」（v頁）するものである。そうであれば，時代の変遷に伴い，市場関係者に「コメント」を求めるような新たな概念フレームワークの公開草案を示すことも一案ではないかと考える。

　会計基準や概念フレームワークを形成していくうえで，利害関係者である市場関係者の声は重要であることはいうまでもない（市川［2020ｂ］35頁参照）。ただし，市場関係者の声を回収することは，政治的な問題を生むことにもなるであろう[2]。しかし，概念フレームワーク議論の活発化を生むことにも繋がる（市川［2020ｂ］35頁参照）。また，市川［2020ｂ］（35‒36頁）でも引用したが，斎藤［2011］は，「市場参加者が互いの行動について共有する期待を彼らの市場行動やその結果から推測し，『書かれた』会計基準をそれにてらして検討しつつ，その再構築のシナリオを整合的な概念の体系をもって提示する作業が必要とされる。そうした基礎研究は，おそらく学界の研究者が担う」（斎藤［2011］9頁）と指摘している。

　会計基準設定の際には，市場関係者の意見の反映は当然，不可欠であると考えられ（実際に活用するのは彼等だからである），そして会計基準の概念的な基礎

---

[2]　例えばFASB［1976］に対するコメントレター上におけるErnst & Ernst/Arthur Andersen & Co.の対立や，その後のFASB概念フレームワークのねじれ現象などがあげられる（市川［2010］83‒177頁参照）。

第６章　わが国の収益認識基準をふまえた概念フレームワークの重要性と可変性

を提供するのが概念フレームワークであり，したがってこの両者は切り放して考えられないことを前提とすれば，市場関係者の意見の反映は必須であり，「正答」を作成者側が用意するのではなく，「回答」を市場関係者からだしやいす環境を整えるべきであるし，それを受けて概念の整合性を学界の研究者が担うべきではないか（市川［2020b］36頁参照）。

わが国の新たな収益認識基準の制定過程におけるコメントレター内においては（企業会計基準公開草案第66号（企業会計基準第29号の改正案）「収益認識に関する会計基準（案）等に寄せられたコメント」，CL13，経団連経済基盤本部），「IFRS第15号の内容を出発点として，わが国における収益認識会計基準を開発することは，国際会計基準との比較可能性を高め，日本基準の高品質化に資する可能性があることから賛同する」（１頁）という意見も存在している。批判ばかりではないのである。そうであるならば，少なくともそれに即した（市場関係者のコメントに即した），新たな概念フレームワークの検討もなされるべきではないかと考える。

Ⅳ　おわりに

本章は収益認識基準をふまえて，概念フレームワークの重要性（貢献性）およびその可変性について検討を行ってきた。市川［2020a］は，わが国はIFRS第15号の趣旨と同様の新しい収益認識基準を導入したものの，IASB（IFRS）とは異なり，それを支える新たな概念フレームワークの制定はなされていないのではないか，という問題意識を示した。しかし，そうであれば，その可変性についてさらに検討されるべきであった。市川［2020a］においては，当該問題意識（疑義）のみは示したものの，概念フレームワークそのものの重要性（貢献性）や可変性を具体的に明示したものではなかったといえる。したがって，本章においては，わが国の収益認識基準をふまえたうえで，市川［2020a］では論じるに至らなかった，概念フレームワークの重要性（貢献性）や可変性に関して，藤井［2016］，高須・岩崎［2019］等を引用しながら検討を行った。

結論として，わが国に収益認識基準が導入されたことをふまえて，（IASBの

第Ⅰ編　収益認識についての理論的研究

概念フレームワークの可変性を意識しながら），わが国においても当基準導入に伴う概念フレームワークの可変性を肯定する方向性もあるのではないかと考えた。ただし，上述したとおり（市川［2020b］36頁参照），会計基準を検討する際には（あるいは「会計基準の概念的な基礎を提供する」概念フレームワークを検討する際には），市場関係者の意見（コメント）の反映も必要であり，「正答」を作成者側が用意するのではなく，「回答」を市場関係者からだしやすい環境を整えるべきであろう。

〔参考文献〕
市川紀子［2010］『財務会計の現代的基盤』森山書店。
市川紀子［2020a］「改正収益認識会計基準等と概念フレームワークの関係性」『會計』第198巻第5号，72－86頁。
市川紀子［2020b］「概念フレームワークの必要性：マクロ会計・メソ会計・ミクロ会計の視点や会計基準設定の諸問題を中心に」『駿河台経済論集』第29巻第2号，27－42頁。
市川紀子［2023］「第8章わが国の収益認識会計基準をふまえた概念フレームワークの重要性と可変性」会計理論学会スタディグループ（主査　岩崎勇）『収益認識についての総合的研究〔最終報告書〕』会計理論学会，133－144頁。
岩崎勇［2022］「はじめに」会計理論学会スタディグループ（主査　岩崎勇）『収益認識についての総合的研究〔中間報告書要旨〕』会計理論学会，1－2頁。
斎藤静樹［2011］「会計基準作りの基準と会計研究」『會計』第179巻第1号，1－13頁。
高須教夫・岩崎勇［2019］「第1章IASC（IASB）概念フレームワークの目的―概念フレームワークの意義と必要性―」岩崎勇編『IASBの概念フレームワーク』税務経理協会，3－16頁。
藤井秀樹［2016］「概念フレームワークの理論的性質と役割―アメリカ会計理論発達史にみる規範理論の展開―」『産業経理』第76巻第3号，4－14頁。

謝辞
　筆者は，第7章ご担当の藤井秀樹教授において賜ったすべての内容に賛同するものである（本書の執筆要領に則し，本章の前身にあたる会計理論学会スタディグループ最終報告書（2023年）の筆者担当章の内容を一部削除したが，この前身から本章においての論文趣旨に変更はない）。道標を授けて頂いた藤井秀樹教授には改めて深く感謝申し上げる。また，このような貴重な機会等を頂いたことに，岩崎勇教授主査をはじめ同スタディグループメンバーの皆様にも改めて御礼申し上げたい。

市川紀子（駿河台大学教授）

第7章

ASBJ概念フレームワークの指導原理性と説明原理性
－収益認識基準との関係に寄せて－

I　はじめに

　「基準設定のための基準（Standards for Standard Setting）」（Denman［1984］）と称される概念フレームワークは本来，普遍的な性質を帯びており，その限りでそれは容易に「変化しないこと」が想定されている。ところが，市川［2023］[1]は，企業会計基準第29号「収益認識に関する会計基準」（以下，「収益認識基準」）の特徴と問題点を検討するなかで，あえて，概念フレームワークの「可変性」（改廃を含む「変化の可能性」）に着目している。私見によれば，そのことによって，市川［2023］は，多くの問題提起的な検討課題の炙り出しに成功している。本章では，市川［2023］の問題提起の意義を，筆者なりの観点から再解釈してみたい。

---

[1]　市川［2023］は，会計理論学会スタディグループ（主査　岩崎勇）「収益認識についての総合的研究」（2021～2023年）の第9回研究会（2023年3月26日）に当たって配布された報告論文である。同論文は，加筆・修正のうえ，本書に第6章として収録されている。

第Ⅰ編　収益認識についての理論的研究

Ⅱ 「可変性」に関する概念整理

　この節では，市川［2023］でいう「可変性」について，基本的な概念の整理を行うことにしたい。以下に述べるように，概念フレームワークの変化のパターンは，その役割の変化を説明するものとなる。

1　変化の2つのパターン

　作用因の観点から整理すると，概念フレームワークの変化には，大きく2つのパターンが存在する。一つは，内生的要因による変化である。概念フレームワークを構成する諸概念の首尾一貫性の確保や諸概念の自生的拡張の必要性が事後的に認識された場合に，このパターンの変化が生じる。このパターンの変化は，概念フレームワークを構成する諸概念の自己運動的な変化として特徴づけられる。FASB概念書第3号が同第6号に代替されたケースは，その一例といえるであろう。

　もう一つは，外生的要因による変化である。新しい会計環境の発生に起因して，既存の概念フレームワークの整備・拡充が必要になった場合に，このパターンの変化が生じる。2004年に着手されたIASB概念フレームワーク改訂プロジェクトの諸成果や，概念フレームワーク全体のアップデートを図る目的で2010年以降断続的に公表されてきたFASB概念書第8号（FASB［2010-2023］）は，このパターンの変化を示すものとして位置づけられるであろう。

2　概念フレームワークの役割の変化

　2つのパターンのうち，概念フレームワークの役割の変化を示すものとして注目されるのは，後者の外生的要因による変化である。新しい会計環境の発生は，それを反映した新基準の設定を必要ならしめる。そうした新基準の設定が，概念フレームワークの改訂に先行して実施された場合に，概念フレームワークの役割の変化が準備される。

第7章　ASBJ概念フレームワークの指導原理性と説明原理性

　既述のように，概念フレームワークはそもそも「基準設定のための基準」，すなわち基準設定の前提となる基礎概念を集成したものであった（概念フレームワーク→会計基準）。ところが，新基準の導入に起因する概念フレームワークの改訂は，それとは逆に，新基準に織り込まれた新しい考え方に合わせる形で，概念フレームワークを変化させるものとなる（会計基準→概念フレームワーク）。すなわち，そこでは，概念フレームワークと会計基準の主従逆転とも言える現象が生じるのである。この現象は，新基準で採用された新しい考え方が概念フレームワークの変化を要求・主導するという点で，概念フレームワークに対する会計基準の「逆基準性」として，これを特徴づけることができるかもしれない。FASB概念書第8号（FASB［2010-2023］）の開発は，先行基準のかかる性質の影響を相対的に強く受けた概念フレームワーク改訂の事例といえるであろう。

　以上のことから，とりわけその導入初期においては，概念フレームワークは専ら会計基準の設定を導く「指導原理」としての役割を果たすのであるが（あるいは少なくとも，主としてそのような役割を果たすことが期待されているのであるが），会計環境の新たな展開を反映した新基準の設定が先行する段階に移行すると，事後的に改訂された概念フレームワークは会計基準全体がどのような考え方で成り立っているかを記述する「説明原理」としての役割を果たすようになることが分かる。すなわちここに，概念フレームワークの役割の変化を見出すことができるのである。

　とはいえ，概念フレームワークはもともと，指導原理性（規範的性質）と説明原理性（記述的性質）の二側面を兼ね備えたプロナウンスメントとして開発されたものであった（FASB［1978］par.3；ASBJ［2006］前文）。したがって，この役割の変化は基本的には，役割の重点移行を示すものとして理解される必要があろう。また後述するように（本章Ⅲ2），指導原理性と説明原理性は相互排他的なものでないことにも，留意しておく必要があろう。

第Ⅰ編　収益認識についての理論的研究

Ⅲ　概念フレームワークの変化の「必要性」と「可能性」

1　制度変化のコスト制約

　概念フレームワークの変化については，さらに「必要性」と「可能性」の二側面からも考える必要がある。前節で言及した内生的要因と外生的要因はいずれも基本的には，変化の「必要性」を説明するものである。変化の「必要性」は，変化のあるべき方向性を指示する。しかし，社会的制度は，「必要性」のみで変化するわけではない。変化を現実のものにする客観的な「可能性」が備わって初めて，社会的制度は変化するのである。

　ここでいう変化の「可能性」とは，概念的には，変化のベネフィットが変化のコストを上回ることをいう。「必要性」がいかに大きくても，変化のベネフィットが変化のコストを下回るならば，変化は生じない。IASB概念フレームワーク（IASB［2018］par.2.39）で示された「有用な財務報告に対するコストの制約」の考え方が，その理屈を理解するのに役立つであろう。

2　変化するIASB概念フレームワーク

　2004年に開始されたIASB概念フレームワーク改訂プロジェクトにおいては，「信頼性」に代わる質的特性として2010年に「忠実な表現」が導入され，さらに2018年には「実質優先」の復活が図られた[2]。これらの諸概念は，会計環境の新たな展開を踏まえ，会計的認識・測定において資産負債アプローチのさらなる浸透・徹底を図るべく採用されたものであった。

　通史的に振り返ると，概念フレームワークのかかる改訂は，IFRS第15号に見るような将来の新基準の設定を見越した事前の制度整備となっていることが分かる。「企業が収益の認識を，約束した財又はサービスの顧客への移転を当

---

[2]　その経緯については，藤井［2019］で筆者なりの整理を行っている。

該財又はサービスと交換に企業が権利を得ると見込んでいる対価を反映する金額で描写するように行わなければならない」(IFRS, No.15, par.2) という，IFRS第15号の収益認識原則(3)の基準化は，「忠実な表現」や「実質優先」の作用によって初めて，可能に（あるいは少なくとも容易に）なったといえるであろう。

改訂当初，説明原理性の性質を相対的に強く帯びていた新概念フレームワークが，その後の基準設定において指導原理性を新たに発揮した事例として，これを位置づけることができるであろう。

3　変化しないASBJ概念フレームワーク

本章の課題との関連で注目されるべきは，ASBJ概念フレームワーク（ASBJ [2006]）はその公表以降，一度も改訂が行われていないということである。それは，改訂の必要性がなかったからかというと，決してそうではない。改訂の必要性を示す典型的な一例として，「純利益の表示方法」をあげることができる。

ASBJ概念フレームワーク第3章第9項では，純利益が次のように定義されている。「純利益とは，特定期間の期末までに生じた純資産の変動額〔中略〕のうち，その期間中にリスクから解放された投資の成果であって，報告主体の所有者に帰属する部分をいう」（傍点筆者）。

ところが，財務情報の国際的な比較可能性の改善を主目的として設定された企業会計基準第22号「連結財務諸表に関する会計基準」(39項)では，図7－1にみるような純利益の表示方法が採用されている(4)。この純利益の表示方法は，

---

(3) この認識原則には，現実世界の事物・事象を「ありのままに認識する」ことが人類には可能であるとする形而上学的実在論の観点が介在しているといえよう。この点については，藤井［2021］(111頁) を参照されたい。
(4) 企業会計基準第22号第39項(3)では，以下のように規定されている。
　「純損益計算の区分は，次のとおり表示する。
　① 経常損益計算の結果を受け，特別利益及び特別損失を記載して税金等調整前当期純利益を表示する。
　② 税金等調整前当期純利益に法人税額等（住民税額及び利益に関連する金額を課税標準とする事業税額を含む。）を加減して，**当期純利益**を表示する。

ASBJ概念フレームワークにおける上掲の純利益の定義との整合性を，明らかに欠いている。

図7－1　連結損益計算書における純利益の表示方法

税金等調整前当期純利益	××××
法人税等	××××
当期純利益	**××××**
非支配株主に帰属する当期純利益	×××
親会社株主に帰属する当期純利益	××××

（注）　2計算書を想定して作成。太字化は筆者。

　既述のように，ASBJ概念フレームワークによれば，純利益とは，「純資産の変動額」のうち「報告主体の所有者に帰属する部分」すなわち「親会社株主に帰属する当期純利益」をいうとされている。ところが，図7－1にみるように，企業会計基準第22号で採用された純利益の表示方法では，「非支配株主に帰属する当期純利益」も含めた形で「当期純利益」が表示される。連結基礎概念に即していえば，ASBJ概念フレームワークでは親会社説が，企業会計基準第22号では経済的単一体説が，それぞれ採用されていることになる。企業会計基準第22号が後続の（その意味で優先されるべき）プロナウンスメントであるため，この概念的不整合を解消するには，先行のASBJ概念フレームワークを改訂する「必要」がある。この改訂は，もしそれが実施されるとすれば，本章Ⅱ節で言及した変化の2つのパターンのうち，新しい考え方を含んだ新基準の設定によって生じる変化，すなわち外生的要因による変化ということになる。

　しかし，そうした変化の「必要性」を実際の改訂に繋げようとする試みは，企業会計基準第22号の初度適用（2015年）から約10年を経た今日に至るまで（少なくとも公式的には），一度もなされることがなかったのである。以上の諸事実は，ASBJ概念フレームワークの変化を導く「可能性」の欠如を物語っている。

---

③　2計算書方式の場合は，当期純利益に非支配株主に帰属する当期純利益を加減して，親会社株主に帰属する当期純利益を表示する。1計算書方式の場合は，当期純利益の直後に親会社株主に帰属する当期純利益及び非支配株主に帰属する当期純利益を付記する。」（太字化は筆者）

IASB概念フレームワークで示された「有用な財務報告に対するコストの制約」の考え方を援用すれば，純利益の定義と表示に見る概念的不整合を解消したときに得られるベネフィットは，当該不整合の解消に要するコストを下回っているということである。基準設定の実態に即してさらにこれを敷衍すれば，当該不整合を放置することによって生じる不都合は，基準設定を進めるうえで無視し得るほど小さいということになるであろう。

　周知のように，純利益は「財務情報の中心」（米山〔2007〕19頁）とされている。そのような重要な位置づけを与えられた純利益の定義と表示に上掲のような概念的不整合が生じ，しかもそれが現在に至るもなお解消されることなく放置されているのである。この事実を，ここで改めて確認しておく必要があろう。

Ⅳ 収益認識基準と概念フレームワーク

　収益認識基準とASBJ概念フレームワークの関係に目を転じてみよう。以下，同基準からの引用等については，項番号のかっこ書きによって，その出所を示すことにする。

　「IFRS第15号の定めを基本的にすべて取り入れる」ことが「〔収益認識基準の〕開発にあたっての基本的な方針」の一つとされた（98項，傍点筆者）。事実，同基準におけるIFRS第15号への言及は46箇所に及んでいる。このことによって，収益認識基準の設定作業においてIFRS第15号が主要な参照対象とされたこと（より踏み込んでいえば，同基準の設定作業のどの局面でどのようにIFRS第15号が参照されたか）を，われわれは直接的かつ具体的に知ることができる。

　ところが，これとは対照的に，収益認識基準ではASBJ概念フレームワークに言及した箇所は，皆無である。このことは，同基準の設定作業において，同基準とASBJ概念フレームワークの整合性に関する検討が（十分に）なされていないことを，暗示している。同基準では，「本会計基準の基本となる原則は，約束した財又はサービスの顧客への移転を当該財又はサービスと交換に企業が権利を得ると見込む対価の額で描写するように，収益を認識することである」

第Ⅰ編　収益認識についての理論的研究

（16項）とされ，IFRS第15号で定式化された前掲（本章Ⅲ2）の収益認識原則がほぼそのままの形で同基準に取り入れられている。とすれば，この収益認識原則が，ASBJ概念フレームワークで示された収益の定義，すなわち「収益とは，純利益または少数株主損益を増加させる項目であり，特定期間の期末までに生じた資産の増加や負債の減少に見合う額のうち，投資のリスクから解放された部分である」（第3章13項）という定義とどう整合するかが，問われなくてはならないであろう(5)。

　既述のように，収益認識基準は，「IFRS第15号の定めを基本的にすべて取り入れる」ことを「基本的な方針」の一つとして設定された（98項）。この記述を文字どおりに解釈すれば，同基準は，IFRS第15号の定めをASBJ概念フレームワークで示された諸概念に優先させる形で参照し，設定されたということになる。もしそうだとすれば，ASBJ概念フレームワークは収益認識基準に対して指導原理性のみならず，説明原理性さえも，第一義的には有していないということになる。かかる解釈は，収益認識基準においてASBJ概念フレームワークへの言及が一度もなされていないという事実とも符合する。

　さらに付言すれば，以上にみる収益認識基準とASBJ概念フレームワークの関係は，純利益の定義表示にみる企業会計基準第22号とASBJ概念フレームワークの関係とも軌を一にしているのである。その主たる共通点は，いずれの会計基準も，(1)ASBJ概念フレームワークの制約を受けることなく設定された（と解釈せざるを得ない）こと，(2)しかし実務においては，さしたる支障もなくそれなりの機能を果たしていること，の2点にある。

---

(5)　浅見［2023］では，収益認識（基準）の考え方と「投資のリスクからの解放」概念の整合性が検討されている。しかし筆者の理解では，当該論考においては，両者が明確には矛盾しないという意味での「整合性」が論証されており，前者に対する後者の指導原理性や説明原理性に踏み込んだ検討はなされていない。今後の研究の進展が期待されるところである。

第7章　ASBJ概念フレームワークの指導原理性と説明原理性

 おわりに
　　－市川［2023］の問題提起の意義－

　国際基準（IFRS第15号）の定めを「基本的にすべて取り入れる」形で国内基準（企業会計基準第29号）が設定されたという事実は，わが国における概念フレームワークのあり方について，大きく2つの解釈を生み出す。一つは，わが国の基準設定において概念フレームワークは不要であるという解釈である（概念フレームワーク不要説）。もう一つは，概念フレームワークのレベルではアドプションが事実上進行しているという解釈である（概念フレームワーク・アドプション説）。いずれも，ASBJ概念フレームワークの変化の「可能性」の欠如を説明するものである。

　概念フレームワーク不要説は，わが国における（とりわけ近年の）基準設定においてASBJ概念フレームワークがほとんど機能していないという事実を，素朴に直視した場合の解釈である。この解釈には，(1)わが国の基準設定においては概念フレームワークなるものはそもそも不要であるという観点と，(2)わが国では暗黙の概念フレームワーク（会計人が共有する暗黙知）が存在するために明文化された概念フレームワークは不要であるという観点が，あり得るであろう。前者は概念フレームワークのわが国における基準設定上の存在意義を否定する見解であり，後者はそれを（消極的にではあれ）肯定する見解である。

　以上に対して，国際基準の定めを「基本的にすべて取り入れる」形で国内基準が設定されたことに伴い，わが国は，当該国際基準の背後に措定されたIASB概念フレームワークの諸概念も事実上，「基本的にすべて取り入れる」結果になっていると解釈するのが，概念フレームワーク・アドプション説である[6]。この解釈は，わが国においては明文化された独自の概念フレームワークは必ずしも必要でないとする観点を根底に持つ点で上掲の(2)の解釈と共通する

---

(6)　かかる暗黙裡のアドプションの結果，ASBJ概念フレームワークと新基準の間にさらなる概念的不整合が不断に生じることについては，別途検討が必要であろう。

が，概念フレームワークそれ自体の意義については積極的な評価をする点で独自性を有する。

個々の基準設定の局面においてASBJ概念フレームワークは様々な意義や位置づけを持ち得るであろうし，事実これまで持ってきたと考えられる。したがって，その性質を一意的に規定するのは至難であろう。しかし理論研究（本質論）の立場からすれば，以上のような理念的な議論が避けて通れない作業となるのである。

基準設定の新しい動向に合わせて概念フレームワークを改訂する必要があるのではないかという示唆に加えて，以上でみてきたようなASBJ概念フレームワークの本質に関わる検討課題がわが国の基準設定体制に伏在することを教示している点に，市川［2023］の問題提起のもう一つの重要な意義があるように思われる。

〔参考文献〕

Denman, J. H.［1984］"Setting Standards for Standard Setting," *Canadian Accounting Magazine*, Vol. 117, No. 3, pp. 58-61.

FASB［1978］*Objectives of Financial Reporting by Business Enterprises*, Statement of Financial Accounting Concepts No. 1, FASB, 平松一夫，広瀬義州訳［2002］『FASB財務会計の諸概念』増補版，中央経済社。

FASB［2010-2023］*Concepts Statements No. 8*, Non-Authoritative Concepts Statements (fasb.org)（2024年5月5日アクセス）。

ASBJ［2006］『財務会計の概念フレームワーク』討議資料，begriff_20061228.pdf（asb-j.jp）（2024年5月5日アクセス）。

浅見裕子［2023］「収益認識会計」米山正樹，秋葉賢一，浅見裕子『投資のリスクからの解放―純利益の特性を記述する概念の役割と限界―』中央経済社，209-235頁。

市川紀子［2023］「わが国の収益認識会計基準をふまえた概念フレームワークの重要性と可変性」会計理論学会スタディグループ第9回研究会報告論文，2023年3月26日。

藤井秀樹［2019］「IASB概念フレームワークの全体像」岩崎勇編著『IASBの概念フレームワーク』税務経理協会，33-46頁。

藤井秀樹［2021］『入門財務会計（第4版）』中央経済社。

米山正樹［2007］「討議資料の基本的な考え方」斎藤静樹編著『詳解「討議資料・財務会計の概念フレームワーク」（第2版）』中央経済社，17-37頁。

藤井秀樹（金沢学院大学教授・京都大学名誉教授）

第8章

「収益認識に関する会計基準」の
コンバージェンスと制度的対応[1]

I はじめに

　2018年に企業会計基準委員会（IASB）により公表された企業会計基準第29号「収益認識に関する会計基準」（以下，「収益認識基準」と略す）は，IFRS第15号「顧客との契約から生じる収益」（以下，「IFRS第15号」と略す）を基本的にすべて取り入れる基本方針により開発された（97項，98項[1]）[2]。国際会計基準審議会（IASB）により2014年に公表されたIFRS第15号は，米国財務会計基準審議会（FASB）とIASBの12年に及ぶ共同プロジェクトの成果[3]であり，原則に基づく収益認識に係る単一の基準を開発することにより財務報告の改善を目指すものであった。

　これまで「企業会計原則」を中心とする会計慣行に基づいて収益の認識が行

---

[1] 本章は，会計理論学会スタディグループ（主査　岩崎勇）『収益認識についての総合的研究〔最終報告書〕』第2部第10章の杉山［2023］に基づいている。
[2] ただし，従来の実務等に配慮すべき項目がある場合には，国際的な比較可能性を損なわせない範囲で代替的な取扱いを追加することとされた（97項，指針92項－104項）。また，「収益認識基準」では，棚卸資産や固定資産等，コストの資産化等の定めがIFRSの体系とは異なるため，IFRS第15号における契約コスト（契約獲得の増分コストおよび契約を履行するためのコスト）の定めを範囲に含めていない（109項）。
[3] FASBは，共同プロジェクトの成果をTopic 606「顧客との契約から生じる収益」として公表している。

われてきたわが国にとっては,「収益認識基準」は収益認識に係る初めての包括的な会計基準であり,国際的な会計基準へのコンバージェンスを経た基準となる。「収益認識基準」には,変動対価や工事契約に係る進捗度をはじめとする会計上の見積りが含まれていることから,その適用に当たっては法人税法との調整や会計監査上の対応が図られている。

本章では,まず,「収益認識基準」の開発にあたって検討された事項の中から,IFRS第15号の根幹を成す「支配の移転」の考え方を取り上げて,これを長期の工事契約に適用する際に問題とされた点について検討する。そして,「収益認識基準」の導入に伴い,法人税法および会計監査においてどのような制度的対応がなされたのかについて考察する。

II　IFRS第15号へのコンバージェンス

1　IFRS第15号における収益認識の考え方

IFRS第15号の目的は,顧客との契約から生じる収益およびキャッシュ・フローの性質,金額,時期および不確実性に関する有用な情報を財務諸表利用者に報告するために,企業が適用しなければならない原則を定めることである(par.1)。この目的達成のために中心となる原則は,企業が収益の認識を,約束した財またはサービスの顧客への移転を当該財またはサービスと交換に企業が権利を得ると見込む対価を反映する金額で描写するというものである(par.2)。そして,この基本原則に従って収益を認識する際に適用する5つのステップを設けている(par.2)[4]。

また,IFRS第15号は,約束した財またはサービス(すなわち資産)を顧客に移転することによって企業が履行義務を充足したときに(または充足するにつれ

---

[4]　Step 1：顧客との契約の識別,Step 2：契約における履行義務の識別,Step 3：取引価格の算定,Step 4：取引価格の契約における履行義務への配分,Step 5：履行義務の充足時に(または充足するにつれて)収益を認識。

て),収益を認識しなければならないとしたうえで,資産が移転するのは,顧客が当該資産に対する支配を獲得したとき(または獲得するにつれて)であると定めている(par.31)。このため,財またはサービスの支配がいつ移転されるかの判定が,IFRS第15号の適用における非常に重要なステップであると述べられている(BC.par.117)。

　支配の移転の判定を,顧客がいつ支配を獲得するのかを考慮することにより行う理由については,(a)現行の資産の定義は,資産の認識または認識の中止をいつ行うのかを決定するために支配を用いていること,(b)企業がリスクと経済価値の一部を保持している場合には,財またはサービスの移転の判断が困難となるため,支配を用いた判定は財またはサービスの移転の判断がより整合的になること,および(c)支配を用いた判定では,例えば,製品と維持管理契約について財とサービスの2つの履行義務が適切に識別され,それらの履行義務が異なる時点で充足されることがあげられている(BC.par.118)。支配の概念は財とサービスの両方に等しく適用すべきであるという考え方のもとに(BC.par.123),どのような場合に財またはサービスが一定の期間にわたり移転するのかを評価するための客観的な基礎を提供するために開発されたのが第35項の要件とされる(BC.par.124)。すなわち,次の要件のいずれかに該当する場合には,企業は財またはサービスに対する支配を一定の期間にわたり移転するので,一定の期間にわたり履行義務を充足し収益を認識する(par.35)。

(a) 顧客が,企業の履行によって提供される便益を,企業が履行するにつれて同時に受け取って消費する。

(b) 企業の履行が,資産(例えば,仕掛品)を創出するかまたは増価させ,顧客が当該資産の創出または増価につれてそれを支配する。

(c) 企業の履行が,企業が他に転用できる資産を創出せず,かつ,企業が現在までに完了した履行に対する支払いを受ける強制可能な権利を有している[5]。

　第35項(c)の要件を設けることにより,収益認識の包括的なフレームワークに長期の工事契約が包摂されることとなったのである。したがって,一つの工事

契約に対して複数の履行義務が識別されるケースにおいては，履行義務ごとに収益を認識し，履行義務として識別された長期の工事契約は，第35項の要件に該当すれば一定の期間にわたり収益を認識する。ただし，履行義務の完全な充足に向けての進捗度を企業が合理的に推定できる場合にのみ，一定期間にわたり充足される履行義務についての収益を認識しなければならない（par.44）。

Fangshu［2015］は，工事契約の基準設定の難しさを指摘したうえで，FASBとIASBが工事契約に「履行義務」という新しい概念を導入することで，多くの個別の履行義務を含む工事請負契約（その契約には多くの下請け契約も含まれていることになる）に対応したと述べている（26頁）[6]。

2　ASBJにおける「支配の移転」の考え方の検討

IFRS第15号へのコンバージェンスを行う際に，企業会計基準委員会（ASBJ）においても，長期の工事契約に係る「支配の移転」の考え方が課題として抽出された（ASBJ［2017a］）。ASBJの議事録によれば，特に，工事契約に関して顧客の支配の獲得の考え方を適用することについて，顧客が建設中の建物を支配していると考えることは合理的ではないこと，工事進行基準は企業の生産活動に比例するように利益を計算することが目的であり，生産した資産を顧客が支配するかどうかとは関係がないと考えられること等の理由から，説明に無理があるとの指摘がなされている（ASBJ［2017a］3項(1)(2)）。一方で，IFRS第15号における顧客の支配の考え方については，理論的な懸念は聞かれているものの，収益認識の中心的な考え方であり，この枠組みが国際的にも統一的に用いられていることから日本基準に取り入れずに国際的に整合性のあるものとすることは困難である（ASBJ［2017b］5項）との意見が記されている。また，専門委

---

[5] 第35項(c)の要件を満たすかどうかは，契約内容等に基づいて判断される（pars.36-37，B6-B13）。
[6] USURELU, Valentin Ioan and DUTESCU, Adriana［2020］は，IFRS第15号の導入により建設業界は契約会計の「ルールブック」を事実上失ったことから，建設契約の性質上，建設会社の会計システムにかなりの専門的判断を導入する可能性が高いことを指摘している（4頁）。

会においては，日本基準の実現主義による結果と大きくは変わらないものとなったことを踏まえると開発する日本基準に支配の概念を取り入れることでよいのではないか（ASBJ［2017c］14頁）との意見や，理論面の弱さはあるものの，財の移転およびサービスの提供の両方に単一の収益認識モデルを適用するというIFRS第19号の考え方は，包括的な収益認識基準を開発するという目的の達成のために必要なものであるといった意見が出されたことが記されている（ASBJ［2017c］15頁）。検討の結果，「収益認識基準」の第38項では，一定の期間にわたり充足される履行義務としてIFRS第15号の35項と同様の規定が設けられた[7]。

辻山［2020］は，「収益認識基準」について，「履行義務の充足」という視点を導入することにより複数要素契約等の収益認識についても実効性ある指針を提供できるようになったこと，およびIFRS第15号を基準内部に包摂した基準として国際的なコンバージェンスにかなった基準になったという意味で一定の評価に値すると評する一方で，IFRS第15号に内包されている矛盾をそのまま引き受ける結果にもなったと述べている（23頁）。

また，藤井［2020］は，新基準で導入された収益認識は慣習的収益認識と対立するものではなく，財務諸表要素の定義にのみ作用する狭義の資産負債アプローチの観点から慣習的収益認識を概念的に精緻化したものとなっていると述べたうえで（8頁），新基準で定式化された5ステップに依拠して収益を認識するには多くの見積りや判断が必要となるために，収益認識の適正性を事後的に立証するコストは相対的に高いものとなることを指摘している（11頁）。

---

[7] この点に関して，辻山［2023］は，IFRS第15号の開発においては長期請負工事にも支配の移転による履行義務の充足の適用が検討されていたことから，基本的に工事完成基準のみが容認されていたものの，財務諸表作成者からの厳しい批判に遭遇して工事進行基準を支配モデルに取り込もうとしたことで，財およびサービスに関する客観的な指針を提供することが損なわれる結果になったと説明している（42頁）。

第Ⅰ編　収益認識についての理論的研究

「収益認識基準」の導入に係る制度的対応

1　法人税法における対応

　収益は，企業会計上，企業の経営成績を示す重要な財務情報である。法人税法においては，所得の金額の計算上益金の額に算入すべき金額は，当該事業年度の収益の額とされており（法人税法22条2項），収益の額は別段の定めがあるものを除き，一般に公正妥当と認められる会計処理の基準に従って計算されるものとする（法人税法22条4項）と規定されている。したがって，「収益認識基準」の設定は，会社法を経由して法人税法に影響を及ぼすこととなる[8]。

　平成30年度の税制改正では，「収益認識基準」の導入に対応するために一連の法人税法の改正が行われた。すなわち，法人税法22条4項の別段の定めとして法人税法22条の2の創設，政令18条の2および基本通達の新設または改廃，延払基準を認める旧法人税法63条および返品調整引当金の繰入れによる損金算入を規定した旧法人税法53条の廃止がなされた。

　表8−1は，平成30年度の法人税法の改正により創設された法人税法22条の2の内容を，収益認識に係る行為との関連で要約したものである。これまで解釈や判例によって行われてきた収益の計上時期の決定および収益の計上額の算定の考え方が，法人税法22条の2の各項において明文化された。さらに，収益認識の単位の決定については基本通達により，収益の額の算定については法人税法22条の2により，収益の認識時点の決定については法人税法22条の2および基本通達により，それぞれ会計基準との整合が図られた。なお，後述するように，「収益認識基準」における顧客との契約に該当しない法人税法22条の第

---

[8]　例えば，酒井［2018］によれば，商法・会社法が，一般に公正妥当と認められる会計の慣行にしたがうと規定していることから，法人税法も商法・会社法を経由して企業会計原則等の諸規則に影響を受けると理解されており，これは「三層構造」と呼ばれる関係にあると述べている（5−6頁）。

6項を除けば第5項の収益の計上額の算定が「収益認識基準」と異なる処理となる。

表8-1 法人税法22条の2の概要と収益認識に係る行為

22条の2の規定	規定の概要	収益認識に係る行為
第1項	引渡基準，役務提供基準による。	収益の計上時期の決定
第2項	公正処理基準に従って，引渡しの日に近接する日も認められる。	収益の計上時期の決定
第3項	近接する日の属する事業年度（収益経理をしていない場合）における申告調整も認められる。	収益の計上時期の決定
第4項	「資産の引渡しの時における価額」または「提供した役務につき通常得べき対価の額」に相当する金額とする。	収益の計上額の算定
第5項	第4項の額は，貸倒れや資産の買戻しが生じる可能性がある場合でも，ないものとした場合における価額とする。	収益の計上額の算定
第6項	無償による資産の譲渡に係る収益の額には，金銭以外の資産の譲渡に係る収益の額（現物配当等）が含まれる。	「収益認識基準」には該当事項なし
第7項	値引きや割戻しによる修正経理を行った事業年度の処理について政令第18条の2に委任する。	収益の計上額の修正経理

（出所） 法人税法22条の2に基づいて著者作成（杉山［2020］7頁を一部修正）。

　平成30年度の法人税法改正の結果，収益の計上額を除いて，「収益認識基準」と法人税法の収益認識に係る処理は同様となった。法人税法22条の2第4項に基づく収益の計上額は，「資産の引渡しの時における価額」または「提供した役務につき通常得べき対価の額」に相当する金額であり，一般的には第三者で付される価額（いわゆる時価）をいうとされる（国税庁［2018］9頁）。譲渡資産等の時価をより正確に反映させるための調整と位置づけられる値引きや割戻しについては，収益の計上額の計算の際に考慮される一方で，回収不能や返品の影響は譲渡資産の時価とは関係がない要素であることから，収益の計上額の計算においては考慮されない（国税庁［2017］9頁注書）。これに対して，「収益認識基準」に基づく収益の計上額は「企業が権利を得ると見込む対価の額」であり，回収不能や返品を含む種々の会計上の見積りが反映された金額となっ

ていることから，法人税法の扱いとは異なることとなる。

　収益の計上額における両者の相違は，それぞれの目的の違いに起因するものであると解される。すなわち，「収益認識基準」が投資意思決定に有用な会計情報を提供するために，会計上の見積りの要素を反映した予測値として収益の計上額を算定するのに対して，法人税法は税収の確保と課税の公平を目的としていることから，担税力の指標となる課税所得の算出に適した収益の計上額を算定することによるものであると思料する。

2　一定期間にわたる収益認識に係るKAMの報告

　収益認識に係る監査上の対応の一環として，監査上の主要な検討事項（KAM：Key Audit Matters）の報告を取り上げる。監査報告書において，国際的にKAMの報告が行われている状況を受けて，2018年7月に企業会計審議会により「監査基準」が改訂され，2021年3月期より有価証券報告書の監査報告書にKAMの報告が導入されている[9]。

　KAMは，監査の過程で監査役等と協議した事項の中から，特に注意を払った事項を決定し，さらに，当年度の財務諸表の監査において，職業的専門家として特に重要であると判断した事項を絞り込んで決定したものである（「監査基準の改訂に関する意見書」[2018] 二，1(2)）。KAMの決定に際しては，①特別な検討を必要とするリスクが識別された事項，または重要な虚偽表示のリスクが高いと評価された事項，②見積りの不確実性が高いと識別された事項を含め，経営者の重要な判断を伴う事項に対する監査人の判断の程度，③当年度において発生した重要な事象または取引が監査に与える影響等が考慮される（「監査基準の改訂に関する意見書」[2018] 二，1(2)）。

　ここでは，2021年3月期決算企業のうち，日経225銘柄企業186社を対象としたKAMとして報告された会計処理の傾向，および同年3月期決算企業のうち業種区分が建設・不動産業の190社に焦点を当てたKAMの調査結果から，収

---
[9]　2020年11月の同基準の改訂では，会計上の見積りや収益認識等を特別な検討を必要とするリスクと位置づけて，監査上の対応が強化されている。

益認識に係るKAMの状況を整理する[10]。まず，結城他（2021）の調査によれば，調査対象となる日経225銘柄企業186社の適用基準は，日本基準が117社，IFRSが63社，SEC基準が6社であり，業種は31業種と多岐にわたっている（2頁）。連結財務諸表に係るKAMは，固定資産の評価（83個），のれん・無形資産の評価（57個），収益認識（45個），繰延税金資産の評価（41個），引当金（貸倒引当金以外）の見積り（26個）が多く見られ，さらに収益認識（45個）の内訳は工事契約（21個），ITシステム（12個），その他（12個）である（3－4頁）。収益認識をKAMとしている事例では，工事進行基準を適用しているケース，財またはサービスの移転に関して収益の認識に複雑性を伴うケース，会計処理がITに高度に依存しているケースが見られた（5頁）。

次に，倉林［2022］の調査によれば，同時期における建設・不動産業190社のうち，建設業127社（日本基準適用）がKAMに選定した163個中，収益認識に関するものが121個であり，そのうち113個が工事進行基準であった（55頁）。さらに，工事進行基準をKAMとした企業のうち，売上高1,000億円超の54社におけるKAMの内容は，多い順に，工事総原価，工事総収入，進捗率（原価発生額）であり，54社のすべてが工事総原価の見積りの不確実性を選定理由としている（55-56頁）。また，工事総収入の見積りの不確実性をKAMの選定理由としている会社は，相対的に長期間で大規模工事を手がけるゼネコン等に多く見られた（56頁）。

以上の調査結果から，収益認識は業種を問わずKAMとして取り上げられるケースが相対的に多いこと，また建設・不動産業に属する企業の収益認識に係るKAMは，そのほとんどが工事進行基準であり，会計上の見積りの不確実性が主な選定理由となっていたことがわかる。なお，「収益認識基準」の初年度適用により，工事契約に係る従来の会計方針に変更が生じたことが報告されている[11]。

---

[10] これらの調査が行われた時期は「収益認識基準」の強制適用の前年度となる。

[11] 山田［2022］によれば，「収益認識基準」の初年度適用の影響として，JPX日経400採用会社199社の開示を対象とする会計方針の変更状況として多く見られたのは，従

第Ⅰ編　収益認識についての理論的研究

Ⅳ　おわりに

　IFRS第15号は，財またはサービス（資産）の「支配の移転」という概念に基づいて，顧客への履行義務の充足により収益を認識することを規定した。すなわち，顧客が資産に対する支配を獲得した時に（または獲得するにつれて），履行義務が充足され収益が認識される。この基準は，顧客との契約から生じる収益認識の会計処理を包括的に規定することを目指して開発されたことから，まず一定の期間にわたり充足される履行義務を識別し，これに該当しない場合には，一定時点で充足される履行義務とした。また，複数要素契約に対応するために，収益を認識する際に適用する5つのステップが設けられている。

　「収益認識基準」は，IFRS第15号をそのまま取り入れることを基本的な原則として開発されたことから，コンバージェンスの成果は，重要な指標である収益に係る情報の国際的な比較可能性の向上および複数要素契約に係る収益認識の規定の整備である。また，コンバージェンスにあたっては，特にIFRS第15号の「支配の移転」の考え方を長期の工事契約に適用する際の理論的な懸念について検討した上で，財の移転およびサービスの提供に単一の収益認識モデルを適用することを重視して「収益認識基準」に取り入れている。

　そして，「収益認識基準」の導入に当たっては，法人税法および基本通達が改正・新設され，制度的な調整が図られた。ただし，収益の計上額の算定については，両者の間に相違が残されている。これは，投資意思決定に有用な会計情報を提供するために，収益の計上額に会計上の見積りの要素を反映する「収益認識基準」と，税収の確保と課税の公平に基づいた，担税力の指標となる課税所得を算定する法人税法の目的の違いに起因するものであると解される。

　さらに，収益認識に関する会計処理は，監査報告書においてKAMとして報告されるケースが相対的に多く見られ，とりわけ建設業では長期の工事契約を

　　来の工事完成基準，契約日基準またはサービス完了基準等から役務提供期間にわたる収益認識への変更，一部の契約に対する原価回収基準の適用であった（40頁）。

第8章 「収益認識に関する会計基準」のコンバージェンスと制度的対応

中心に監査上困難を伴う事項とされてきた。「収益認識基準」の適用に伴って増加した経営者の判断や会計上の見積りを多く伴う会計処理は，監査上特別な検討を必要とするリスクに位置づけられ，監査上の対応強化が図られている。監査報告書におけるKAMの報告は，投資家と監査上のリスクを共有し，監査人が実施した監査手続に社会的な合意を形成する仕組みとして機能しているものと思料する。

〔参考文献〕
企業会計審議会［2018］「監査基準の改訂に関する意見書」。
企業会計審議会［2020］「監査基準の改訂に関する意見書」。
国税庁［2018］「収益認識に関する会計基準」への対応について～法人関係～。
倉林洋介［2022］「建設・不動産業における監査上の主要な検討事項（KAM）の事例分析」『会計情報』Vol. 545。
酒井克彦［2018］『プログレッシブ税務会計論Ⅱ』中央経済社。
杉山晶子［2020］「会計と法人税法における収益の計上額の算定―「収益認識に関する会計基準」と法人税法22条の2の比較に寄せて―」『ディスクロージャー&IR』Vol. 15。
杉山晶子［2023］「第10章 収益認識会計基準のコンバージェンスと制度的対応」会計理論学会スタディグループ（主査 岩崎勇）『収益認識についての総合的研究〔最終報告書〕』会計理論学会。
辻山栄子［2020］「新収益認識会計基準と会計基準国際化の功罪」『企業会計』Vol. 72 No. 4。
辻山栄子［2023］「『実現主義』の普遍性」『企業会計』Vol. 75 No. 1。
藤井秀樹［2020］「収益認識会計基準に関する一考察」『會計』第198巻第1号。
山田善隆［2022］「会計方針の変更」『企業会計』Vol. 74, No. 12。
結城・古賀・大山・神山・村山［2021］「監査上の主要な検討事項（KAM）の事例分析」『会計情報』Vol. 541。
ASBJ［2017a］「IFRSのエンドースメント手続―IFRS第15号における支配の移転に関する考え方の検討」（第354回企業会計基準委員会資料）。
ASBJ［2017b］「収益認識に関する包括的な会計基準の開発―支配の移転に関する考え方の検討」（第355回企業会計基準委員会資料）。
ASBJ［2017c］「収益認識に関する包括的な会計基準の開発―第77回収益認識専門委員会で聞かれた意見」（第355回企業会計基準委員会資料）。
ASBJ［2020］企業会計基準第29号「収益認識に関する会計基準」
ASBJ［2020］企業会計基準適用指針第30号「収益認識に関する会計基準の適用指針」
IASB［2014］IFRS 15, *Revenue from Contracts with Customers.*（ASBJ／財団法人財務会計基準機構 監訳，IFRS第15号「顧客との契約から生じる収益」）

Usurelu, V.I., and Dutescu, A.［2020］Challenges and controversies related to IFRS 15 implementation. Springer Proceedings in Business and Economics. Business Revolution in a Digital Era：14th International Conference on Business Excellence.

Zhu Fangshu［2015］Review of U. S. GAAP and IFRS Convergence：Revenue Recognition Aspects, *Research Journal of Management Sciences*. Vol. 4(5), pp. 21 – 36, May（2015）.

杉山晶子（東洋大学教授）

第9章

FASB／IASBにおける収益認識の会計基準の設定過程の分析
－公正価値の是認と却下－

I　はじめに

　SECの委員長であるLevittは，1998年に，当時の会計実務における「弊害（abuse）」的な会計実務として，「ビッグ・バス（big bath）」等の5項目をあげたが，その中には，「収益の時期尚早の認識（premature recognition of revenue）」すなわち，「製品を顧客に引き渡す前に」，収益を認識している会計実務―利益の過大計上―の項目もあったと批判している（Levitt [1998]）。また，「米国の一般に認められた会計原則」において，「収益認識のガイダンス」は，100以上の基準があり，それらの多くは，「産業固有」の基準であり，その一部は，「経済的に類似する取引」に対して，「矛盾した結果（conflicting results）」を引き起こしていた（IASB [2008] par.2）。さらに，FASB概念フレームワーク（SFAC）第5号（FASB [1984]）と第6号（FASB [1985]）とは，「対立（conflicts）」し，FASB・SFAC第5号（1984年）における「収益認識の規準」は，FASB・SFAC第6号（1985年）における「定義」を無効にしている（FASB [2002c] p.2, FASB [2003a], FASB [2005]）。

　FASBは，このような弊害的な会計実務，会計基準（ガイダンス）の多様性，およびFASB・SFAC第5号と第6号の対立・矛盾を踏まえて，2002年5月に，「収益認識に関する包括的な会計基準」のプロジェクトを「協議事項（agenda）」

第Ⅰ編　収益認識についての理論的研究

に追加したが，FASBのこのプロジェクトは，2002年9月に，国際会計基準審議会（IASB）との共同プロジェクト[1]になった（Schipper et al. [2009] p.58）。そして，FASB／IASBは，討議資料（IASB [2008]），公開草案（IASB [2010]）および改訂公開草案（IASB [2011]）の公表と，それらに対する各コメント・レターの公表を経て，2014年に，IFRS第15号「顧客との契約から生じる収益」（IASB [2014]）を公表している。

　本章の課題は，公正価値の是認と却下に関係づけながら，FASBの2002年の会議からFASB／IASB討議資料（2008年）の内容までを，内部ロビング[2]とトップダウン・アプローチ＝規範的アプローチ／ボトムアップ・アプローチ＝記述的アプローチ[3]の視点より分析することである。

---

[1] FASB／IASBにおける収益認識の会計基準の共同プロジェクトは，2002年の「ノーウオークの合意（Norwalk Agreement）」における主要なプロジェクトの一つである（Biondi et al. [2014] p.13）。
　　また，IASBにおける2つの主要な「収益認識に関する〔会計〕基準（revenue recognition standards）」―国際会計基準（IAS）第18号「収益」とIAS第11号「工事契約」―の基礎をなす原則は，「矛盾しており曖昧で（inconsistent and vague）」，「単純な取引以外に適用することは（to apply beyond simple transactions）」難しかった。特に，これらの〔会計〕基準は，「複数の要素や複数の提供物（multiple components or multiple deliverables）」が含まれる取引について「限られたガイダンス（limited guidance）」しか提供していなかった（IASB [2008] par.s 2）。このように，IASBでは，IAS第18号とIAS第11号の対立・矛盾が問題になっていた。

[2] これに関して，Morley [2016] では，「IASB〔とFASB〕における公正価値〔を支持する〕グループとその他の〔公正価値を支持しない〕ボードメンバーの間の相互作用（interactions）」のことを，「内部ロビング（internal lobbying）」と述べている（Morley [2016] p.247）。ここでは，Morley [2016] の見解にしたがって，ボードメンバー内部あるいは，FASBとIASBのボード間における公正価値の支持派と反対派のさまざまな状況における攻防＝相互作用を，内部ロビングと位置付けて分析している。また，これに関連して，内部ロビング等の視点から，IASB／FASB概念フレームワーク（2010年）の設定過程を分析した椛田 [2022a] も参照。

[3] トップダウン・アプローチ＝規範的アプローチとボトムアップ・アプローチ＝記述的アプローチに関しては，椛田 [2021a] を参照。

第 9 章　FASB／IASBにおける収益認識の会計基準の設定過程の分析

Ⅱ　2002年から2005年までの会議の議事録での議論

　ここでは，まず，後述する議論に関係する範囲で，金融商品に関する財務会計基準書（SFAS）第115号（FASB [1993]）とSFAS第157号（FASB [2006]）について少しふれておきたい。米国において，1960年代の後半以降のインフレの激化は，「市場金利の上昇」を招き，S&Lを含む「貯蓄金融機関の預金」を流出させ，しばしば「ディスインターミディエーション」を引き起こし（清水 [2013] 30頁），その結果，S&L危機―市場価値の在り方に関する社会問題―へとつながっていった。SECの議長であるBreedenは，このようなS&L危機を踏まえて，1990年9月14日に実施されたRitz‐Carlton Hotelでの演説で，取得「原価システム」は，1980年代に金融機関や銀行産業が経験した「変わりゆく経済環境」に適合できず，むしろ「弊害（abuses）」的な会計実務になってきたので，市場に基づいた情報＝市場価値会計が，「現実の経済的価値」に関して，「多くのより意味のある評価」を可能にすると述べている（Breeden [1990] pp. 2‐3）。FASBは，このようなBreedenの意向を踏まえながらも，内部のメンバーが公正価値の支持派と反対派に割れていた―内部ロビングの影響―ので，部分的な公正価値会計を導入したSFAS第115号（FASB [1993]）を公表した（椛田 [2022b]）。

　その後，2001年のEnron事件―公正価値の在り方に関する社会問題―を契機として，Sarbanes‐Oxley法（2002年）の規定，SECの議会に対する報告書（2003年），およびSECに対するFASBの回答（2004年）という一連の流れの中で，FASBは，経済の金融化＝金融サービスの拡大に対応するかのように，市場価値＝公正価値を階層化―レベル1，レベル2およびレベル3―したSFAS第157号（FASB [2006]）を公表した（椛田 [2022c]）。ここでは，S&L危機とEnron事件が，市場価値＝公正価値の在り方に関する社会問題となったケースであり，このような市場価値＝公正価値に関する社会問題に対応した会計基準―SFAS第115号（1993年）SFAS第157号（2006年）の公正価値測定―が，その内容の不

第Ⅰ編　収益認識についての理論的研究

備はあるにしても，設定されてきたという事実に注目しておきたい。

さて，FASBは，すでに述べたように，収益認識に関する弊害的な会計実務，会計基準（ガイダンス）の多様性，およびFASB・SFAC第5号と第6号の対立・矛盾を踏まえて，2002年より会議を開始している。ここでは，内部ロビングの視点より，収益認識に関する2002年，2003年および2005年の主な会議の「議事録（minutes）」を確認する。これにより，当時のFASB／IASBのメンバーやスタッフが，公正価値に関して，どのような考えを抱いていたかを分析する。まず，2002年の議事録からみていこう。

【2002年10月9日の会議の議事録】

まず，FASBのJohnson（スタッフ）は，実現概念，実現可能概念および稼得概念を重視した「現存する収益認識規準」は，概念フレームワーク第6号（1985年）における資産と負債の定義と矛盾すると指摘している。また，Johnson（スタッフ）は，スタッフが提案した「予備的な一組のワーキング規準」は，「資産と負債の変動に焦点を合わせた収益認識」と合致していると述べている。Trott（FASBメンバー）は，「スタッフのアプローチ」＝「資産と負債の変動に焦点を合わせた収益認識に対するアプローチ」は合理性があるので同意している。FASBの他のメンバーであるSchieneman，Wulff，CroochおよびHerz（議長）も，「スタッフのアプローチ」に同意している。そして，「資産と負債の変動に焦点を合わせた収益認識に対するアプローチ」を拒絶する者はいなかった（FASB［2002a］pp.2，3，4-5）。

【2002年11月13日の会議の議事録】

FASBのJohnson（スタッフ）は，特定のケースに対する「資産負債アプローチ」─「契約において獲得された資産や，発生した負債」を確認し，収益を「公正価値で測定する」─の適用は，そのアプローチが「複雑な収益認識の問題（complex revenue recognition problems）」を解決する方法を証明する助けになる─これは，「スタッフの勧告」である─と述べている（FASB［2002b］p.2）。

第9章　FASB／IASBにおける収益認識の会計基準の設定過程の分析

　FASBのメンバーは，このようなスタッフの勧告等について次のように議論している。

　Foster（FASBメンバー），Crooch（FASBメンバー）およびSchieneman（FASBメンバー）は，「スタッフの勧告」に同意している。Trott（FASBメンバー）は，「勧告に関するスタッフの分析と支持により非常に説得させられた」と述べている。Schipper（FASBメンバー）は，「スタッフの勧告のすべてに同意する」とともに，「公正価値測定のガイダンスの必要性」を主張するTrott（FASBのメンバー）にも同意している。Wulff（FASBメンバー）は，スタッフの分析に同意するするとともに，「資産負債アプローチは，稼得過程アプローチよりも概念的に優れている」と述べている。Herz（FASBメンバー：議長）は，「資産負債アプローチ」は，「伝統的なアプローチ」よりすぐれていると述べている。最後に，ボードメンバーの誰一人，このスタッフの資産負債アプローチを否認したものはいなかった（FASB［2002b］pp.2，3，4，5）。次に，2003年の会議の議事録をみてみよう。

【2003年10月22日の会議の議事録】

　2003年10月22日の会議—FASB，IASBおよびAcSB（Canadian Accounting Standards Board：カナダ会計基準審議会）の合同会議—では，FASBの公正価値プロジェクトで述べられた「公正価値の階層化」を，収益認識に関する義務〔履行義務〕に適用することができるのか否かについて議論している。FASBのメンバーは，一般に，公正価値が「レリバントな測定属性」であるとしている（FASB［2003b］p.2）。しかしながら，若干のIASBのメンバーは，「履行義務の公正価値は，小売業の市場（retail markets）」で測定されるべきか否かに関して疑問を提示しており，また，IASBのあるボードメンバーは，「卸売りの公正価値」は，「仮定上の取引（hypothetical transactions）」なので，不適切である（FASB［2003b］pp.2，4）と述べている。

　ここで，FASBは，2003年10月22日の合同会議において，トップダウン・アプローチ＝規範的アプローチを重視し，資産負債観に親和性がある公正価値を

101

第Ⅰ編　収益認識についての理論的研究

支持しているのに対して，IASBの若干のメンバーは，事業用資産に関する小売業や卸売業における履行義務は，公正価値で測定することは難しいと批判しているのである。すなわち，ここでは，履行義務の公正価値の是非の議論をめぐって，トップダウン・アプローチ＝規範的アプローチを重視し公正価値支持派―公正価値プロジェクトで述べられた公正価値の階層化の支持派―のFASBと，トップダウン・アプローチ＝規範的アプローチを批判する公正価値反対派である若干IASBメンバーが，対立しているのである。次に，2005年の会議の議事録をみてみよう。

【2005年5月11日の会議の議事録】
　FASBは，2005年5月11日の会議の議事録の付録で，収益認識基準の主要な代替案―3つ―を次のように掲げている。
① 代替案1―収益認識基準：「資産負債・公正価値アプローチ（asset-and-liability fair value approach）」。これは，FASBが，「プロジェクト開始」より熟慮してきた「収益認識モデル」である。
② 代替案2―収益認識基準：「資産負債・履行価値アプローチ（asset-and-liability performance value approach）」。この基準は，代替案1と同様，資産と負債を重視するが，「資産と負債は，〔代替案1と異なって，〕公正価値」で測定されないで，「それらの履行価値（performance value）」で測定される。またここでの履行価値とは，「資産と負債が，現在の取引における顧客と交換することができる価格」である。
③ 代替案3―収益認識基準：「実現・稼得アプローチ（realized-and-earned approach）」。この基準は，FASB概念フレームワーク第5号（1984年）における「実現・稼得規準（realized and earned criteria）」に基づくだろう（FASB〔2005〕pp. 9 - 10）。

　ここでの代替案1は，トップダウン・アプローチ＝規範的アプローチを重視し，公正価値の測定を支持する収益認識モデルである。代替案2は，収益の認識という側面において，代替案1と同様にトップダウン・アプローチ＝規範的

第9章　FASB／IASBにおける収益認識の会計基準の設定過程の分析

アプローチを重視しているが，収益の測定という側面からは，代替案3のボトムアップ・アプローチ＝記述的アプローチを重視し，収益費用観に親和性がある収益認識モデル—第1モデルと第3モデルの混合モデル—と考えられる。代替案3は，ボトムアップ・アプローチ＝記述的アプローチを重視し，収益費用観に親和性がある実現・稼得を支持する収益認識モデルである。FASBは，2005年5月11日の会議において，このような3つの収益認識基準に関する代替案を踏まえて，次のような議論をしている。

　Seidman（FASBメンバー）は，履行義務を測定するための「活発な市場（active market）」があるとき，「概念レベル」において，「履行義務のための最もレリバントな測定属性」として，「公正価値」が認められようと述べている。Crooch（FASBメンバー）は，望ましいのは代替案1であるが，多くのボードメンバーは代替案1を支持するとは信じられないとし，結局，Croochは，他のメンバーの見解に配慮して，「妥協（compromise）」することで，代替案2を支持している。Trott（FASBメンバー）は，「概念レベル」では代替案1を選ぶが，「基準レベル」では代替案2を選んでいる。Schipper（FASBメンバー）は，「最も概念的に基盤を置いたアプローチ」の視点から，代替案1を支持しているが，「妥協」して，代替案2を支持すると述べている。その妥協の理由の一つとして，Schipperは，代替案1に係る「困難性（difficulty）」は，「履行義務に関する誤った識別や，誤った測定（misidentification and the mismeasurement of performance obligations）」になる場合もありうるので，代替案2を支持することは，「現実的な妥協」であると述べている。Batavick（FASBメンバー）は，代替案2を支持している。Herz（FASBメンバー）は，代替案2を支持しているが，履行義務を測定するため活発な市場がある場合，「公正価値は，最もレリバントで信頼できる測定属性」であるとも述べている。Tovey（スタッフ）は，ボードの暫定的な決定として，「多くのボードメンバーは，代替案2を支持している」とまとめている。Bielstein（スタッフ）は，今後，FASBの決定—代替案2を支持—はIASBと議論されるであろうと付け加えた（FASB [2005] pp.3, 4, 5, 6, 7）。

ここで，FASBは，2005年5月11日の会議において，概念レベルでは公正価値による測定を支持しているメンバーもいたが，その多くのメンバーが，代替案1（公正価値）の限界—活発な市場の確保の困難性，概念（理念）と基準（現実）の乖離および履行義務の計算上の不確実性（測定上の誤差）—を納得するようになってきたので，代替案2—混合アプローチ—を支持する方向に変容していったと考えることができよう。

Ⅲ FASB／IASB討議資料（2008年）の特徴点

討議資料（2008年）では，資産と負債に焦点を合わせているFASB概念フレームワーク第6号（1985年）の収益の定義に基づいて，顧客との契約[4]における正味のポジション概念[5]と収益の認識との関係を次のように述べている。

契約による企業の正味ポジションは，①顧客による履行と②企業による履行により変化する。ここで顧客による履行の時（①のケース），企業による収益認識にはつながらない。これに対して，企業が履行した—約束した財やサービスを提供する—時（②のケース），契約における企業の正味ポジションは増加—「契約負債」の減少，あるいは「契約資産」の増加となる—となるので，企業による収益認識につながる（IASB［2008］pars. 2.29，2.30，2.31）。このように，討議資料（2008年）では，正味ポジションが減少した時に，収益は認識されないが，正味ポジションが増加する時に，収益は認識されるとしている。そして，討議資料（2008年）では，履行義務を「（財あるいはサービスのような）資産を，顧客へ移転するという顧客との契約における約束」と定義し，履行義務の充足

---

[4] 討議資料（2008年）では，「契約」とは，「合意された条件が，文章，口頭および他の証拠」のいずれの形であれ，「強制可能な義務を生じさせる複数の当事者間における合意」であり，「顧客」とは，「企業の通常の活動のアウトプットを表す（財やサービスのような）資産を得るために当該企業と契約をした当事者」である（IASB［2008］pars. 2.11，2.18，2.21）と定義している。

[5] ここでの正味のポジション概念の詳細は，椛田［2023b］178頁とIASB［2008］par. 2.23を参照。

第9章　FASB／IASBにおける収益認識の会計基準の設定過程の分析

を「契約における企業の正味ポジション」を増加させ，「企業がもはやその義務を有していない時」に充足されると定義した（IASB［2008］pars.3.1, 3.2）上で，履行義務の当初測定としての「現在出口価格〔＝公正価値〕アプローチ（current exit price approach）」（IASB［2008］par.5.14）に関して，次のように述べている。

「それ〔現在出口価格〕」は，財務諸表日において「独立した第三者に対して履行義務」を移転するとした場合に，企業が支払を求められる金額である。「それ〔履行義務〕を他の当事者に移転するための価格の算定によって履行義務を測定すること」は，「企業が実際にそれ〔履行義務〕を移転する」ことを意味していない。むしろ，現在「出口価格」は，それが，「（それら〔現在出口価格〕の市場の認識にもとづいて）履行義務を測定するための明確な目標」を提供するために用いられる（IASB［2008］par.5.15）。しかし，討議資料（2008年）では，現在出口価格アプローチ＝公正価値アプローチを，次のような理由で却下している。

「〔事業用資産の〕取引価格とは無関係に履行義務を測定すること」は，「契約開始時において」，「契約資産あるいは契約負債」を認識することになる。多くの場合，これは，「契約資産と収益の認識」につながる〔(a)収益認識のパターン〕。「〔事業用資産の〕現在出口価格〔＝公正価値〕」は，「顧客との契約における残存する履行義務」にとって，めったに観察可能ではないだろう。その結果，「現在出口価格〔＝公正価値〕で履行義務を測定すること」は，通常，「見積を用いること（use of estimates）」が必要となる。両ボードは，「契約開始時」に「残存する履行義務に対して現在出口価格〔＝公正価値〕を見積もること」が，「複雑である（complex）」しまた，その結果の「測定値」は，「検証が困難な（difficult to verify）」ものになるだろうと認識している〔(b)複雑性〕。「〔事業用資産の〕現在出口価格〔＝公正価値〕で履行義務を測定すること」は，「契約資産と収益」を，「契約開始時において」「履行義務を識別すること」になることを意味している。もし企業が，「契約開始時において履行義務を識別すること」に失敗した場合，「その誤謬（error）」は，「契約開始時にお

いて非常に過大な収益（too much revenue）」を認識することになるであろう。その結果,「企業の正味契約ポジション（net contact position）」は,「見落とされた履行義務が充足されるまで」, 誤った表示のままとなるであろう〔(c)誤謬のリスク〕（IASB［2008］pars. 5. 18, 5. 21, 5. 23）。

このように, 討議資料（2008年）では, (a)収益認識のパターン, (b)複雑性および(c)誤謬のリスクという理由から, 事業用資産の現在出口価格＝公正価値を却下している。そして, 討議資料（2008年）では, その代替案として,「約束された財やサービスと引き換えに顧客が約束した対価」で, 履行義務を測定する「当初取引価格アプローチ（original transaction price approach）」を採用している（cf. IASB［2008］pars. 5. 25, 5. 26－5. 33）。

IV　おわりに

すでに述べたように, FASBは, 1970から1980年代のS&L危機—市場価値の在り方に関する社会問題—に対処するために, 部分的な公正価値会計であるSFAS第115号（1993年）—公正価値支持派と反対派が割れていた—を公表し, また, 2001年のEnron事件—公正価値の在り方に関する社会問題—に対処するために, 公正価値の階層化を提示したSFAS第157号（2006年）を公表している。そして,「SECとFASBは」, 2002年の米国「議会の公聴会で, Enron社がマーク・トゥ・マーケット会計を乱用した」ことを認めつつも, 金融商品に関して「市場価値会計＝公正価値会計＝マーク・トゥ・マーケット会計の支持表明」をしている（椛田［2022c］51頁）。このように, SECとFASBは, 2002年の段階で, 金融商品の会計基準についてであるが, 公正価値の支持表明を再確認しているのである。

ところで, FASBが, 2002年に収益認識の会計基準のプロジェクトを開始した主たる理由は, ①収益の時期尚早—弊害的な会計実務＝収益の過大計上—の問題と, ②産業固有の収益認識の会計基準が100以上あるという多様性—会計基準（ガイダンス）の多様性—の問題に対処するためのものであったと推察さ

第9章　FASB／IASBにおける収益認識の会計基準の設定過程の分析

れる。①は収益の認識のタイミングが早すぎるので，どのようにすれば適切なタイミング―利益の過大計上の是正―が確保できるのかという問題であり，②は産業界での弾力的な会計基準を，統一化するための処理に関する問題―統一性対弾力性の問題―であり，必ずしも公正価値に特化した問題ではない。しかし，このような状況であるにも関わらず，FASBは，2002年の段階で，SFAC第6号の資産と負債の定義の先行を最も重視―トップダウン・アプローチ＝規範的アプローチを重視―して，収益認識の会計基準を模索し，当時のFASBの公正価値プロジェクトを模倣するかのように，公正価値測定を是認していく。ここでは，金融商品の会計基準で提示された公正価値を，収益認識の会計基準として模倣しようとしたことが窺える。最後にこのような状況を念頭に置いて，本章で述べた内容を簡潔に纏めておきたい。

　まず，FASBは，2002年10月9日から2003年10月22日の会議の段階まで，トップダウン・アプローチ＝規範的アプローチを重視し，資産負債観に親和性がある公正価値測定を支持していたのに対して，IASBの若干のメンバーは，2003年10月22日の会議で，事業用資産に関する小売業や卸売業における履行義務は，公正価値で測定することは難しいと批判していた。この段階では，公正価値支持派のFASBと公正価値反対派のIASBの若干のメンバーが対立していた。2005年5月11日の会議の段階になると，FASB全体としては，公正価値の限界を認識するようになったので，混合アプローチ＝代替案2―収益認識基準：資産負債・履行価値アプローチ―を支持するように変容していった。

　そして，討議資料（2008年）では，(a)収益認識のパターン，(b)複雑性および(c)誤謬のリスクという理由から，トップダウン・アプローチ＝規範的アプローチを重視した現在出口価格アプローチ＝公正価値アプローチを却下しているが，その原因の一端は，2005年5月11日の会議―内部ロビングの結果としてのFASBの自主規制―において，多くのFASBメンバーは，代替案1（公正価値）の限界―①活発な市場の確保の困難性，②概念（理念）と基準（現実）の乖離および③履行義務の計算上の不確実性（測定上の誤差）―を納得するようになってきたので，収益認識の側面では，代替案1―資産負債・公正価値アプローチ

107

第Ⅰ編　収益認識についての理論的研究

―を支持しながらも，収益測定の側面では，代替案3―実現・稼得アプローチ―を支持すること，つまりその妥協案としての混合アプローチ＝代替案2―資産負債・履行価値アプローチ―に変容し[6]，最終的には，現在出口価格アプローチ＝公正価値アプローチを却下して，当初取引価格アプローチ（顧客が約束した対価で履行義務を測定する）を採用するようになってきた，というあたりを結論としておきたい。

〔参考文献〕

Biondi, Yuri et al. [2014] "Old hens Make the Best Soup : Accounting for the Earning Process and the IASB ／ FASB Attempts to Reform Revenue Recognition Accounting Standards", *Accounting in Europe*, Vol. 11, No. 1, pp. 13-33.
FASB [1991] Statement of Financial Accounting Standards No. 115, *Disclosures about Fair Value of Financial Instruments*.
FASB [2002a] Minutes of the October 15, *Revenue Recognition‒Conceptual Criteria that Underlies Revenue Recognition*.
FASB [2002b] Minutes of the November 13, *Revenue Recognition‒Applying the Working Criteria to Cases from EITF Issue No. 00-21*.
FASB [2002c] The FASB Report, December 24.
FASB [2003a] Project Updates, *Revenue Recogniton*, Stptember 30.
FASB [2003b] Minutes of the October 22, *Revenue Recognition‒Measuring Performance Obligations*.
FASB [2005] Minutes of the October 22, *Revenue Recognition*.
FASB [2006] Statement of Financial Accounting Standards No. 157, *Fair Value Measurement*.
IASB [2008] Discussion Paper, *Preliminary Views on Revenue Recognition in Contracts with Customers*.
IASB [2010] Exposure Drafte, *Revenue from Contoracts with Customers*.
IASB [2011] Exposure Drafte : A Revision of ED/ 2010/ 6, *Revenue from Contoracts with Customers*.
IASB [2014] International Financial Reporting Standard 15, *Revenue from Contoracts with*

---

(6) これに関連して，辻山は，収益測定に関して公正価値が採用されなくなった理由として，「共同〔FASBとIASB〕プロジェクトが当初目指した公正価値モデルが市場の反対を受け入れて放棄され」（辻山［2020］24頁）たことに力点を置いて分析しているが，本稿では，辻山とは別の視点，すなわちFASBとIASBのメンバーに係る内部ロビングと，トップダウン・アプローチ＝規範的アプローチ／ボトムアップ・アプローチ＝記述的アプローチの視点に力点を置いて分析している。

第9章　FASB／IASBにおける収益認識の会計基準の設定過程の分析

　　Customers.
Levitt, A. [1998] The numbers game, Remarks by Chairman of SEC, delivered at the NYU Center for Law and Business, New York, NY, September 28.
Morley, Julia [2016] "Internal lobbying at the IASB", *Journal of Accounting and Public Policy*, Vol. 35, pp. 224-255.
Schipper, Katherine et al. [2009] "Commentary：Reconsidering Revenue Recognition", *Accounting Horizons*, Vol. 23, No. 1, pp. 55-68.
椛田龍三 [2021a]「FASB概念フレームワーク・プロジェクトの変容—1970年代から1980年代までを中心にして—」『専修商学論集』第112号，43-62頁。
椛田龍三 [2022a]「IASB／FASB概念フレームワークの設定過程の分析—内部ロビング，メンバーの人事異動および二重規制システムに関係づけて—」『会計学研究』第48号，専修大学会計学研究所，25-55頁。
椛田龍三 [2022b]「貯蓄貸付組合の危機とFASB・SFAS第115号の設定過程の分析—利害関係者の攻防と内部ロビングに関係づけて—」『産業経理』第82巻第2号，4-20頁。
椛田龍三 [2022c]「SFAS第157号と金融サービス産業の関係—公正価値の測定を中心として—」『専修商学論集』第115号，41-58頁。
椛田龍三 [2023a]「FASB／IASBにおける収益認識の会計基準の設定過程—2005年までを中心として—」『専修商学論集』第117号，25-39頁。
椛田龍三 [2023b]「FASB／IASBにおける収益認識の会計基準の設定過程の分析—2002年から討議資料（2008年）まで—」会計理論学会スタディグループ（主査　岩崎勇）『収益認識についての総合的研究〔最終報告〕』会計理論学会，167-184頁。
椛田龍三 [2024a]「収益認識の会計基準の設定過程—AAA／FASB（2007年）からFASB／IASB公開草案（2010年）までを中心として—」『専修商学論集』第118号，67-84頁。
椛田龍三 [2024b]「公正価値と収益認識の会計基準—2002年の会議よりFASB／IASB討議資料（2008年）までを中心として—」『會計』第205巻第4号，1-15頁。
清水正昭 [2013]「アメリカの金融自由化・証券化とS&L危機」『千葉商大論集』第50巻第2号，23-76頁。
辻山栄子 [2020]「新収益認識基準と会計基準国際化の功罪」『企業会計』第72巻第4号，17-26頁。

　　　　　　　　　　　　　　　　　　　　　　　　椛田龍三（専修大学教授（元））

第10章

わが国の従来の収益認識理論・実務への影響の概要[1]

I　はじめに

　収益認識基準は，企業業績のトップラインである売上高の金額を決定する重要な会計基準である。この基準について，アメリカのFASBとIASBが共通の会計基準を公表し，2018年4月から世界の多くの国々で適用されている[2]。

　これを受けて，わが国もIASBが設定したIFRS 15の定めを基本的にすべて取り入れた包括的な収益認識基準を導入し，2018年4月から日本基準を適用している日本企業で早期適用が開始され，2021年4月以降に開始する事業年度の期首からは日本基準を適用している日本企業で適用が本格的に開始されている。

　大日方［2023］によると，「収益認識の新基準は伝統的な実現主義を否定するものではない。しかし，新基準が『企業会計原則』の該当部分を上書きするのであるから，実現（主義）という用語は収益認識の会計基準からは消滅した

---

[1]　本章は，会計理論学会スタディグループ（主査　岩崎勇）［2023］『収益認識についての総合的研究〔最終報告書〕』会計理論学会，第12章をもとに紙幅の関係で内容を大幅に短縮・要約して作成したものである。
[2]　現在，165か国以上の国々がIFRSを採用しているが，この採用は各法域にわたって一貫していないとされる。一部の法域は時差をおいてIFRSを採用し，他の法域はカーブアウトやカーブインを行い，外国企業のみにIFRSを要求する法域もあるとされる（Luca［2022］，p.vi）。

ことになる。」(386頁) とされる。

　企業会計基準委員会（ASBJ）は，収益認識に関する会計基準の開発にあたっての基本的な方針として，財務諸表の比較可能性[3]の観点から，連結財務諸表に関して，IFRS 15の定めを基本的にすべて取り入れることと，これまでのわが国の実務等に配慮して，国際的な比較可能性を損なわせない範囲で代替的な取扱いを追加的に定めることとした[4]。

　これにより，財務諸表の比較可能性を向上させ，正のネットワーク外部性，すなわちアナリストや投資家が複数の会計基準に精通する必要がなくなり，コストが削減される状態を生み出すという (Scott, W. R., et al. [2020], p.555)[5]。

　そこで本章では，まず，Ⅱ節でわが国の収益認識基準，すなわち企業会計基準第29号「収益認識に関する会計基準（以下，収益認識基準と略す）」適用前の，収益認識に関する12の個別論点，すなわち，⑴ポイント制度，⑵返品権付取引，⑶商品券等，⑷本人と代理人の区分（総額表示・純額表示），⑸有償支給取引，⑹買戻契約，⑺工事契約，⑻役務の提供，⑼ライセンス契約，⑽請求済未出荷契約，⑾顧客からの返金が不要な支払い，⑿製品保証について，適用後と比較する。Ⅲ節では，それらの結果をふまえて総合的な検討を行う。Ⅳ節は本章のむすびである。

Ⅱ 収益認識基準適用による12の個別論点への影響[6]

　本節では，収益認識に関する（はじめにで示した）12の個別論点について，収

---

[3] IASBの概念フレームワークでは，「比較可能性は画一性ではない。情報が比較可能となるためには，同様のものは同様に見え，異なるものは異なるように見えなければならない。財務情報の比較可能性は，同様でないものを同様のように見せることで向上するものではない。同様のものを異なるように見せることで比較可能性が向上しないのと同じである (par.2.27)」と述べている。
[4] ASBJ [2020], 97-98項。
[5] 財務諸表の比較可能性に関する先行研究について例えば，Barth et al. [2012], 若林 [2019], 中野 [2020] などを参照。
[6] 紙幅の関係でⅡ節の詳細な内容は最終報告書第12章Ⅱ節を参照されたい。なお本章

益認識基準適用前のわが国の会計基準や会計処理を，適用後と比較することで，収益認識基準の適用により，特にどのような論点について，わが国の会計基準や会計処理，ひいては会計理論に何らかの変化が生じたかどうか個別に検討していく。それにより，収益認識基準のの適用により財務諸表の比較可能性が高まったか検討する手がかりを得たいと考える[7]。

(1) ポイント制度

収益認識基準適用前は①自社ポイントが付与されるケースと②他社ポイントが付与されるケースの，いずれの場合も日本基準には一般的な定めはないとされていた。収益認識基準適用後は，①と②のいずれの場合もポイントが重要な権利（将来の値引き）を顧客に提供する場合，当該オプションに配分された額を履行義務として契約負債を計上し，オプションの行使や消滅時に収益計上する（指針48項）こととされた。

(2) 返品権付取引

収益認識基準適用前は企業会計原則注解18により，販売時に売上収益を総額で計上するとともに，過去の実績率等に基づき，返品調整引当金を計上していた。適用後は，予想される返品の見積額は返金負債を認識し，顧客から返品される製品を回収する権利について返品資産を認識し，対応する売上原価を調整することとされた。

では大部分の日本企業が新基準の適用を開始した2021年4月以降を新基準導入後とし，2021年3月以前を新基準導入前として検討している。
[7] これら12の個別論点につき代替的な取扱いの有無を検討し，代替的な取扱いが存在する場合は，最終報告書第12章Ⅱ節の脚注に示すことにしたい。ここで，代替的な取扱いとは，これまでわが国で行われてきた実務等に配慮し，財務諸表間の比較可能性を大きく損なわせない範囲で，IFRS15における取扱いとは別に，個別項目に対する重要性の記載等を定めたものとされ，適用にあたっては個々の項目の要件に照らして適用の可否を判定するが企業による過度の負担を回避するため金額的な影響を集計して重要性の有無を判定する要件は設けられていない（指針164項）。

(3) 商品券等

収益認識基準適用前は商品券等の販売時に顧客から対価を受領した時点で，前受金等の負債を計上し，その後，財・サービスを提供した時点で負債の認識を中止して売上収益を計上していたとされる。適用後は，顧客が契約上の権利を全部は行使しない，未行使の権利，すなわち非行使部分の会計処理が適用され，IFRS 15 とコンバージェンスが図られたと考えられる（指針54・187項）。ただし，IFRS 15 を適用した場合に商品券等を発行した時点で非行使部分の金額を見積もることが困難であるという指摘がされている[8]。

(4) 本人と代理人の区分（総額表示・純額表示）

収益認識基準適用前はソフトウェア取引に関する規定[9]を除き，一般的な規定は存在していなかった。このため代理人の場合に売上収益を総額で計上する会計実務が報告されていた。適用後は，本人と代理人の区分を判断する規定を導入した（指針47項）[10][11]。

---

[8] 商品券の発行時に非行使部分の金額を見積もれない場合は，非行使部分がゼロであると仮定して会計処理を行う。

[9] 実務対応報告第17号「ソフトウェア取引の収益の会計処理に関する実務上の取引」。なお，この規定は，収益認識基準の適用に伴い，廃止された。なお，日本基準には，企業会計原則において，「費用および収益は，総額によって記載することを原則とし，費用の項目と収益の項目とを直接に相殺することによってその全部または一部を損益計算書から除去してはならない」（企業会計原則第二 1 B）という規定がある。

[10] 桜井［2018］は，「従来の日本基準には，企業が代理人の役割を果たす取引の収益を純額で計上するよう求める強制的な規定は存在していない。このため代理人としての取引でも，本人に該当する場合と同じ会計処理を行ってきた企業が少なからず存在するものと思われる。収益認識会計基準案は，そのような企業が売上高計上額について問題を抱えている現状を改め，代理人としての取引が純額で収益認識されるように世界的に統一することにより，損益計算書のトップラインの国際的な比較可能性を促進するものと期待される」と指摘している（13頁）。

[11] 松下［2020］は，「新基準（日本企業へのIFRS 15の適用）は，わが国の卸売業における本人・代理人判定に変化をもたらし，この変化の影響を受ける企業の売上高と売上原価を増加させたことを指摘できる。一方，この変化の影響を受けない企業の売上高と売上原価には大きな変化は及んでいない。このことは，収益会計実務における本人・代理人判定について，新会計基準（IFRS 15）が一定の指針を示し，企業間の

第10章　わが国の従来の収益認識理論・実務への影響の概要

(5) 有償支給取引

　収益認識基準適用前は日本基準には規定が存在していなかったとされる。適用後は，企業が支給品を買い戻す義務を負っていなければ支給品の消滅を認識し，買い戻す義務を負っている場合は支給品の消滅を認識しない。いずれの場合も有償支給の時点で譲渡に係る収益を認識してはならない（指針104項）[12]。ただし，IFRS 15の買戻し契約の規定とは必ずしも整合的な内容ではない可能性が考えられる（B 64項）[13]。

(6) 買戻契約

　収益認識基準適用前は日本基準に規定が存在していなかったとされる。適用後，企業が商品や製品を買い戻す義務（先渡取引）や，商品や製品を買い戻す権利（コール・オプション）を有している場合，顧客は当該商品や製品を支配していないため，企業は収益を計上できず，リース取引（買戻価格が販売価格より低いとき）または金融取引（買戻価格が販売価格より高いとき）として会計処理する（指針69項）。企業が商品や製品を買い戻す義務（プット・オプション）を有している場合，顧客は当該商品や製品を支配しており企業は買戻契約を返品権付き販売として会計処理する（指針72項・73項）[14]。

　　　財務諸表の比較可能性を向上させた可能性を示唆している（なお，カッコ内は筆者が追加）」と述べている（42頁）。
[12] 有償支給取引で企業が支給品を買い戻す義務を負っている場合，個別財務諸表では支給品の譲渡時に当該支給品の消滅を認識することができる。なお，その場合でも当該支給品の譲渡に係る収益は認識しない（指針104項）。このような代替的取扱いは，譲渡された支給品が物理的には支給先で在庫管理が行われており，（支給元）企業による在庫管理に関して実務上の困難さがある点が根拠として示されている（指針181項，括弧内筆者が追加）。
[13] 有償支給取引の経済的実態が多様であり，すべての取引を一律に買戻契約と考えることは必ずしもできないことから，桜井［2019］は，「有償支給取引の会計処理に際しては，①支給元が支給品を買い戻す義務を負っているか否かを最初に判断し，②義務を負っていなければ支給元は支給品の消滅を認識し，③義務を負っているのであれば支給品の消滅を認識しない旨を適用指針は規定している（104項）としている（468頁）」。
[14] ただし，顧客がプット・オプションを行使する重要な経済的インセンティブを有す

(7) 工事契約

　収益認識基準適用前は工事契約に関する会計基準が適用されていた[15]。適用後は，収益認識基準38項の3要件[16]のいずれかを満たす場合，一定の期間にわたり充足される履行義務とされ，履行義務の充足に係る進捗度を見積り，それに基づき収益を認識する。なお，進捗度を合理的に見積ることができないが，履行義務を充足する際に発生する費用を回収することが見込まれる場合，原価回収基準により処理する。一方，収益認識基準38項の3要件のいずれも満たさない場合は，一時点で充足される履行義務とされる[17][18]。

　　る場合，顧客は当該商品や製品を支配しておらず，企業はリース取引（買戻価格が販売価格より低いとき）または金融取引（顔戻価格が販売価格より高いとき）として会計処理する（指針72項・73項）。
[15]　企業会計基準第15号「工事契約に関する会計基準」および企業会計基準適用指針第18号「工事契約に関する会計基準の適用指針」は企業会計基準第29号「収益認識に関する会計基準」適用に伴い2021年3月に廃止された。
[16]　日本の企業会計基準第29号（新基準）の第38項には，細かい文言は若干異なるが，IFRS 15と実質的に同様と考えられる次のような規定が設けられている（38項）。
　　① 企業が顧客との契約における義務を履行するにつれて，顧客が便益を享受すること。
　　② 企業が顧客との契約における義務を履行することにより，資産が生じるまたは資産の価値が増加し，当該資産が生じるまたは当該資産の価値が増加するにつれて，顧客が当該資産を支配すること。
　　③ 次の要件のいずれも満たすこと。
　　　・企業が顧客との契約における義務を履行することにより別の用途に転用することができない資産が生じる。
　　　・企業が顧客との契約における義務の履行を完了した部分について対価を収受する強制力のある権利を有する。
[17]　代替的取扱いとして，工期がごく短い工事契約および受注制作のソフトウェアについては一定の期間にわたり収益を認識せず完全に履行義務を充足した時点で収益を認識することができるとされる（指針95項，168-169項）。
[18]　代替的取扱いとして，一定の期間にわたり充足される履行義務について，契約の初期段階において，履行義務の充足に係る進捗度を合理的に見積ることができない場合には，当該契約の初期段階に収益を認識せず，当該進捗度を合理的に見積ることができる時から収益を認識することができるとされ（指針99項），工事契約や受注制作のソフトウェアに該当するものと考えられる。

(8) 役務の提供

 収益認識基準適用前は工事契約に関する会計基準で工事契約に係る収益を規定しているほかは，日本基準に役務の提供の包括的な規定はなかったとされる。適用後は，収益認識基準38項の3要件[16]のいずれかを満たす場合，財またはサービスの支配が顧客に移転されるにつれて収益を認識することとされている[19]。

(9) ライセンス契約

 収益認識基準適用前は日本基準にはライセンス契約の会計処理に関する全般的な規定が存在しておらず，さまざまな会計実務がみられたという。適用後は，収益認識基準の34項に従い，財・サービスが区別できるかどうかを判定する。(1)当該財・サービスから単独で顧客が便益を享受できる。(2)当該財・サービスを顧客に移転する約束が，契約に含まれる他の約束と区分して識別できる。(1)と(2)のいずれも満たす場合は，財・サービスが区別できる（別個のものとする）。なお，(2)の要件については，適用指針30号6項[20]の原則および諸要因を考慮して判断する。

---

[19] 役務の提供についても一定の期間にわたり充足される履行義務について，契約の初期段階において履行義務の充足に係る進捗度を合理的に見積ることができない場合に，当該契約の初期段階に収益を認識せず当該進捗度を合理的に見積ることができる時から収益を認識することができる代替的取扱いが認められている（指針99項）。

[20] 財またはサービスを顧客に移転する複数の約束が区分して識別できないことを示す要因には，例えば，次の①から③がある（指針6項）。

① 当該財またはサービスをインプットとして使用し，契約において約束している他の財またはサービスとともに，顧客が契約した結合後のアウトプットである財またはサービスの束に結合する重要なサービスを提供していること。

② 当該財またはサービスの1つまたは複数が，契約において約束している他の財またはサービスの1つまたは複数を著しく修正するまたは顧客仕様のものとするか，あるいは他の財またはサービスによって著しく修正されるまたは顧客仕様のものにされること。

③ 当該財またはサービスの相互依存性または相互関連性が高く，当該財またはサービスのそれぞれが，契約において約束している他の財またはサービスの1つまたは複数により著しく影響を受けること。

⑽　請求済未出荷契約

収益認識基準適用前は日本基準に規定がなかった。適用後は企業が商品または製品を物理的に保有したまま未出荷の状態でも，適用指針79項の4要件[21]を全て満たす場合は顧客が商品または製品を支配していると判断され，売上は4要件の充足時点で計上する。

⑾　顧客からの返金が不要な支払い

収益認識基準適用前は日本基準には返還義務のない入会金等について規定が存在しなかった。適用後は，返金が不要な支払いが，約束した財やサービスの移転に関連しているかどうか判断し，関連しない場合は，将来に財やサービスを提供する時に収益を計上し，関連する場合は財やサービスが提供された時点で収益を計上する（指針58項）。

⑿　製品保証

収益認識基準適用前は日本基準で製品の販売時に売上収益を全額計上し，同時に製品保証引当金を計上する会計実務が多いとされた。適用後は，財やサービスに対する保証が合意された仕様に従っているという保証のみの場合は，製品保証引当金を計上する（指針34項）。合意された仕様に従っているという保証に加え顧客にサービスを提供する保証を含む場合，保証サービスは履行義務として取引価格を配分する（指針35項）。

---

[21]　請求済未出荷契約においては，会計基準第39項及び第40項の定めを適用したうえで，次の⑴から⑷の要件のすべてを満たす場合には，顧客が商品又は製品の支配を獲得する（指針79項）。
　⑴　請求済未出荷契約を締結した合理的な理由があること
　⑵　当該商品又は製品が，顧客に属するものとして区分して識別されていること
　⑶　当該商品又は製品について，顧客に対して物理的に移転する準備が整っていること
　⑷　当該商品又は製品を使用する能力あるいは他の顧客に振り向ける能力を企業が有していないこと

第10章 わが国の従来の収益認識理論・実務への影響の概要

 Ⅲ 収益認識基準の12の個別論点への影響の分析[22]

1 収益認識基準適用前[23]

収益認識基準適用前は，12の個別論点について，わが国では，会計基準が存在しないか，部分的にしか存在しない場合を含め，IFRSとは大きく相違していた。

2 収益認識基準適用後

次に，12の個別論点について，収益認識基準適用後の状況について検討を行う[24]。

収益認識基準適用前は，日本基準に収益認識に関する一般的な定めがなかったと考えられる論点として，(1)ポイント制度，(6)買戻契約，(9)ライセンス契約，(10)請求済未出荷契約，(11)顧客からの返金が不要な支払い，が示されていたが，これらの論点について最終報告書第12章のⅡ節のように収益認識基準の適用によって対応が図られた。

また，収益認識基準適用前に日本基準に部分的には収益認識に関する一般的な定めが存在していたと考えられる論点として，(4)本人と代理人の区分，(8)役

---

[22] 本節では，収益認識に関する12の個別論点について，総合的に比較検討を行う。
[23] 収益認識基準適用前のわが国において，収益認識に関する12の個別論点のうち，筆者が様々な文献に基づいて調査した結果，5つの論点 ((1)ポイント制度，(6)買戻契約，(9)ライセンス契約，(10)請求済未出荷契約，(11)顧客からの返金が不要な支払い) については会計基準が存在していなかったと考えられ，2つの論点 ((4)本人と代理人の区分，(8)役務の提供) については，一部分のみ会計基準がおかれていたと考えられる。残りの5つの論点 ((2)返品権付取引，(3)商品券等，(5)有償支給取引，(7)工事契約，(12)製品保証) については，会計基準が存在していたが，IFRSの会計基準とは相違していることが文献に基づく調査から確認できた。
[24] なお，ここでは各個別論点について代替的な取扱いの有無とその影響については考慮していない。

第Ⅰ編　収益認識についての理論的研究

務の提供，が示されていたが，これらについてもⅡ節で述べたようにコンバージェンスが図られている。

そして，収益認識基準適用前に日本基準に収益認識に関する定めが存在したが，IFRSとは相違していたと考えられる，これら以外の論点，すなわち，(2)返品権付取引，(3)商品券等，(5)有償支給取引，(7)工事契約，(12)製品保証についても，(5)を除いてIFRS会計基準とのコンバージェンスが図られている[25]。

そして2023年8月末の時点で唯一，(5)有償支給取引だけがIFRSとの相違が残る状況となっているものと考えられる。したがって，収益認識基準の適用により財務諸表の比較可能性を高める結果につながっているものと考えられる[26]。

さらに，(1)ポイント制度の検討から，収益認識基準適用前は典型的な収益費用アプローチに基づいて収益認識の会計処理が行われていたが，適用後はいくつかの論点で資産負債アプローチの考え方に基づく会計処理が行われていることが確認された[27]。このような傾向は収益認識基準の他の論点，例えば，(2)返品権付取引，(3)商品券等にも見受けられ，それ以外の論点についても今後，さらに詳細な検討が必要であると考える[28][29][30]。

---

[25] なお，ここでは日本の収益認識に関する新基準および実務指針とIFRSが会計基準の文言レベルで完全に一致していることを指摘しているのではなく，会計基準を適用する場合に実質的な意味でコンバージェンスが図られていることを意図しています。なお，筆者の力不足により，誤謬が含まれている可能性があるかもしれません。この点について，この場を借りてお詫びを申し上げます。

[26] なお，Ⅱ節で取り上げた収益認識に関する12の個別論点について，代替的な取扱いの有無を調査した結果，最終報告書第12章のⅡ節の本文の中の脚注10，脚注14，脚注15で示したように，(5)有償支給取引，(7)工事契約，(8)役務の提供について，代替的な取扱いの存在が確認された。

[27] 桜井［2018］は，「企業が販売促進のための様々な工夫をした成果として，所定の売上高が達成されている状況を，収益と費用の対応によって損益計算書で表現しようという思考（収益費用アプローチ）から，売上収益も資産と負債の増減に基づいて把握しようとする思考（資産負債アプローチ）への変革が，徐々にその浸透領域を拡大している現実を感じることができる（16頁）」と述べている。

[28] 藤井［2014］は，「状況が混沌とするなかでも，収益費用アプローチから資産負債アプローチへの会計観の重点移行と，「情報のフレームワーク」の相対的な肥大化が，傾向的な制度変化として着実にしてきたのである。したがって，今後も（少なくとも

第10章　わが国の従来の収益認識理論・実務への影響の概要

Ⅳ　おわりに

　本章では，まず，わが国で企業会計基準第29号「収益認識に関する会計基準」(収益認識基準)が適用される前の収益認識に関する12の個別論点について，適用後と比較した。それにより収益認識基準の適用が，特にどのような会計基準の論点や会計処理，さらには会計理論に影響を及ぼしているのか検討を行った。

　その結果，12の個別論点のうち，(5)有償支給取引を除いて，少なくとも会計基準上はIFRS 15とコンバージェンスが図られていることが確認できた。したがって収益認識基準の適用は財務諸表の比較可能性を向上させたのではないかと考えられる[31]。

　さらに，12の個別論点のうち，(1)ポイント制度の検討から，収益認識基準適用前は典型的な収益費用アプローチに基づく会計処理を行っていたのが，適用後は資産負債アプローチの考え方に基づく会計処理にシフトしていることが明らかとなった。同様の傾向が収益認識基準の他の論点，例えば，(2)返品権付取

　　当面は)，そうした傾向的変化が，「拡張・補完・混在」の「併存」という制度の現象形態ととりつつ進展していくものと予想される（217頁)」と述べている。
[29]　藤井［2020］は，「新基準で措定されている資産負債アプローチは，資産負債アプローチの狭義説ということになる（6頁)」と述べている。
[30]　佐々木［2016］は，「IFRS 15で採られる「資産負債アプローチ」は，資産（負債）の再評価に拠って損益を認識するものではなく，企業によって当初認識された資産が，当該企業の支配下に存在しなくなることにより失われる金額（売上原価）を，顧客から得られた対価と対置して損益を認識しようとするものであるといえる。こうした形は，資産負債アプローチではなく，「収益費用アプローチ」であるとする考え方もあると思われる。だが，しかしこれもまた現代における資産負債アプローチの1つの形と考えるべきなのではないか（11頁)」と述べている。
[31]　本章では，コンバージェンスを会計基準の国際統合（収斂）も含む，広義の意味で使用している。なお，わが国の収益認識の会計ルールの望ましいあり方については，IFRSやFASBなどとのコンバージェンスだけにとどまらず今後も様々な観点から引き続き検討を行っていく必要があるのではないかと個人的に考えている。

第Ⅰ編　収益認識についての理論的研究

引，(3)商品券等にも見られた。また，売上高についても収益認識基準適用前は総額主義の原則に基づいて計上されていたのが，経済的実質を重視した純額主義により計上されるようになっていることから，収益認識基準の適用を契機として収益認識の会計処理に資産負債アプローチの影響が浸透しつつあり今後，会計理論への影響も含め，さらに詳細な検討が必要であると考えられる。

[参考文献]
大日方隆［2023］『日本の会計基準　Ⅲ変容の時代』中央経済社。
企業会計基準委員会（ASBJ）［2020］企業会計基準第29号「収益認識に関する会計基準」。
企業会計基準委員会（ASBJ）［2021］企業会計基準適用指針第30号「収益認識に関する会計基準の適用指針」。
桜井久勝［2018］「収益認識会計基準案にみる売上高の純額測定」『企業会計』第70巻第1号，11－17頁。
桜井久勝［2019］「有償支給取引の管理会計と財務報告」『商学論究』第66巻第4号，453－469頁。
桜井久勝［2021］『財務会計講義　第22版』中央経済社。
佐々木隆志［2016］「新収益認識基準におけるもう1つの資産負債アプローチ」『會計』第189巻第6号，1－13頁。
佐々木隆志［2018］「新収益認識基準が会計実務に与える影響」『會計』第194巻第6号，1－13頁。
中野貴之［2020］「IFRSの適用と財務諸表の比較可能性」『會計』第197巻第4号，16－29頁。
藤井秀樹［2007］『制度変化の会計額　会計基準のコンバージェンスを見すえて』中央経済社。
藤井秀樹編［2014］『国際財務報告の基礎概念』中央経済社。
藤井秀樹［2020］「収益認識会計基準に関する一考察」『會計』第198巻第1号，1－14頁。
松下真也［2020］「IFRS15号適用による収益会計実務の変化」『會計』第197巻第4号，36－47頁。
若林公美［2019］「会計情報の比較可能性と投資者間の情報の非対称性」『會計』第195巻第4号，1－12頁。
Barth, M. E., W. R. Landman, M. Lang, and C. Williams.［2012］Are IFRS-based and US GAAP-based accounting amounts comparable？ *Journal of Accounting and Economics*, Vol.54, No.1.
International Accounting Standards Board［2001］*IAS 11, Construction Contacts*, originally issued by IASC in 1979 and replaced in 1993.
International Accounting Standards Board［2001］*IAS 18, Revenue*, originally issued by IASC in 1982 and replaced in 1993.

International Accounting Standards Board［2007］IFRIC Interpretation 13, *Customer Loyalty Programs*.
International Accounting Standards Board［2010］Exposure Draft；*Revenue from Contracts with Customers*, International Accounting Standards Board.
International Accounting Standards Board［2011］, Revised Exposure Draft；*Revenue from Contracts with Customers*, International Accounting Standards Board.
International Accounting Standards Board［2014］, International Financial Reporting Standard 15, *Revenue from Contracts with Customers*, International Accounting Standards Board.
Luca, F. D., et al.［2022］, *Global Comparability of Financial Reporting Under IFRS*, Springer.
Scott, W. R., et al.［2020］, *Financial Accounting Theory*, 8th ed, Pearson Education Canada.

池田健一（福岡大学教授）

第Ⅱ編
収益認識についての個別論点研究

第11章　変動対価に関する収益認識
第12章　返品権付販売に関する収益認識
第13章　ポイント制度に関する収益認識
第14章　本人と代理人の区分に関する収益認識
第15章　有償支給取引に関する収益認識
第16章　工事契約に関する収益認識
第17章　役務提供取引に関する収益認識
第18章　ライセンス供与に関する収益認識
第19章　請求済未出荷契約に関する収益認識

第11章

変動対価に関する収益認識[1]

I　はじめに

　会計上の収益認識基準について企業会計基準委員会（ASBJ）は，2018年3月に（狭義）資産負債アプローチ的な考え方に基づく統一的で新しい企業会計基準第29号「収益認識に関する会計基準」（以下単に，「収益認識基準」ないし「基準」ともいう）及び企業会計基準適用指針第30号「収益認識に関する会計基準の適用指針」（以下単に，「適用指針」ないし「指針」ともいう）を公表した[2]。この場合，通常の商品販売取引において売上収益として計上される「取引価格」には固定金額（＝固定対価）と変動金額（「変動対価」）が考えられる。この「変動対価」という概念は新基準で導入されたものであり，見積会計で使用されるものである。ここで「変動対価」とは「顧客と約束した対価のうち変動する可能性がある部分」のこと（50項）すなわち契約時点では対価が確定せず，将来の状況に応じて変動する可能性があるもののことである。この「変動対価の具体例」として，例えば，リベート，値引き，返金や返品権付販売，業績に基づ

---

[1] 本章は2023年9月30日公表の会計理論学会スタディグループ（主査　岩崎勇）『収益認識についての総合的研究〔最終報告書〕』会計理論学会，第2部第13章所収の岩崎[2023]に基づいている。
[2] 本章では新しい収益認識基準からの引用は「項数」のみ，指針からの引用は「指針項数」のみを表示するものとする。

くインセンティブ（割増金），ペナルティー，仮単価等がある（指針23項）。それゆえ，変動対価は例えば，値引きやリベート等のように，多くの一般企業においても頻繁に発生する取引が変動対価の対象となるので，この変動対価に関する会計処理は多くの会社に影響を及ぼす可能性が高く重要なものである。

このような収益認識について，新基準における収益認識では新たに5つのステップに分けて行われる。このうち変動対価は第3ステップである「取引価格の算定」に関連する問題である。この変動対価は収益金額に直接的に影響し，また，例えば，返品調整引当金での処理のように，従来費用項目として処理（「費用処理」）されてきたものが収益からの控除項目として処理（「収益控除処理」）される等のように，その処理方法は従来と異なるものとなっている。

本章ではこの「変動対価」を題材として，わが国において収益費用アプローチ的な思考を取る伝統的発生主義会計の下で行われてきた実現主義の原則に基づく収益認識基準と，（狭義）資産負債アプローチ的思考に基づく新基準との違いを検討し，新基準の特徴点と旧基準がどのように変容したのかを明確にしていきたい。

II　変動対価の検討

1　収益認識の考え方

従来においては商品等の販売取引に関する収益認識原則として制度的には処分可能利益の計算表示との関連から基本的に実現主義の原則が採用されてきた。ここにおいて「実現」とは後で取り消されない事実として経済価値の増減変化が生じることである。そして，実現主義の原則の具体的な収益認識基準として販売基準がある。この販売基準によれば「実現の要件」として，㋐「財貨用役の提供」と㋑それに対する「対価の受領」の2要件を満たすことが要求されてきた。

他方，新基準における考え方は表11－1のように「収益認識プロセス」とし

て5つのステップを踏んで収益が認識される。

表11－1　収益認識プロセス

対象（何を）	①	顧客との契約の識別	資産負債の定義：資源と義務の把握
	②	契約における履行義務の識別	以上①②：収益認識単位の決定
測定：金額（いくらで）	③	取引価格の算定	－
	④	履行義務への取引価格の配分	以上③④：収益測定金額の決定
認識（いつ）	⑤	履行義務の充足による収益認識	収益認識時期の決定

　すなわち，この新しい収益認識の基本原則は支配アプローチと顧客対価アプローチに基づき履行義務の充足という顧客への財又はサービスの支配の移転のタイミング（「一時点又は一定期間」）で企業が権利を得ると見込まれる対価の額で収益を認識する（16項）というものである。この新しい基本原則は従来の実現主義の原則における前述の実現の2要件と実質的に同じものであるといえる。

　換言すれば，新旧の基準の内容を詳細に検討すると，新基準における測定モデルは，従来の収益費用アプローチにおける実現稼得過程モデルと同様の「取引価格」を基礎とする顧客対価モデルが採用されている。しかも，新基準では形式上従来の実現主義の原則は明示されていないけれども，実質的には上記ステップ①，②，⑤「履行義務の充足」は実現主義における「財貨用役の提供」に相当し，ステップ①，③，④，⑤は「対価の受領」[3]に相当する。それゆえ，形式は異なるけれども，実質的には従来の実現の要件を満たしたものを計上するという実現主義の原則の適用と同様であると考えられる。

2　変動対価の検討

(1) 変動対価での収益認識

　この変動対価での収益認識における最も重要な論点は，表11－2のように，どのように変動対価を決定するのか（「変動対価の見積プロセス」），すなわち変動

---

(3) 特に対価の受領に関して，ステップ1「契約の識別」の段階で「顧客との契約の5要件」として「対価を回収する可能性が高いこと」（19項）を掲げているので，従来の「対価の受領」と同様なものであることが理解できる。

第Ⅱ編　収益認識についての個別論点研究

対価をどのように計算し，どこまでそれを売上収益としての取引価格に含めるのかということである。

表11-2　変動対価の見積プロセス

内　　容	説　　明	
① 固定対価と変動対価との区分	対価を固定対価と変動対価に区分	期中
② 変動対価の見積計算	最頻値法又は期待値法に基づいた変動対価の見積計算	
③ 変動対価の取引価格への計上	【その見積額の一部又は全部を取引価格に含めるか否かの決定】見積られた変動対価のうち事後的な金額の確定に当たり収益の額に著しい減額が生じない可能性が高い金額を変動対価とし，その金額を取引価格に計上	
④ 期末の見直し	確定するまで各決算日において見直し	末

まず，①対価が固定的か否かによって「固定対価」と「変動対価」に区別する。そして，「固定価格」部分についてはそのまま取引価格とする。他方，「変動対価」に該当する場合には，変動対価の見積計算を行う。

②変動対価に該当し，顧客と約束した対価に「変動対価が含まれる場合の取扱い」については，その変動する可能性を考慮して収益額を次のように算定する。すなわち，「変動対価の見積り」について，基準では「契約において，顧客と約束した対価に変動対価が含まれている場合，財又はサービスの顧客への移転と交換に企業が権利を得ることとなる対価（変動対価）を見積」り，その変動対価の額で収益を認識する（50項）としている。この場合「変動対価の見積計算方法」として変動対価の額を，最頻値法又は期待値法のいずれかの方法によって見積ることとされている。しかも，この見積りの際，企業が権利を得ることとなる対価の額をより適切に予測できる方法を使用する（51項）。なお，企業は変動対価の額の見積りに当たって，合理性の原則に基づいて企業が合理的に入手できるすべての情報を考慮し，発生し得ると考えられる対価の額について合理的な数のシナリオを識別する（52項）こととなっている。

そして，③変動対価の見積計算に関する「不確実性の評価と取引価格への計

上額」に関して，変動対価に関する不確実性が事後的に解消する際に，解消される時点までに計上された収益の著しい減額が発生しない可能性が非常に高い部分のみ（の金額をもって変動対価を）取引価格に含める（54項）。

最後に，④「期末」において変動対価として見積られた金額はそれが確定するまで各決算日において見直し，見積りの変更としてその（ボリューム・ディスカウント等の）変更があった期間の収益額の修正をする（55項）こととなっている。

(2) 返金の見込みと返品権付販売

そして，ここでは変動対価のうち「返金の見込みと返品権付販売」を例にとって具体的に検討していくこととする。まず，リベートや返品等によって後日返金を見込む場合には変動対価に該当する。そして，このような変動対価で「顧客から受け取った又は受け取る対価の一部あるいは全部を顧客に返金すると見込む場合，受け取った又は受け取る対価の額のうち，企業が権利を得ると見込まない額について，返金負債を認識する」（53項）こととなる。つまり，新基準では収益の一部が負債化（「収益の負債化」）し，返金負債の計上が行われる。

これと基本的に同様な処理が返品権付販売等の場合にもなされる。ここで「返品」とは販売した商品が品質不良等の理由で返ってくることであり，従来においてはこれに関する包括的で統一的な処理基準は存在せず，これについては，例えば，返品調整引当金繰入法等で処理されてきた。

他方，新基準では返品は変動対価で処理し，販売時に返品が予想される金額については収益に計上しない。すなわち，返品権付販売については返品されると見込まれる部分は返金負債[4]として認識し（指針85項），収益から控除（純額処理）する。すなわち，収益の一部が負債化（返金負債）されることとなる。また，これに伴い返金負債の決済時に顧客から商品等を回収する権利については

---

[4] これに伴って返品調整引当金が廃止された。

反対に返品資産[5]として計上する（同上）。これについて具体的な設例で内容を確認していきたい。

【設例1】 返品権付販売

> X社は商品売価@1,000円，原価@600，10個掛けで販売した。この商品は4週間以内であれば無条件で返品できる条件が付いているので，変動対価に該当する。X社はこのうち期待値法によって3個返品されると見積もった。
>
> 【処理】
> (借) 売　掛　金　　10,000　　(貸) 売　　　　上　　7,000
> 　　　　　　　　　　　　　　　　　返　金　負　債　　3,000
> (借) 売　上　原　価　4,200*1　(貸) 棚　卸　資　産　6,000*2
> 　　　返　品　資　産　1,800*3
>
> ＊1：4,200＝600×(10－3)　＊2：6,000＝600×10　＊3：1,800＝600×3

(3) （販売金額や販売数量に基づく）リベートや値引き

次に変動対価の別の具体例として販売金額・数量に基づくリベートや値引きがある場合について設例（【設例2～3】）を用いて見ていくこととする。このような販売金額・数量に基づくリベート等に相当する部分の金額は，過去の実績等に基づいた最頻値法や期待値法に基づいて，認識した収益の累計額に著しい減額が生じない可能性が非常に高い範囲でのみ変動対価として認識をする。なお，従来の処理と異なり，これらのリベート等は売上から控除（純額処理）し，返金負債（「収益の負債化」）で処理し，売上割戻引当金の処理は行わない。

---

[5] 例えば，その商品の従来の帳簿価額からそれを回収するための予想コストを控除した金額を基礎として計上し，回収コストに重要性がない場合には，従来の帳簿価額で計上する。

【設例2】 （販売金額や販売数量に基づく）値引き（見積りに制限がないケース）

> X社はY社に商品@1,000円で100個掛で販売した。X社は慣行により価格引き下げ（値引き）を行うことを見込んでおり，変動対価に該当する。商品に対する値引きは最大限10％であり，期待値法を用いて10％の値引きを行うと見積り，変動対価の見積り額（取引価格）90,000円（＝1,000×[100％－10％]×100個）と見積もった。この変動対価の額に関する不確実性が事後的に解消される時点までに計上された収益の著しい減額が発生しない可能性が高いと判断した。
>
> 【処理】（販売時）
>
> | （借）売　掛　金 | 100,000 | （貸）売　　　　上 | 90,000 |
> |---|---|---|---|
> | | | 返　金　負　債 | 10,000 |

【設例3】 数量値引き

> ① x1年4月1日にX社は製品Aを@1,000円で10個掛けで販売した。これについては年間100個以上購入する場合には10％値引きをするという契約が結ばれている。なお，販売時点ではこのような状況は生じないものと判断された。
> ② x1年8月1日にX社は製品Aを@1,000円で40個掛けで販売した。これについて年間100個以上の購入の可能性が強くなったので，以前（4月1日）に販売したものも含めて10％の値引きをすることとした。
>
> 【処理】（販売時）
> ①（借）売　掛　金　　10,000　　（貸）売　　　　上　　10,000*1
> 　　*1：10,000＝1,000×10個
> ②（借）売　掛　金　　40,000　　（貸）売　　　　上　　36,000*2
> 　　　　　　　　　　　　　　　　　　返　金　負　債　　4,000*3
> 　　　　売　　　上　　　1,000　　　　返　金　負　債　　1,000*4
> 　　*2：36,000＝(1,000－100)×40個
> 　　*3：4,000＝(1,000×0.1)×40個
> 　　*4：1,000＝(1,000×10％×10個：4月1日分）

第Ⅱ編　収益認識についての個別論点研究

(4) 新基準の特徴点

ここでは変動対価の会計処理から見た新基準の特徴点について明確にしていくこととする。これには次のようなことがあげられる。

表11-3　変動対価についての新基準の特徴点

摘　　要	旧　基　準	新　基　準
変動対価概念	変動対価概念なし	変動対価概念の新たな導入
基準の包括性	なし	包括的で統一的な基準
基準の詳細性	詳細でない	細分化・詳細化
利益観	（収益費用アプローチの重視）（二元的アプローチ）	（狭義）資産負債アプローチ（二元的アプローチ）
測定モデル	取引価額主義に基づく顧客対価モデル	取引価額主義に基づく顧客対価モデル
収益認識プロセス	取引単位で一括認識	履行義務単位で5段階プロセス
収益認識のタイミングの決定基準	「財貨用役の提供」と「対価の受領」	支配の移転を伴う履行義務の充足（ただし，実質は従来と同様）
収益計上額	取引価格	収益純額処理法

まず「変動対価概念」について，新基準では「変動対価」概念を新たに導入している。また，「基準の包括性」に関して，新基準は変動対価について包括的で統一的な基準となっている。そして，「基準の詳細性」に関して，新基準の規定内容は，例えば，返品権付販売において返金負債や返品資産の処理のように，適用指針や処理例を含めて，従来の収益認識基準と比較して細分化・詳細化が図られている。さらに，「利益観」に関して，新基準では（狭義）資産負債アプローチに転換している。そして，「測定モデル」として，新基準では従来と同様に取引価額主義に基づく顧客対価モデルを採用している。また，「収益認識プロセス」に関して，新基準では履行義務単位で5段階のプロセスを規定している。さらに，「収益認識のタイミングの決定基準」として，新基準では支配の移転を伴う履行義務の充足に基づいて収益認識を行うこととしている。ただし，前述のように，5ステップに分けられたステップの中で従来と同様な「財貨用役の提供」と「対価の受領」が実質的に規定されており，実質

判断を行えば同じものと解することができる。また,「収益計上額」に関して,新基準では履行義務単位で判断され,収益の一部が負債化し,返金負債が計上され,純額での収益認識(「収益純額処理法」)へ変更になっていること等がある。

(5) 新基準の影響と従来の基準との差異
① 影響のないもの
　ここでは新基準の導入に伴っても従来基準から変化しないものについて明確にしていくこととする。

　まず,顧客との契約から生じる収益の「測定」に関して,新基準においても顧客対価モデルすなわち取引価額主義に基づいているので両者の間には基本的な差異は存在しない。また,従来の収益費用アプローチ的な思考を基礎とする発生主義会計の下における収益認識原則としての実現主義の原則における実現の要件のうち「財貨用役の提供」に関して,新基準においても収益認識の要件としてステップ5において履行義務の充足を要求している。それゆえ,両者は,表現形式は異なっているが,実質的には同じことを要求していると解せられる。他方,第2要件である「対価の受領」については,新基準においてはステップ5での履行義務の充足を前提として,ステップ1「契約の識別」において「顧客との契約の5要件」の一つとして「対価を回収する可能性が高いこと」(19項)を掲げているので,従来の「対価の受領」と同様なものである。

　以上の検討から形式的には新基準は実現主義の原則に全く触れていないけれども,新基準においても従来の実現主義における㋐「財貨用役の提供」と㋑それに対する「対価の受領」とが要求されており,両者は実質的に同様のものと考えられる。

② 影響のあるもの
　次に新基準の導入に伴って従来基準から変化したものについて明らかにしていくこととする。

　まず,「変動対価概念」について,新基準では変動対価概念を新たに導入された。また,「基準の包括性」に関して,包括的で統一的な基準へ,そして適

用指針や処理例を含めて詳細な基準への転換している。そして,「比較可能性」について,新基準は基本的にIFRSをそのまま受け入れたのでIFRSで作成される財務諸表と基本的に同様なものとなり,IFRSとの比較可能性がより高まった。さらに,「利益観」に関して,形式上は(狭義)資産負債アプローチへの転換がみられる。ただし,実質的には二元的アプローチであり,従来の収益費用アプローチが生きている。また,「収益認識プロセス」について,新基準では5つのステップに分け,最終的に履行義務の充足がなされた時に収益を計上することとしている。そして,「実現主義の原則」に関して,形式的には新基準においては履行義務の充足に基づき収益が計上されるという基準へと変更された。ただし,実質的には実現主義の原則は残っていると考えられる。さらに,「収益計上額」について,収益計上額に関して,新基準では判定の単位として履行義務単位で判断され,また収益の計上額として収益の一部が負債化(「収益の負債化」)し,返金負債が計上され,純額での収益認識(「収益純額処理法」)へ変更になった。

 おわりに

以上のように,新基準においても従来の実現主義の原則が基本的に適用されていること,「原則レベル」では従来と同様に実質的に実現主義の原則が適用されるとしても「基準レベル」では変動対価の処理方法は大きく変容していることが明確にされた。

〔参考文献〕
岩崎勇［2019］『IFRSの概念フレームワーク』税務経理協会。
岩崎勇［2023］「変動対価に関する収益認識」会計理論学会スタディグループ(主査岩崎勇)『収益認識についての総合的研究〔最終報告書〕』会計理論学会,第2部第13章所収。
太田達也［2018］『「収益認識会計基準と税務」完全解説』税務研究会出版局。
企業会計基準第29号［2018］「収益認識に関する会計基準」企業会計基準委員会。
企業会計基準適用指針第30号［2018］「収益認識に関する会計基準の適用指針」企業会

計基準委員会。
藤井秀樹［2019］『入門財務会計第3版』中央経済社。
PWC新有限責任監査法人編［2020］『益認識の会計実務　改訂版』中央経済社。
EY新日本有限責任監査法人編［2018］『企業への影響から見る収益認識基準　実務対応Q&A』清文社。
International Accounting Standards Board（IASB）［2014］*IFRS 15 Revenue from Contracts with Customers*（企業会計基準委員会他監訳［2022］『IFRS基準　2022〈注釈付き〉Part B』中央経済社）.

岩崎勇（大阪商業大学教授・九州大学名誉教授）

第12章

返品権付販売に関する収益認識

I　はじめに

　本章では，企業会計基準第29号「収益認識に関する会計基準」（以下，収益認識基準と略す）及び企業会計基準適用指針第30号「収益認識に関する会計基準の適用指針」（以下，適用指針と略す）における返品権付販売に関する収益認識について考察する[1]。

　顧客との契約においては，商品又は製品（以下，商品等）の支配を顧客に移転するとともに，当該商品等を返品して，顧客が支払った対価の全額又は一部の返金を受ける権利を顧客に付与する場合がある[2]。こうした取引を返品権付販売といい，収益認識基準及び適用指針では，顧客が返品権を行使して不成立となることが予想される商品等の販売に関して，当該返金額を控除した額をもって収益を認識するものとしている。

　以下では，返品権付販売の収益認識の会計処理を考察するとともに，返品権

---

[1] 本章は，会計理論学会スタディグループ（主査　岩崎勇）『収益認識についての総合的研究〔最終報告書〕』会計理論学会の第14章所収の大野［2023］に基づいている。
[2] 適用指針84項では，返品により顧客に付与される権利として，顧客が支払った対価の全額又は一部の返金に加え，顧客が企業に対して負う又は負う予定の金額に適用できる値引き及び別の商品等への交換を掲げている。

と履行義務の識別に係る考え方及び返金負債の会計的な特質について検討する。

Ⅱ 返品権付販売を構成する2つの要素

返品権付販売を構成する要素には，商品等の支配の移転と返品権の付与がある。

1 商品等の支配の移転

返品権付販売は，通常の商品販売と同様に，商品等の支配が顧客に移転することを契約の前提とする。したがって，企業が商品等の物理的占有を顧客に移転しても，商品等の支配が顧客に移転しない限りは，返品権付販売の返品にはあたらない[3]。また，商品等の支配を顧客に移転した時点を決定するにあたっては，対価を収受する権利，資産に対する法的所有権，資産の物的占有権の移転，所有に伴う重大なリスクの負担と経済価値の享受及び顧客による資産の検収といった指標が考慮される（基準40項）。

なお，顧客による商品等の検収は，商品等の支配の移転が客観的に判断できる場合は形式的な手続となる（指針80項）。しかし，顧客に移転する商品等が契約において合意された仕様に従っていると客観的に判断できない場合（指針82項）や商品等を試用目的で引き渡し，試用期間が終了するまで顧客が対価の支払いを約束していない場合（指針83項）などは，収益を認識するための主要な要件とされる（指針83項）。

2 返品権の付与

返品権付販売における返品権とは，顧客の意思により企業が商品等の返品を

---

[3] 片山（[2017] 255頁）は，財の物理的占有をいったん他の当事者に移転しても，財の支配が他の当事者に移転しないときは，返品ではないと述べている。また，返品権付販売と委託販売との違いについて，松本（[2007] 219頁）は商品等の支配の移転（所有権の移転）の相違から説明している。

第12章　返品権付販売に関する収益認識

受ける代わりに、返金又は別の商品等への交換(4)に応じる義務を負担し、又はそれを約束するものをいう（片山［2017］256頁）。返品権の付与は、書面上の契約条項に定められていない場合でも、取引慣行等で認められている場合には(5)、返品権が黙示的に合意されたものとなる(6)。また、返品権の行使に際しては、商品等の瑕疵（契約において合意された仕様に従っていないということ）を理由とする必要はなく、商品等に瑕疵がなければ返品できない場合は、顧客に返品権があるということにならない（片山［2017］258頁）。なお、正常品と交換するために欠陥のある商品等を顧客が返品することができる契約は、商品等に対する保証として処理する（指針89項）。

Ⅲ　返品権付販売の会計処理

　収益認識基準の適用前においては、商品等の販売時点で売上高を認識・測定し、期中に返品があった場合には売上高の減少として処理されてきた。また、次期以降の返品については、決算において返品調整引当金を設定し、返品で減少すると見込まれる利益相当額を売上総利益から控除する処理が行われた。これにより、翌期に返品があったとしても、返品調整引当金を取り崩すことで翌期の損益に影響しないものとされた。

　他方、収益認識基準では、返品権付きの商品等及び返金条件付きで提供される一部のサービスの販売時に、次の(1)から(3)の処理を行うものとしている（指針85項）。

---

(4) IFRS 15のB 26では、顧客が商品等を同じ種類、品質、状態及び価格の別の商品等と交換すること（例えば、別の色又はサイズのものとの交換）は、本基準適用の目的上は返品とは考えないとしている。
(5) 2018年度（平成30年度）以前の法人税法施行令99条では、出版業、出版業にかかる取次店、医薬品（医薬部外品を含む）、農薬、化粧品業、既製服、蓄音機用レコード、磁気音声再生機用レコード又はデジタル式の音声再生機用レコードの製造業、これらの物品の卸売業を買戻条件付の販売形態を採用する事業と認定し、返品調整引当金の設定を認めていた。
(6) 収益認識基準20項では、契約は書面、口頭、取引慣行等により成立するとしている。

(1) 企業が権利を得ると見込む対価の額（返品されると見込まれる商品等の対価の額を除く）で収益を認識する。
(2) 返品されると見込まれる商品等については，収益を認識せず，当該商品等について受け取った又は受け取る対価の額で返金負債を認識する。
(3) 返金負債の決済時に顧客から商品等を回収する権利について資産を認識する。

なお，(1)において，企業が権利を得ると見込む対価の額は変動対価[7]に該当するため最頻値又は期待値を用いて適切に処理する。また，(3)において，返金負債の決済時に顧客から商品等を回収する権利として認識した資産の額は，当該商品等の従前の帳簿価格から予想される回収費用（当該商品等の対価の潜在的な下落の見積額を含む）を控除し，各決算日に当該控除した額を見直すものとする（指針88項）。

このように収益認識基準の適用前は，返品調整引当金による処理が行われてきたが，収益認識基準では返品調整引当金が廃止されている。また，収益認識基準では，当期に販売した返品権付きの商品等について次期に返品がなかった場合は，取り消すべき売上高と売上原価の残高がないため，繰越利益剰余金で調整することになる（佐藤［2020］145頁）。

---

(7) 変動対価とは，「顧客と約束した対価のうち変動する可能性のある部分」（基準50項）と定義されている。適用指針23項では，変動対価が含まれる取引の例として，「値引き，リベート，返金，インセンティブ，業績に基づく割増金，ペナルティー等の形態により対価の額が変動する場合や返品権付の販売等がある」としている。
　なお，変動対価は契約条件に示されることもあれば，企業の取引慣行や公表した方針に基づき，契約の価格よりも価格が引き下げられるとの期待を顧客が有する場合や，顧客との契約締結時に，価格を引き下げるという企業の意図が存在している場合にも示されることもある（指針24項）。

第12章　返品権付販売に関する収益認識

 返品権付販売の収益認識の検討

1　返品権と履行義務に関する考え方

　収益認識基準は，IFRS 15号を踏まえた収益認識に関する包括的な会計基準として開発され，契約に基づく収益認識を原則としている。この原則のもとでは，企業は顧客との契約における履行義務を識別し，履行義務を充足した時点で収益を認識する。

　返品権付販売については，商品等の支配を移転するとともに，返品権を付与することを顧客に約束することから，この履行義務は商品等の支配の移転に関する履行義務とともに，返品権に関する履行義務の識別が考えられうる。しかし，返品権の付与を履行義務として識別するかどうかは見解が分かれており，IASB（2008）では次のように整理している[8]。

(1)　返品権の付与を履行義務とする考え方（履行義務アプローチ）

　この見解は，企業が返品を受け入れ，顧客から受け取った対価を返金しなければならないという義務が強制可能な契約条項であることに着目する。この見解によれば，返品権は顧客に移転される返品サービスになる（par.3.36）。当該返品権が顧客にとってのサービスであるかを確認する簡単な方法は，その権利に対して顧客が追加的な対価を支払うかどうかを問うことである（par.3.37）。返品権を一つの履行義務として識別する場合は，商品等の支配を顧客に移転した時に収益としてすべてを認識すべきではなく，収益の一部は返品サービスに帰属させることになる（par.3.37）。

---

[8]　以下，渡邉（[2017] 156頁）にならい，返品権に関する契約を履行義務とする(1)の考え方を履行義務アプローチ（a performance obligation approach），返品権に関する契約を履行義務ではないする(2)の考え方を販売不成立アプローチ（a failed sale approach）という。

143

(2) 返品権の付与を履行義務ではないとする考え方（販売不成立アプローチ）

この見解は，顧客が結果に対する責任を負うことなく当該取引を取り消すこと（契約締結前の状態に戻すこと）ができるという理由から，返品権は販売の不成立を意味するものと考える（par.3.39）。この見解によれば，企業は返品権が消滅するまで，いかなる収益も認識できないことになる（par.3.40）。ただし，顧客が契約条件を承諾し，かつ返品権がまだ存在しているにもかかわらず，商品等への支配を受け入れることを選択する場合には収益を認識することができる。すなわち，返品が見込まれる商品等の割合を企業が予測できる状況にあれば，不成立とならない分については収益を認識することができる。

契約における履行義務をもとに収益を認識するのであれば，返品権の付与による返品サービスを履行義務として識別し，当該サービスの移転により収益を認識する考え方，すなわち履行義務アプローチが理論的に適合する。なぜなら，返品権付販売の返品サービスは，企業と顧客との間で"交換"の一部として契約交渉がなされるため，一つの履行義務として識別する必要がある（片山［2017］259頁）からである。ただし，返品権の付与を一つの履行義務として識別し，それを処理するためには，返品権それ自体の経済的価値が測定可能でなければならない[9]。すなわち，返品権の販売価格を個別に測定可能であることが，履行義務アプローチによる収益認識の鍵といえる。

しかしながら，収益認識基準では，返品権それ自体の経済的価値は測定の対象にしていない。売上高とともに認識される返金負債の額は，顧客から受け取った又は受け取る対価のうち，企業が権利を得ると見込めない取引価格を割り当てたものであり，返品権の付与に伴う返品サービスの経済的価値を測定したものとは異なる。これは返品権が消滅するまでは正確な販売数量が確定できないという状況において，返品権の行使により不成立とならない分のみを収益

---

[9] 片山（［2017］259頁）においても，企業と顧客との間で「交換」の一部として返品サービスの契約交渉がなされる場合，返品サービスには経済的価値があるということを前提としている。

第12章　返品権付販売に関する収益認識

として認識する見解，すなわち販売不成立アプローチをもとにしている[10]。これは返品権の付与を履行義務として識別しないことを意味しており，IASBとFASBにおいても「両審議会は，返品サービスを履行義務として処理すべきではないと決定した」（IFRS 15号，BC 366）との見解が示されている[11]。

2　返金負債の特質

　返品権の付与を履行義務として識別しない場合，返品権の処理に伴う返金負債には，いかなる会計的特質が認められるのであろうか。この点に関しては，返品負債を売建て返品オプションとして説明可能とする見解[12]，履行義務に準じる負債と解する見解[13]あるいは債務性引当金（非金融負債）と解する見解[14]などがある。そこで実務指針の設例11に示された収益の計上に係る次の仕訳を(A)

---

[10]　IFRS 15号（BC 364）では，顧客に財を提供する履行義務に関して，両審議会（IASBとFASB）は，実質的に企業は不確定な数量の販売を行っていると判断し，企業は返品権が消滅したときにはじめてどれだけの数量を販売したか（すなわち，どれだけの数量が販売不成立にならなかったか）を確定的に知るとしている。これにより，顧客の返品権行使の結果として不成立になると予想される販売については，収益を認識すべきではないとして，顧客に返金する義務に係る返金負債を認識すべきであるとしている。

[11]　IFRS 15号（BC 366）では，返品サービスを履行義務として識別しない理由として，a．返品の数が全体の販売の中の小さな割合しかないと予想されること，b．返品期間が短い（例えば30日）ことが多いため，返品サービスを履行義務として処理することにより財務諸表利用者に提供される情報の増分は，そうすることの複雑性やコストを正当化するほどのものではないことなどを掲げている。

[12]　佐藤（[2020] 150頁）は，返品権付販売の基礎にある考え方として，「返品権をプット・オプションと捉えると，それを別建て処理する構成要素アプローチの考え方が採られている。」と指摘している。

[13]　片山（[2017] 260頁）によれば，返金負債は，取引価格を「独立販売価格の比率で配分すべき」履行義務ではないが，財の支配が移転する履行義務が充足されたときに，収益として認識しない取引価格の残額を計上する役割を果たし，a．契約価格を配分する点，b．消滅するときに収益を認識する点で履行義務に準じた契約負債といえると指摘している。

[14]　日本簿記学会・実務研究部会（[2019] 10頁）の見解として，返金負債も債務性引当金と同様に支出の時期あるいは金額が不確定な債務という性格を有すると指摘されている。

第Ⅱ編　収益認識についての個別論点研究

と(B)のように捉え直し，返金負債の会計的な特質を考察してみたい。

実務指針（収益の計上）：
(借)現　金　預　金　　　10,000　　(貸)売　　上　　高　　　9,700*1
　　　　　　　　　　　　　　　　　(貸)返　金　負　債　　　　　300*2
　　＊1：返品を見込まない商品等の売価の総額
　　＊2：返品見込数量に相当する売価

(A)：
(借)現　金　預　金　　　9,700　　(貸)売　　上　　高　　　9,700
(借)現　金　預　金　　　　300　　(貸)返　金　負　債　　　　300

(B)：
(借)現　金　預　金　　　10,000　　(貸)売　　上　　高　　　10,000
(借)売　　上　　高　　　　300　　(貸)返　金　負　債　　　　300

(A)の仕訳は，顧客から受け取る対価について，企業が権利を得ると見込む対価の額（売上高）と返品されると見込まれる対価の額（返金負債）に分けて仕訳を捉え直したものである。この仕訳では返金負債の相手勘定が現金預金になっていること[15]を踏まえ，返金負債の会計的な特質を考察すると次のようになる[16]。

まず，受領した対価のうちの300は将来返金が見込まれる対価であり，返金負債はその対価の返金に係る契約上の義務と考えると，将来の一定期日に現金等を返済する金銭債務に類似する。ただし，返金負債は，返品権の行使期間が決められている点で返金の時期は確定しているものの，返金額が未確定な点で金銭債務とは異なる。

次に，受領した対価の300は商品等の販売活動の一環で発生しており，返品権行使の有無が確定されるまで収益の一部を繰り延べる点で前受金に類似する。しかし，前受金は将来における商品等の販売義務を示す負債であることから，

---

[15] 実際にはこの対価の額は返品権に対して追加的に支払われたものではない。返品権に対して追加的に支払われた対価であるとすれば契約負債としての処理を検討する必要がある。
[16] 同様の考察は日本簿記学会・実務研究部会（[2019] 9頁）が行っているが，こうした考察では返金負債の相手勘定が受け取る対価となる仕訳が前提になるものと考えられる。

すでに支配の移転が完了している段階で認識する返金負債とは異なる。また，返金負債は販売の成立よりも不成立の可能性が高いものを処理していることから，販売の成立を前提とする前受金とは異なる。

続いて(B)の仕訳は，商品等の支配の移転が完了した時点で，一度すべての商品等についての売上高を計上する仕訳と，返品権の行使により減少が予測される売上高を見積り，売上高の減額を行う仕訳に分解される。先の返品権と履行義務の考え方で考察したように，返品権付販売の収益認識では，返品権の行使により不成立とならない分のみを収益として認識すること（販売不成立アプローチ）を重視しており，まさにこの(B)の仕訳から考えると，返金負債は売上高の減額に係る貸方科目ということができる。

また，返金負債に係る売上高の減額の仕訳は，当初の売上高を計上する仕訳と時間的に切り分けることが可能である。すなわち，返金負債に係る仕訳は当初の売上高の計上時点と同時であってもよいし，次のように返品権の行使が見込まれる額を見直しながら，決算日に仕訳することも可能ということである[17]。

期中：
　（借）現　金　預　金　　10,000　　（貸）売　　上　　高　　10,000
決算：
　（借）売　　上　　高　　　　300　　（貸）返　金　負　債　　　　300

こうしたことから，返金負債は返品が予想される売上高の減額に係る貸方科目であり，会計的な特質としては従来の返品調整引当金と同様の収益控除性の引当金に類するものと指摘することができる。ただし，返金負債と返品調整引当金には，その処理と表示に相違する点がある。返品調整引当金の場合，返品調整引当金繰入額を費用計上し，売上総利益を返品調整引当金繰入額により減額調整する。しかし，返金負債の仕訳を行う際には，返品見込数量に相当する

---

[17] いずれにしても商品等を販売後，各決算日に企業が権利を得ると見込む対価及び返金負債の額を見直し，認識した収益の額を変更する必要がある（指針87項）。また，記帳手続の煩雑さを回避するために返金負債の見積もりを決算日に行うという見解があるが（日本簿記学会・実務研究部会［2018］7頁），こうした指摘は返金負債の相手勘定が売上高となる仕訳が前提になるものと考えられる。

原価を売上原価から減額し，その額を返品資産に計上する以下の仕訳も同時に行われる。これにより返金負債による処理では，予想される返品が調整された後の金額で売上高と売上原価が表示されることになる[18]。

実務指針（原価の計上）：
　　（借）売　上　原　価　　　5,820*3　　（貸）棚　卸　資　産　　　6,000
　　（借）返　品　資　産　　　　180*4
　　　　＊3：返品を見込まない商品等の原価の総額
　　　　＊4：返品見込数量に相当する原価

V　おわりに

　本章では，返品権付販売を構成する2つの要素（商品等の支配の移転と返品権の付与）と収益認識基準における会計処理を考察し，返品権と履行義務との関係及び返金負債の会計的な特質について検討した。返品権と履行義務との関係については，返品権の付与を履行義務として識別する考え方（履行義務アプローチ）と識別しない考え方（販売不成立アプローチ）があるが，返品権それ自体の経済的価値の測定が難しいことから，返品権の付与を履行義務としない販売不成立アプローチが採用された。また，返金負債の会計的な特質については，返品権の付与を根拠とする収益控除性の引当金としての特質を指摘し，その処理と表示において売上高と売上原価を直接減額する点に従来の返品調整引当金との違いがあることを指摘した。

〔参考文献〕
浦崎直浩［2020］「企業業績の認識メカニズムの展開」河﨑照行編著『会計研究の挑戦－理論と制度における「知」の融合－』第3章所収，97-118頁。

---

[18]　佐藤（［2020］150頁）は，収益認識基準における返品権付販売の取扱いの基礎にある考え方として，売上総利益部分の調整（純額調整）から売上及び売上原価の金額の調整（総額調整）への変化を指摘している。

大野智弘［2023］「返品権付販売に関する収益認識」会計理論学会スタディグループ（主査　岩崎勇）『収益認識についての総合的研究〔最終報告書〕』会計理論学会，第14章所収。
大塚浩記［2009］「返品条件付販売と履行義務に基づく収益認識：IASBとFASBの収益認識プロジェクトの提案を中心として」『埼玉学園大学紀要（経営学部篇）』第9号，103－113頁。
片山智裕［2017］『収益認識の契約法務－契約法と会計基準の解釈・適用－』中央経済社。
佐藤信彦［2020］「収益認識における変動対価概念と売上戻りの会計処理」河﨑照行編著『会計研究の挑戦－理論と制度における「知」の融合－』第5章所収，135－154頁。
成川正晃［2011］「IASB公開草案『顧客との契約から生じる収益』の会計処理に与える影響－返品権付き販売の検討を通して」『企業会計』Vol.63 No.7，113－120頁。
日本簿記学会・実務研究部会［2018］「収益会計の現状と課題」梅原秀継（部会長）『最終報告書（第34回全国大会）』，1－94頁。
日本簿記学会・実務研究部会［2019］「収益会計の現状と課題」『日本簿記学会年報』第34号，8－10頁。
濱本道正［2020］「収益認識：資産の支配と物理的占有の関係」『国際経営論集』No.59，121－135頁。
松本敏史［1985］「返品引当金と返品調整引当金」『同志社商学』第37巻第3号，58－84頁。
松本敏史［2007］「返品調整引当金の貸借対照表上の性格」『同志社商学』第58巻第6号，217－237頁。
渡邉雅雄［2019］「資産の支配の移転と収益認識－返品権付き販売の会計処理を手がかりとして－」『会計論叢』第14号，153－165頁。
IASB［2008］Discussion Paper, *Preliminary Views on Revenue Recognition in Contracts with Customers*, December.

大野智弘（創価女子短期大学教授）

第13章

ポイント制度に関する収益認識

I　はじめに

　ポイント制度（カスタマー・ロイヤルティ・プログラム）は，小売店が行うフリークエント・ショッパーズ・プログラム，航空会社が行うマイレージ・プログラムなどの総称である。その際自社で発行したポイントを自社で付与し，事実上の値引きを実行する方法（自社型ポイント制度）と，他社で発行したポイントを数社で共通して付与し，事実上の値引きを実行する方法（提携型ポイント制度）とがある[1]。ポイント等を付与された顧客は，将来それを無料又は値引き価格の財又はサービスなどの特典と交換することができる（IFRIC第13号「カスタマー・ロイヤルティ・プログラム」（以下，IFRIC 13と略す）par. 1)[2]。

　2021年4月から強制適用とされた収益認識基準及び適用指針では，ポイント制度につき従来実務で用いられてきた引当金方式ではなく，IFRS第15号「顧客との契約から生じる収益」（以下，IFRS 15と略す）と整合的な「取引価格配分方式」を採択した[3]。

---

[1]　本章では，原初的な方法たる自社型ポイント制度を前提として論を進める。
[2]　カスタマー・ロイヤルティ・プログラムは文字どおり顧客（customer）の忠誠心（loyalty）を維持し，顧客の行動にインセンティブを与える仕組みといえる。
[3]　本章は，会計理論学会スタディグループ（主査　岩崎勇）『収益認識についての総合的研究〔最終報告書〕』会計理論学会，2023年9月30日公表の第2部第15章所収の

第Ⅱ編　収益認識についての個別論点研究

Ⅱ　ポイント制度の会計処理
　　　－従前の会計処理（引当金方式）－

1　カスタマー・ロイヤルティ・プログラムの設例[4]

【設例】

① 前提条件

(a)　A社は，A社の商品を顧客が10円分購入するごとに1ポイントを顧客に付与するカスタマー・ロイヤルティ・プログラムを提供している。顧客は，ポイントを使用して，A社の商品を将来購入する際に1ポイント当たり1円の値引きを受けることができる。

(b)　X1年度中に，顧客はA社の商品100,000円を現金で購入し，将来のA社の商品購入に利用できる10,000ポイント（＝100,000円÷10円×1ポイント）を獲得した。対価は固定であり，顧客が購入したA社の商品の独立販売価格は100,000円であった。

(c)　A社は商品の販売時点で，将来9,500ポイントが使用されると見込んだ。A社は，適用指針第50項に従って，顧客により使用される可能性を考慮して，1ポイント当たりの独立販売価格を0.95円（合計額は9,500円（＝0.95円×10,000ポイント））と見積った。

(d)　当該ポイントは，契約を締結しなければ顧客が受け取れない重要な権利を顧客に提供するものであるため，A社は，顧客へのポイントの付与

石山［2003b］に基づいている。
[4]　適用指針，設例22（カスタマー・ロイヤルティ・プログラム）に準じる。なお，当該設例は期中の仕訳処理ではなく，財務諸表表示を理解するための便宜上の仕訳（的）説明と解釈する向きもあるが，明確に「○○時」（期中の時点）と明示されているため，本稿ではこれを仕訳として取り扱う。ただし，設例における仕訳勘定科目として「売上高」とあるものは，通常用いられている「売上」に修正している。

により履行義務が生じると結論付けた。
(e) A社はX2年度末において，使用されるポイント総数の見積りを9,700ポイントに更新した。
(f) 各年度に使用されたポイント，決算日までに使用されたポイント累計及び使用されると見込むポイント総数は次のとおりである。

	X1年度	X2年度
各年度に使用されたポイント	4,500	4,000
決算日までに使用されたポイント累計	4,500	8,500
使用されると見込むポイント総数	9,500	9,700

② 会計処理
● 商品の販売時

(借) 現 金 預 金　　100,000　　(貸) 売　　　　上　　100,000
(借) ポイント引当金繰入　　9,500　　(貸) ポイント引当金*1　9,500

*1：通常，引当金設定は年度末（決算）においてなされるが，ここでは対応する収益との関係が明白となるよう販売時にポイント引当金の設定を行う。

● X1年度末
(借) ポイント引当金　　4,500　　(貸) 売　　　　上　　4,500
● X2年度末
(借) ポイント引当金　　4,000　　(貸) 売　　　　上　　4,000
(借) ポイント引当金繰入　　200　　(貸) ポイント引当金*2　200

*2：9,700円－9,500円＝200円

2　引当金方式の論理

　引当金方式は従来の会計実務で定着していたが，これはポイント制度の実質を販売促進活動とみる考え方と整合する。その際，ポイントプログラムを景品付き販売に準じて処理するとすれば原価の見積りにしたがって費用認識され，値引きに準じて処理するとすれば売価ベースで測定される[5]。原価ベースか売価ベースかという違いはあれども，ポイントプログラムにかんする期末未使用ポイント残高にかかる会計処理として引当金方式による実務は，わが国におい

III ポイント制度の会計処理
－収益認識基準の会計処理（取引価格配分方式）－

1 カスタマー・ロイヤルティ・プログラムの設例

【設例】

① 前提条件

（Ⅱ 1 ①に同じ）

② 会計処理

● 商品の販売時

（借）現 金 預 金　　100,000　　（貸）売　　　　上*1　91,324
　　　　　　　　　　　　　　　　　　　契 約 負 債*1　 8,676

*1：A社は、取引価格100,000円を商品とポイントに独立販売価格の比率で次のとおり配分する。
　　商　　品　　91,324円＝100,000円×独立販売価格100,000円÷109,500円
　　ポイント　　 8,676円＝100,000円×独立販売価格　9,500円÷109,500円

● X1年度末

（借）契 約 負 債*2　　4,110　　（貸）売　　　　上　　4,110

*2：X1年度末までに使用されたポイント4,500ポイント÷使用されると見込むポイント総数9,500ポイント×8,676円＝4,110円

● X2年度末

（借）契 約 負 債*3　　3,493　　（貸）売　　　　上　　3,493

*3：（X2年度末までに使用されたポイント累計8,500ポイント÷使用されると見込むポイント総数9,700ポイント×8,676円）－X1年度末に収益を認識した4,110円＝3,493円

---

(5) 大雄他［2011］108－109頁。

2 取引価格配分方式の論理

(1) 商品の販売時

　ポイント制度は，収益認識基準（及び適用指針）における「追加オプション」の典型例といえる[6]。収益認識基準では，IFRS 15同様，ポイント制度による「ポイントの付与」が履行義務として識別される。すなわち「既存の契約に加えて追加の財又はサービスを取得するオプションを顧客に付与する場合には，（…中略…）当該オプションから履行義務が生じる」（適用指針48項）。そこで当初販売時に商品販売とポイント付与の2つの履行義務に分解され，それにしたがった処理（仕訳）がなされる。このように履行義務を2つに分解した場合，商品の販売価格をどのように売上収益（当初販売）と契約負債（将来売上見込み）とに峻別するかが問題となる。これは，収益認識のステップ4「取引価格の配分」の論点となる。

　「取引価格配分方式」は，ポイント制度の実質を企業と顧客との経済的便益の交換取引とみる考え方と整合する[7]。この考え方では，当初販売（initial sale）を複数要素取引（separately identifiable component）として会計処理しなければならない。すなわち，ポイント付き当初販売によって受け取った対価の公正価値は，販売された商品とポイントに配分され（IFRIC 13, par.5），販売された商品に配分された対価は取引日に収益認識される一方，ポイントに配分された対価は将来ポイントが使用されるまで繰り延べられる。したがって，この方式は「繰延収益方式」ともいえる。

　履行義務が複数の場合，「取引価格」（＝財又はサービスの顧客への移転と交換に企業が権利を得ると見込む対価の額（基準8項））の配分が問題となる。取引価格の

---

[6] 収益認識基準及び適用指針では，「ポイント」という用語は基本的に用いられていない。唯一適用指針（139項）にて「追加の財又はサービスを無料又は値引価格で取得するオプションには，販売インセンティブ，顧客特典クレジット，ポイント，契約更新オプション，将来の財又はサービスに対するその他の値引き等が含まれる」という例示が見られるのみである（下線筆者）。

[7] IFRIC 13, par.BC 7.

配分の目的は，それぞれの履行義務（あるいは別個の財又はサービス）に対して，財又はサービスの顧客への移転と交換に企業が権利を得ると見込む対価の額を描写するように行うことである（基準65項）。取引価格の配分は，財又はサービスの「独立販売価格」（＝財又はサービスを独立して企業が顧客に販売する場合の価格（基準9項））の比率に基づき，契約において識別したそれぞれの履行義務に対して行われる（基準66項）。これが上記設例における商品の販売時における会計処理（仕訳）に反映されており[8]，上記設例＊1のように取引価格の配分が計算される。このような会計処理は，顧客の側においては，取得した商品等と将来無料又は値引価格で商品等を取得できるというオプションに対する対価という2種類の対価を支払っていることと整合する[9]。

　ここで留意すべきは，かかる売上収益と契約負債との分解は資産負債アプローチに基づくものの，現在出口価格アプローチ（current exit price approach）ではなく当初取引価格アプローチ（original transaction price approach）に基づいている点である[10]。仮に現在出口価格アプローチに基づいて売上収益と契約負債を分解すれば，未履行ポイントの公正価値をそのまま契約負債の金額とするはずであるが，収益認識基準では顧客対価を当初販売における財又はサービスと未履行ポイントの独立販売価格の比率で按分し，後者を繰延収益たる契約負債としているためである[11]。すなわち，仮に現在出口価格アプローチによれば未履行ポイントの公正価値を重視し，その差分として当初販売における売上収益を測定したであろうが，当初取引価格アプローチに基づく収益認識基準の会

---

[8] この配分の概念は，例えば機械装置の販売納品とその保守サービス提供が別個の履行義務とされ，かつ，保守サービスを単独で行わない場合における取引価格の配分と同じである。

[9] 大雄他［2011］111頁。

[10] 「資産負債アプローチ」というきわめて概念的な用語は，論者によって定義が異なる。本稿ではさしあたり藤井［2021］に依拠し，資産負債アプローチを定義のみに作用すると考える狭義説と，測定にも作用する広義説とに分類し，狭義説に則って資産負債アプローチという語を用いることとする。

[11] 松本［2011］24頁。当該論攷ではIFRIC 13を前提としているが，それを敷衍したIFRS 15及び収益認識基準も同様の思考に拠っていると考えられる。

第13章　ポイント制度に関する収益認識

計処理は，当初販売における財又はサービスと未履行ポイントを同等に扱っているものとみることができる。この事実は，IFRS 15やそれを範とした収益認識基準は資産負債アプローチに移行してはいるものの，資産・負債の測定にも作用する資産負債アプローチ（広義説）ではなく，資産・負債の定義のみに作用する資産負債アプローチ（狭義説）に基づく会計処理であるとみることができよう。そのため，契約負債の測定などの局面では公正価値そのものに拠らずとも，キャッシュ・フローの期間配分を前提とした測定，すなわち当初取引価格アプローチと整合する方法となっている。収益認識基準における取引価格の配分の思考を図にすれば，図13－1のとおりとなる。

図13－1　取引価格の配分

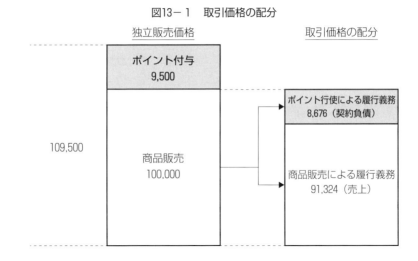

このように，ポイントを商品販売とは別個の履行義務とみることから，ポイント行使による履行義務（＝契約負債）の金額だけ商品売上による履行義務（＝売上）が従来処理に比して減少する。営業収益という企業の損益計算書において最も目立つトップラインの数値が従来と異なる（減少する）ことになるため，ポイント制度を利用する企業において与える影響は大きいといわざるを得ない。このような状況に至るのは，1度の売上入金によって2度の商品売上（引き渡し）が生じることに起因しているためであり，つまり事実上の値引きの実施に

他ならない。その点では合理的な会計処理にも思えるが，これに関しては次のような批判的見解も見られる。

清水［2018］9頁によれば，「これらの仕訳（取引価格配分方式による当初販売仕訳：筆者注）は，ポイントの収益の計上額を示す設例としては適切であっても，勘定記録を期中管理に用いる立場からは，勘定への売上高の記入額が証憑上の金額と相違するという状態が継続的に発生することなり，不適切である。証憑に示される額面上の売上高を一度は帳簿に記録するべきであという立場からは，別の処理が望まれる」と指摘される。たしかに，かかる指摘は一考に値する。しかしこの見解に対しては，次のような解釈も考えられ得る。すなわち，ポイントつき商品販売等における顧客は，当初販売の商品等と将来販売予定の商品等の値引きにかかる2つの取引の領収証を1枚で授受していると考える。そうであるならば，金額明細が分割されていないだけであり，いわゆる簿記の有する財産管理機能においてもとくだん抵触するものとまではいえない[12]。また，収益認識基準，もとをたどればIFRS 15やその原型たるIFRIC 13は，そのような期中における財産管理の視点から処理を導き出したのではなく，上述のとおり顧客対価モデルに立脚した資産負債アプローチを前提としたためであろう。

(2) X1年度末及びX2年度末

重要な権利を顧客に提供する追加オプションがある場合，将来の財又はサービスが移転する時あるいは当該オプションが消滅する時に収益を認識する（適用指針par.48）。上記設例におけるX1年度末が，将来の財又はサービスが移転する時における会計処理である。金額計算は＊2で記したとおりであるが，この金額は当該年度末までに実際に使用されたポイントの比率に当初販売時に計上した契約負債の金額を乗じることで求められる。

また，上記設例におけるX2年度末も，将来の財又はサービスが移転する時における会計処理（仕訳）である。金額計算は＊3で記したとおりであるが，

---

[12] 高須教夫教授による指摘（2022年8月7日，会計理論学会スタディグループ「収益認識についての総合的研究」）。

この金額は当該年度末までに実際に使用されたポイントの比率（ただし，使用されるポイント総数の見積りは更新後の金額を用いる）に当初販売時に計上した契約負債の金額を乗じ，Ｘ２年度末までのポイント使用の累計金額を算定し，そこからＸ１年度末で使用済みのポイントにかかる収益金額を控除することで求められる[13]。

　なお，当該オプションが行使されることなく失効した場合も，同様の会計処理となり売上収益を認識したうえで契約負債が消滅する。すなわち，顧客により行使されない権利（非行使部分）については，「契約負債における非行使部分について，企業が将来において権利を得ると見込まない場合には，当該非行使部分の金額について，顧客が残りの権利を行使する可能性が極めて低くなった時に収益を認識する」（適用指針54項）。

図13－2　ポイント制度における収益認識

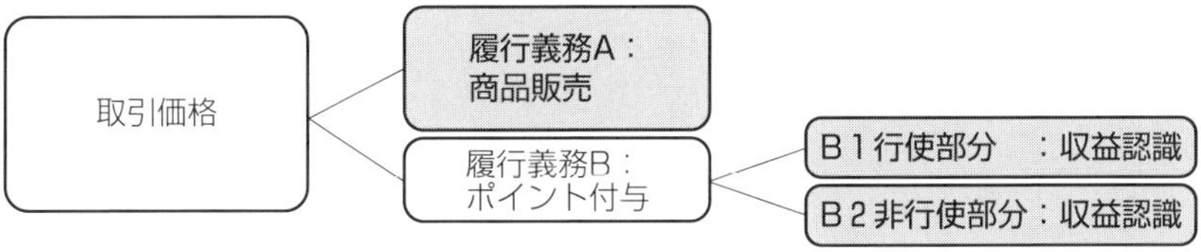

取引価格
　├─ 履行義務Ａ：商品販売
　└─ 履行義務Ｂ：ポイント付与
　　　├─ Ｂ１行使部分：収益認識
　　　└─ Ｂ２非行使部分：収益認識

＊　アミカケは収益認識対象。

Ⅳ　おわりに

　収益認識基準がポイント制度で採択した「取引価格配分方式」は，顧客の側においては，取得した商品等と将来無料又は値引価格で商品等を取得できるというオプションに対する対価という２種類の対価を支払っていることと整合することが確認された。ここで留意すべきは，かかる売上収益と契約負債との分解は資産負債アプローチに基づくものの，現在出口価格アプローチではなく当

---

[13]　これは，従来の工事契約における工事進行基準を適用する際における，工事原価見積額が変更となった年度の計算構造と同じである。

初取引価格アプローチに基づいている点である。かりに現在出口価格アプローチに基づいて売上収益と契約負債を分解すれば，未履行ポイントの公正価値をそのまま契約負債の金額とするはずであるが，新基準では顧客対価を当初販売における財又はサービスと未履行ポイントの独立販売価格の比率で按分し，後者を繰延収益たる契約負債としているためである。これは，資産・負債の測定にも作用する資産負債アプローチ（広義説）ではなく，資産・負債の定義のみに作用する資産負債アプローチ（狭義説）に基づく会計処理であると捉えることができよう。

もとより収益認識基準では，売上取引を5つのステップに分けている。すなわち，ステップ1から4を通して売上取引につき，それを構成する各履行義務への分割と各義務への契約全体の取引価格の配分により「何をいくらで計上するか」を決定した後，ステップ5で履行義務の遂行状況に応じて「いつ売上を計上するか」の決定を求めている。ステップ5における履行義務の遂行に基づく「いつ売上を計上するか」に関しては，売上獲得の時間軸を考慮したものといえ，概念上「収益の負債化」を引き起こしている。つまり，従前の会計処理上一括計上されていた売上のうち，未履行義務に対応する売上の見積額を販売時の売上から減額の上負債計上することによって，次年度以降の売上計上のために繰り越していることとなる。

〔参考文献〕
石山宏［2023a］「新勘定科目管見−収益認識会計基準における新勘定科目の検討−」『山梨国際研究』第18号。
石山宏［2023b］「ポイント制度に関する収益認識」会計理論学会スタディグループ（主査 岩崎勇）『収益認識についての総合的研究〔最終報告書〕』会計理論学会。
大雄智＝中村亮介＝岡田幸彦［2011］「ポイントプログラム会計のフレームワーク」『會計』第179巻第6号。
清水泰洋［2018］「期中対価の配分—期中と期末の簿記処理—」日本簿記学会実務研究部会「収益会計の現状と課題」（最終報告）第1章。
藤井秀樹［2021］『入門財務会計（第4版）』中央経済社。
松本敏史［2011］「カスタマー・ロイヤルティ・プログラムと収益認識」『国際会計研究学会年報』。

EY新日本有限責任監査法人［2022］『ポイント制度のしくみと会計・税務』中央経済社。
International Accounting Standards Board［2007］, IFRIC Interpretation 13, *Customer Loyalty Programs*.（企業会計基準委員会他監訳［2021］『IFRS基準2014』中央経済社）
International Accounting Standards Board［2014］, International Financial Reporting Standards No. 15, *Revenue from Contracts with Customers*. International Accounting Standards Board.（企業会計基準委員会他監訳［2021］『IFRS基準2021』中央経済社）
Kieso, D. E., J. J. Weygandt, and T. D. Warfield［2020］*Intermediate Accounting : IFRS Edition*, 4th ed., Wiley.

石山宏（山梨県立大学教授）

| 第14章 |

本人と代理人の区分に関する収益認識[1]

I　はじめに

　収益認識に関する会計基準(以下,収益認識会計基準という)の導入にあたって重要な論点の一つとされたのが本人と代理人をどのように判断するのかについてである。企業がある取引を本人として行うのか,それとも代理人として行うのかはすなわち収益を総額で表示するのか,それとも純額で表示するのかという問題であり,最終的な利益額は同じであってもトップラインである売上高の金額が大きく異なる結果となる。本人か代理人かの検討にあたっては異なる見解も存在しうるため,基準設定の段階ではより明確な指標や設例を示すことが要請された。この点につき2016年2月に企業会計基準委員会(以下,ASBJという)は「収益認識に関する包括的な会計基準の開発についての意見募集(以下,「意見募集」という)」を公表し,検討を加えた。また,IASBも2016年4月に「IFRS第15号の明確化」を公表した。

　本稿では本人と代理人の区分について,従来の会計基準における本人と代理人の区分と収益認識会計基準における本人と代理人の区分について検討し,収

---

[1]　本章は,2023年9月30日公表の会計理論学会スタディグループ(主査　岩崎勇)『収益認識についての総合的研究〔最終報告書〕』会計理論学会,第2部第16章所収の浅野論文に基づいている。

第Ⅱ編　収益認識についての個別論点研究

益認識会計基準における本人と代理人の区分の意義について考察する。

Ⅱ　従来の本人と代理人の区分

　収益を本人として認識するのか，代理人として認識するのか，ひいては収益を総額で表示すべきか，純額で表示すべきか，という点について，従来わが国では統一的で明確な規定が設けられていなかった（桜井［2018］13頁）。企業会計原則では「費用及び収益は，総額によって記載することを原則とし，費用の項目と収益の項目とを直接に相殺することによってその全部又は一部を損益計算書から除去してはならない。」（企業会計原則第二，一，B）としているが，本人と代理人の区分については触れられていない。

　2006年に公表された実務対応報告第17号「ソフトウェア取引の会計処理に関する実務上の取り扱い」においてはソフトウェア取引について「複数の企業を介する取引が見受けられるが，このような取引には，在庫リスクを抱えて行われる取引だけでなく，物理的にも機能的にも付加価値の増加を伴わず，会社の帳簿上を通過するだけの取引も存在する」とし，このような取引においては「委託販売で手数料収入のみを得ることを目的とする取引の代理人のように，一連の営業過程における仕入及び販売に関して通常負担すべきさまざまなリスク（瑕疵担保，在庫リスクや信用リスクなど）を負っていない場合には，収益の総額表示は適切でない」としている。実務対応報告第17号では契約上，取引の当事者となる取引であっても，通常負うべき様々なリスクを実質的に負担していないと考えられる取引については手数料相当額のみを収益として表示することになると考えており，本人と代理人の区分をリスクの負担という観点から行っている。

　このように，わが国における収益の総額表示・純額表示の規定は企業会計原則や実務対応報告第17号等において若干の記載はあるものの，先述のように包括的かつ明確な規定は存在していなかった。実務上は取引の実態や業界の慣行に従って収益の総額表示・純額表示が決定されていたと考えられる。

この点につきアメリカでは2000年にEITF 99-19 "Reporting Revenue Gross as a Principal versus Net as an Agent" が公表され，収益を本人として総額で認識するべきか，代理人として純額で認識するべきかについて，主たる債務者であるか否か，在庫リスクを負っているか，等の指標を提示している（FASB [2000] pars. 6-14)[2]。

　また，IAS 18では企業が本人として取引を行っているのか，代理人として行っているのかの判断について，「代理の関係にある場合，経済的便益の総流入は，本人当事者のために回収した金額で企業の持分の増加をもたらさない金額を含んでいる。本人当事者のために回収した金額は収益ではない。その代わり，この場合には，手数料の額が収益となる」（IAS 18, par. 8）とあり，「本人に代わって回収された金額は収益ではない。収益は手数料の金額である。企業が本人として行動しているか，代理人として行動しているかの判断は，すべての関連する事実と状況の判断および考察を必要とする。財貨の販売や役務の提供に関連する重要なリスクと便益にさらされる場合，企業は本人として行動していることになる。」（IAS 18, IE par. 21）との考え方を示している。

　このように，EITFやIASでは本人と代理人の区分の検討においては財又はサービスに対してのリスクや経済価値が企業に存在していれば本人として総額表示を行い，それらが存在しなければ代理人として純額表示を行うという判断基準に基づいていた。

III　収益認識会計基準における本人と代理人の区分

　収益認識会計基準では収益は5つのステップにより認識される。企業はステップ2：履行義務の識別において契約における履行義務を識別するが，その

---

[2]　このほかの指標としては企業が価格設定を自由に行えるか，製品・サービスの変更を行うことができるか，サプライヤーの選択において裁量権を持っているか，顧客から注文を受けた製品・サービスの仕様についての決定権を持っているか，物的損害リスクを負っているか，信用リスクを負っているか，等がある。

際にはその履行義務の性質が本人として特定の財又はサービスの提供を自ら行うというものであるのか,または代理人として特定の財又はサービスを他の者によって提供されるように手配するというものであるのかを判定する。供給者である他の当事者から企業を介して顧客に特定の財又はサービスが移転し,その対価が顧客から企業を介して他の当事者に支払われる。この場合に企業が本人であるのか,それとも代理人であるのかについての判定は,特定の財又はサービスが企業から顧客に移転する前に企業が支配を獲得しているか否かによる。

収益認識基準において,支配とは,財又はサービスの利用を指図し,当該財又はサービスからの残りの便益をすべて享受する能力のことである。この支配を獲得しているか否かの検討においては次の3つの指標があげられている(指針47項)。

(1) 企業が当該財又はサービスを提供するという約束の履行に対して主たる責任を有していること
(2) 当該財又はサービスが顧客に提供される前,あるいは当該財又はサービスに対する支配が顧客に移転した後(例えば,顧客が返品権を有している場合)において,企業が在庫リスクを有していること
(3) 当該財又はサービスの価格の設定において企業が裁量権を有していること

企業が特定の財又はサービスの支配を獲得した後に当該財又はサービスを顧客に移転する場合,企業は財又はサービスに対する支配を顧客に移転することになり,支配の移転をもって履行義務が充足されるので顧客対価(総額)で収益を認識する。したがって特定の財又はサービスが顧客に提供される前に企業がそれらを支配する場合には企業は本人に該当し,財又はサービスの提供と交換に企業が獲得すると見込まれる金額の総額を収益として認識する(指針39項,43項)。

これに対し,企業が特定の財またはサービスを支配していない場合は財又はサービスを顧客に移転することはできず,他の当事者(供給者)が直接その支

配を顧客に移転することになる。したがって特定の財又はサービスが顧客に提供される前に企業がその財又はサービスを支配していない場合には企業は代理人に該当し，他の当事者のために手配をするというサービスの提供と交換に企業が受け取ると見込まれる対価の額，もしくはその対価の額から他の当事者に支払う額を控除した額（すなわち純額）を収益として認識する（指針40項）。このように収益認識基準適用指針では本人と代理人の区分において，特定の財又はサービスが顧客に提供される前に企業によって支配されているかという観点から行っている。

 小売業における消化仕入の取り扱い

1　従来の消化仕入

　本人と代理人の区分の規定の影響が最も大きいのが百貨店や総合スーパー等で使用されてきた消化仕入の取り扱いについてであると考えられる[3]。

　消化仕入とは百貨店や総合スーパーなどの小売業において，小売業者の店舗に陳列する商品の所有権を卸業者やメーカーに残しておき，小売業者で売上が計上されると同時に仕入を計上するという取引形態であり，売上仕入とも呼ばれる。この場合，百貨店やスーパーといった小売業者は商品の陳腐化や在庫リスクは負わず，卸業者やメーカーがそのリスクを負担することになる。

　一般的な仕入・販売（買取仕入）と消化仕入とを比較すると，次のようになる。
　① 買 取 仕 入
　　● 小売業者が商品の納品を受けた段階で仕入として計上し，棚卸資産および買掛金等を認識する。
　　● 原則として返品不可[4]。

---

[3] この例として，収益認識基準を適用した結果，三越伊勢丹ホールディングス2022年3月期の売上高（連結）は適用前と比較して493,775百万円減少している。
[4] 例外的に売買契約において返品についての条項が付されている場合もありうる。

② 従来の消化仕入
- 小売業者が商品の納品を受けた段階では仕入計上はせず，したがって棚卸資産や買掛金等は認識しない。
- 小売業者が販売するまでは仕入先の在庫として扱う。
- 小売業者が顧客に販売した段階で仕入計上し，買掛金を認識する。

【設例】

当社は卸売業者から商品￥6,000を掛けで仕入れ，顧客に￥10,000で販売した。

	買取仕入	従来の消化仕入
商品納入時	（借）仕　　入　　6,000 　　（貸）買　掛　金　　6,000	仕訳なし
商品販売時	（借）現　　　　金　10,000 　　（貸）売　　　上　10,000	（借）仕　　入　　6,000 　　（貸）買　掛　金　　6,000 （借）現　　　　金　10,000 　　（貸）売　　　上　10,000

従来の消化仕入では上記の例のように商品販売時に仕入と売上を同時に計上するという総額表示によって処理していた。

実務対応報告第17号によれば，「一連の営業過程における仕入及び販売に関して通常負担すべき様々なリスク（瑕疵担保，在庫リスクや信用リスクなど）を負っていない場合には，収益の総額表示は適切ではない。」と示されている。この考え方に基づけば従来の消化仕入では企業は陳腐化リスクや在庫リスクといったリスクを負っていないと考えられるため，総額表示ではなく純額表示が適当ということになる[5]。

---

[5] 2016年に企業会計委員会が公表した「収益認識に関する包括的な会計基準に関する意見の募集」に対して日本百貨店協会が回答した文書によると，百貨店における消化仕入は取引先・取扱店舗・取扱商品ごとに取引先とのリスク負担割合が様々であるため，本人か代理人かの画一的な判断は困難であるとしている。

従来の消化仕入のような会計処理は長らく小売業の実務において用いられてきたが，これは消化仕入を行うにあたり卸業者やメーカーとの契約においては売買契約の形をとっていることが多いことから法的形式に沿った会計処理を行ってきたということができる。また，総額表示と純額表示のいずれをとっても当期純利益の金額は変わらないが，業界として売上高の金額が重視されていたため，必然的に売上高の金額が多くなる総額表示が選択されてきたという背景もあるだろう。

2　収益認識会計基準における消化仕入

　収益認識会計基準では，本人と代理人を区分するというという考え方のもとに消化仕入の会計処理を決定する。適用指針に示されている３つの指標，すなわち①約束の履行に足して主たる責任を負っているか，②在庫リスクを負っているか，③価格設定の裁量権を有しているか，ということから当該小売業者が財又はサービスを支配しているかを検討し，本人か代理人かを判断する。

　一般的に消化仕入取引においては販売が確定したもののみを販売と同時に仕入計上する。この場合，小売業者は瞬間的にではあるが法的所有権を有することになるが，小売業者は在庫リスク等を負ってはいないため，実質的に財又はサービスを支配しているとは言えない。したがって消化仕入取引において小売業者は代理人と判断することができる。他方，返品不可の条件で商品を仕入れる買取仕入の場合は小売業者が当該商品にたいする在庫リスク等を負っているため，当該小売業者は本人に該当する。

　この両者の会計処理を比較すると次のようになる。

第Ⅱ編　収益認識についての個別論点研究

【設例】

	買取仕入（本人）	収益認識会計基準の消化仕入（代理人）
	当社は卸売業者から商品¥6,000を掛けで仕入れ，顧客に¥10,000で販売した。	
商品納入時	（借）仕　　　入　　6,000 　（貸）買　掛　金　　6,000	仕訳なし
商品販売時	（借）現　　　金　10,000 　（貸）売　　　上　10,000	（借）現　　　金　10,000 　（貸）買　掛　金　　6,000 　　　　手数料収入　　4,000

このように，収益認識会計基準における消化仕入では，企業は代理人に該当するため商品販売時に売上は計上せず，卸業者に支払うべき金額を控除した純額が手数料収入として収益認識される。

 ## Ⅴ　2つの利益観における本人と代理人の区分

1　収益費用アプローチにおける本人と代理人の区分

　収益費用アプローチにおいては，ある期間に獲得した収益と，その収益を獲得するために費やされた費用とを対応させて利益を計算する。ここで収益をいくらで計上するのか，すなわち収益の測定基準として，企業会計原則では収入基準を採用している（企業会計基準・損益計算書原則第二・一・A）。先述のように企業会計原則が費用および収益を総額によって表示し，収益と費用の項目を直接相殺してはならないとしていることの論拠は，収益と費用を相殺すると取引の全体像や規模を把握しにくくなるということである。

　この考え方に立つと，例えば商品を仕入れて顧客（需要者）に販売した場合は顧客から受けとった顧客対価に基づき売上を計上する。この売上は売上原価と対応させ，総額表示による会計処理を行うことになる。

他方，有価証券や固定資産の売買取引等の主たる営業目的以外の取引については売却収益と売却原価を両建て処理せず，売却収益と売却原価の差額を売却益として計上する。このように営業外損益や特別損益項目に対して純額表示を行うが，その理由として商品売買等の主たる営業目的のものとは異なり，それらの取引が企業にとって質的な重要性があるとは考えられず，したがって総額表示をする必要性があまりないということがいえる（飯野［1993］13-9頁）。

また，一つの契約に複数の取引が含まれている場合（例えば，設備の販売とその後の保守点検サービスなど），それが異なる財やサービスの提供であったとしても，顧客にとってそれらが一体となって初めて価値を有するような場合には取引の実態を反映するために複数の取引を一体化して会計処理を行うことが考えられる。顧客にとってそれらが一体化して初めて価値を有するかどうかについては収益が実現するための要件①取引の相手方の存在，②財またはサービスの相手方への提供，③対価としての現金等の流入，のそれぞれに照らし合わせて判断されるものと考えられる。

このように，収益費用アプローチにおいては（特に企業会計原則に示された考え方においては）本人と代理人という観点から総額表示と純額表示を区分するのではなく，企業にとっての重要性という観点から区分していたといえるだろう。

2 資産負債アプローチにおける本人と代理人の区分

他方，資産負債アプローチとは資産・負債の概念を第一義的にとらえるものであり，そこでの収益は資産・負債の変動を契機に認識されるものである。

収益認識会計基準において本人と代理人の区分はステップ2の履行義務の識別において判定する契約における約束の性質の違いとして位置づけられる。ここでは財又はサービスを支配しているか否かが重要であり，支配の有無により本人か代理人かを判断する。すなわち，財又はサービスのそれぞれが顧客に提供される前に企業が当該財又はサービスを支配しているのであれば企業は本人となり，支配していないのであれば企業は代理人となる。

第Ⅱ編　収益認識についての個別論点研究

　収益認識会計基準では一つの契約に複数の履行義務が含まれうると考え，それぞれの履行義務について本人か代理人かの検討を行い，各履行義務の充足により総額または純額で収益を認識する。資産負債アプローチにおける収益認識では「履行義務」という概念を導入したことにより複数要素契約の実態をより忠実に表現することが可能になったといえる。

Ⅵ　おわりに

　これまで述べてきたように，収益認識会計基準が公表される以前のわが国においては取引を本人として行うのか代理人として行うのか，収益を総額で認識するのか純額で認識するのかという点について包括的な基準は存在していなかった。そのため本来は代理人取引であって純額で収益を認識すべき事例であっても本人として総額で収益を計上するなど，企業によってその会計処理はさまざまであり，企業の活動を忠実に表現しているのかという点や比較可能性の点で問題があった。

　また，今日の顧客との取引には財やサービスが複数組み合わさった取引が多く存在しており，それは本人として取引している部分も，代理人として取引している部分も両方含まれる場合もありうる。そのような取引を一体化したものとして会計処理することも企業の活動を忠実に表現しているのかという点において問題があった。

　IFRS 15や収益認識会計基準では「支配の移転」という概念を導入することによって本人か代理人かを判断するという画一的な基準を提示しており，本人と代理人の区分において比較可能性の向上に貢献しているといえる。また収益の認識にあたって複数要素契約を想定し，履行義務概念と，支配の移転により履行義務が充足されて収益を認識するという考え方を導入している。これにより企業の活動の実態がより忠実に表現されることとなったところにこの基準の意義があるといえよう。

〔参考文献〕

浅野千鶴［2023］「本人と代理人の区分に関する収益認識」会計理論学会スタディグループ（主査　岩崎勇）『収益認識についての総合的研究〔最終報告書〕』会計理論学会，第2部第16章所収．

飯野利夫［1993］『財務会計論（三訂版）』同文舘出版．

片山智裕［2019］「収益認識基準の適用における「委託契約書」の解釈ポイント」『旬刊経理情報』2019年10月1日号，56-62頁．

加藤美樹雄［2018］「収益認識時における仕訳と勘定科目の考察－本人か代理人かの判断を中心として－」『簿記研究』第1巻第1号，5-13頁．

企業会計基準委員会［2016］「収益認識に関する包括的な会計基準の開発についての意見募集」

桜井久勝［2018］「収益認識会計基準案にみる売上高の純額測定」『企業会計』Vol.70 No.1，11-17頁．

佐々木隆志［2016］「新収益認識基準におけるもう一つの資産負債アプローチ」『會計』第189巻第6号，1-13頁．

日本公認会計士協会［2009］会計制度委員会研究報告第13号「我が国の収益認識に関する研究報告（中間報告）－IAS第18号「収益」に照らした考察－」．

原俊雄［2015］「新たな収益認識基準と特殊販売取引の会計処理」『横浜経営研究』第36巻第1号，47-56頁．

藤田敬司［2014］「サービス取引のグローバル展開が国際税務・会計に与える影響」『立命館経営学』第53巻第1号，75-101頁．

万代勝信［2015］「わが国への収益認識基準の導入へ向けて」『會計』第188巻第3号，267-280頁．

FASB［2000］Emerging Issues Task Force Issue No.99-19, *Recording Revenue Gross as a Principal Versus Net as an Agent.*

浅野千鶴（明治大学専任講師）

第15章

有償支給取引に関する収益認識

I はじめに

　有償支給取引は、わが国に特有の取引の一つとして、収益認識基準の2017年公開草案に取り上げられた。わが国特有の取引であるがゆえに、IFRS 15号の規定や設例をそのまま適用することができない。そのためもあって、公開草案では基準や指針の規定だけではなく、具体的な設例が設けられ、会計処理も明示された。しかしながらそこで提示された会計処理は、従来の会計処理とは大きく異なるものであった。そのため有償支給取引に関して、公開草案に対する意見表明が数多く寄せられ、企業会計基準委員会も明確な回答を示していない現状からこの点につての理論的検討は、今後の日本会計基準の充実を図るうえで重要であると考えられる。こうした観点から、現状の会計基準に内包される問題を明らかにし、解決策を模索することが本章の目的である。

II 有償支給取引に関する基準の整理

1 有償支給取引の内容

　収益認識基準はその指針において、有償支給取引については以下のように規

定されている。

「企業が，対価と交換に原材料等（以下「支給品」という。）を外部（以下「支給先」という。）に譲渡し，支給先における加工後，当該支給先から当該支給品（加工された製品に組み込まれている場合を含む。以下同じ。）を購入する場合がある（これら一連の取引は，一般的に有償支給取引と呼ばれている（指針104項）。）」

図15－1　有償支給取引の仕組み

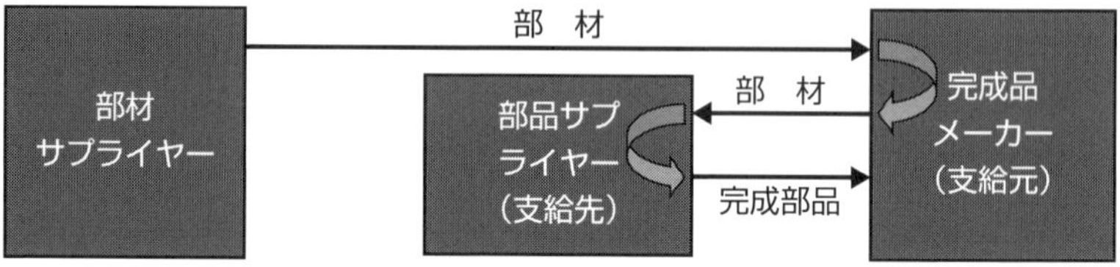

［部材サプライヤー］ ──部材→ ［部品サプライヤー（支給先）］ ←部材── ［完成品メーカー（支給元）］
　　　　　　　　　　　　　　　　　　　　　　　　　　　──完成部品→

（出所）　山本守，中島由紀子「収益認識基準における有償支給取引の論点」『経理情報』2019.7.1，13頁一部修正。

有償支給取引については，上記図のように示すことができる。この図において完成品メーカーと，部品サプライヤーの間で行われる取引が有償支給取引に相当する。完成品メーカーは，部材サプライヤーから部材を購入し，その加工を部品サプライヤーに依頼し，部材を支給する。この時に，有償支給となるため，完成品メーカーは部材サプライヤーに対して請求権が生じる。

部品サプライヤーは，完成品メーカーにより指定された仕様に基づき部材を加工して部品を完成させる。そして，完成品メーカーに完成した部品を提供する。

なお，指針においては，完成品メーカーが買戻し義務を負うか否かで異なった会計処理を規定している。

2　基準，指針の規定する会計処理

(1)　支給品である部材の処理

まず，支給元が支給先に部材を提供した時点の会計処理について検討する。論点は，次の2点とする。

第15章　有償支給取引に関する収益認識

論点　①　収益の認識
　　　②　部材の処理

基準35項は，次のように規定している。

「　35. 企業は約束した財又はサービス（本会計基準において，顧客との契約の対象となる財又はサービスについて，以下「資産」と記載することもある。）を顧客に移転することにより履行義務を充足した時に又は充足するにつれて，収益を認識する。資産が移転するのは，顧客が当該資産に対する支配を獲得した時又は獲得するにつれてである。」

当該基準は，部材が，支給先に移転したかどうかが収益を認識するための基準であり，部材という棚卸資産を減少させるかどうかの判断基準となる。この判断基準では，部材に対する支配がどこにあるかが重要となる。部材に対する支配が支給元であると判断されれば，部材の移転は認識されない。部材に対する支配が支給先にある場合は，部材は支給先で認識される。

また，買戻しの義務があるかないかで処理が異なる。支給元が買戻し義務を有していない場合は，部材に対する支配は支給先にあると判断され，部材等の支給品の減少が認識される（指針104項，179項）。

他方，支給元が買戻し義務を負っている場合は，部材に対する支配は支給元にあると判断され，支給元で部材等の支給品の減少は認識されない（指針69項，179項）。

そしてさらにこのような結論の背景として，

「支給先が当該支給品を指図する能力や当該支給品からの残りの便益のほとんどすべてを享受する能力が制限されているため，支給先は当該支給品に対する支配を獲得していないこととなる（指針154項）。」として，支給先の支給品に対する支配が限定的であることを挙げている。しかしながら，当該支給品である部材は支給先に移転しており，加工が施されることから，支給先においても当該支給品である部材の在庫管理が行われているのが実情であると指摘され，個別財務諸表上では，支給された部材は支給元では資産の減少として把握され，部材は支給元の個別財務諸表で資産の増加として認識される（指針181項）。

177

(2) 収益の認識

次に支給先の収益に関する規定を概観する。以下の指針の規定のとおり，支給元が支給品である部材を買い戻す義務のあるなしにかかわらず，支給元では収益を認識しない（指針104項）。そして，その根拠は買戻し義務の有無で，相違していると考えられる。

買戻し義務がない場合，支給元は支給品である部材の減少は認識するが，上記規定のように収益は認識しない。部材に対する支配は支給先に移転しているので，履行義務が充足されているように考えられるが，収益を認識しない根拠は，最終製品の収益との二重計上を避けるところにある（指針179項）。

確かに連結財務諸表を前提とする場合，支給先が連結対象企業であるならば，支給元の支給先への支給品の供給を収益と認識したとしても，支給先の費用である売上原価と相殺消去される。そのため，この規定は，支給先が連結対象企業でない場合に対応している規定であると考えられる。例えば，支給元が親会社で，支給先がその連結対象外の企業であれば，部材の供給と最終製品の販売の双方で収益を計上すると，部材の購入から，その支給先への供給，加工された部品の購入，そして最終製品の販売という一連の取引において収益が，部材の支給先への供給時と，最終製品の販売時に認識されることになる。これは明らかに収益の二重計上になる。これを避けるため，部材の支給先への供給時に収益を認識しないことは合理化できると思われる。

買戻し義務がある場合，支給品である部材に対する支配がそもそも支給先に移転していないので，収益は認識されない。収益認識基準では，契約における履行義務の充足が収益認識の基準として位置づけられている。部材の提供を履行義務と考えるにしても，履行義務が充足されたかどうかは，支給された部材に対する支配が支給先に移転していることを条件としなければならない。履行義務が充足されていない以上，収益は認識できない。

第15章　有償支給取引に関する収益認識

 Ⅲ　2017年公開草案の設例からの検討

1　検討の方向性

　2020年の指針の設例には，有償支給取引は含まれていない。しかしながら2017年の公開草案には，有償支給取引の設例が含まれており，その草案に対する各界からの意見も多く寄せられていた。それらの意見の多くは，有償支給取引の設例にあげられた処理に対する批判であった。それらの批判の中には，指針の設例とは異なる処理（従来から行っていた会計処理）を明示しているものもある。そこで，2017年の設例の処理とそれに対する意見として公表された，いくつかの企業の従来からの処理を対比する形で検討を加える。

2　2017年公開草案の設例と会計処理

　公開草案で示された設例をもとに，単純化のために金額等を修正して示したものが以下の取引例である。

【取引】

① 支給元企業Xが部材を90で，部材サプライヤー企業から仕入れ，現金を支払った。
② 上記部材を支給先企業Yに100で有償支給した。代金は掛けとしている。
③ 支給元企業Xは，支給先企業Yから，部材を加工した部品を120で購入した。代金は掛けとしている。
④ 支給元企業Xは，支給先企業Yに対して差額の代金20を現金で支払った。

179

第Ⅱ編　収益認識についての個別論点研究

(1) 買戻し義務がある場合

適用指針公開草案［2017］で提案された支給元の会計処理（設例32回）

①	(借)	部　材（資　産）	90	(貸)	現　　　　　金	90
②	(借)	未　収　入　金	100	(貸)	有償支給に係る負債	100
③	(借)	棚卸資産(材料)	20	(貸)	買　　掛　　金	120
		有償支給に係る負債	100			
④	(借)	買　　掛　　金	120	(貸)	現　　　　　金	120
		現　　　　　金	100	(貸)	未　収　入　金	100

　②の貸方　有償支給に係る負債は，支給先企業からの完成部品代金支払義務のうち，支給材料部分であると説明される[1]。そして，②の時点で部材は支給されてはいるものの，支配の移転がされていないという理由から，支給元において部材という資産の減少は認識されていない。そして，同様の理由から収益も認識されない。ここで示された会計処理は，基準ならびに指針の規定に一致した処理となっている。

　部材と買い戻した部品については，①で購入した部材は90であり，②で減少していない。そして③で外注加工費に相当する20が加えられ，合計110という金額が買い戻した部品の金額になる。この金額は，内部利益相当の10を含まない金額であり，完成品原価を構成する額として適切である。

　これに対して桜井［2019］は，トヨタ自動車の公開草案に対する意見を紹介しながら，公開草案に対する会計処理を批判的に検討している[2]。トヨタ自動車による仕訳処理（改）（収益認識基準以前）は，次のとおりである[3]。

---

[1]　企業会計基準委員会［2017］『収益認識に関する会計基準の適用指針（案）設例』設例32。
[2]　桜井久勝［2019］「有償支給取引の管理会計と財務報告」『商学論究』第66巻第4号（関西学院，大学），457頁。企業会計基準委員会公表，トヨタ自動車株式会社［2017］「「収益認識に関する会計基準（案）等の公表」に対する意見について」CL 01。
[3]　桜井の論文，トヨタ自動車株式会社の意見に示された仕訳例は，有償支給と外注加工後の部品買戻しの間に決算がある例となっているが，ここでは，決算を挟まない例とした。

第15章　有償支給取引に関する収益認識

①（借）	部材（資産）	90	（貸）	現　　金	90	
②（借）	売上原価	90	（貸）	部　　材	90	
	未収入金	100	（貸）	売上原価	100	
③（借）	材　　料	120	（貸）	買掛金	120	
④（借）	買掛金	120	（貸）	未収入金	100	
				現　　金	20	

　上記仕訳の特徴は，②の仕訳に表れる。まず，借方は連結財務諸表を前提に仕掛品ではなく売上原価となっている。次に，貸方の売上原価であるが，この金額が100となっていることで，②全体としては売上原価が貸方残高10となる。この金額は，有償支給したときに含まれる内部利益相当額になる。これにより，③で材料を，内部利益を含んだ120として会計処理しても，売上原価の貸方残高10により相殺され，最終的に完成品を販売したときの売上原価にこれが含まれることはない。貸方に売上原価を計上することの是非は問題となろうが，在庫管理，最終的な利益計算において適切な結果をもたらす処理といえよう。

　トヨタが示した会計処理によれば，部材に関する在庫管理が，支給元および支給先において適切に行うことが可能となり，さらに未実現利益も計上することなく，債権債務関係も適切に記録することができると主張している。なお，日産自動車株式会社もコメントを出しているが，有償支給取引において内部利益を付していない点はトヨタと異なるものの，草案に対する意見としては同様の意見といえる[4]。

　有限責任監査法人トーマツは有償支給取引に係る負債の消滅はどの時点になるのかを明示すること，また，支給先の会計処理についても整合的な会計処理を示すことを要求している。公認会計士協会も有償支給取引係る負債に関して詳細な説明を求めている。

　これらの意見表明に対して，企業会計基準委員会は，「有償支給取引では，

---

[4] 企業会計基準委員会公表，日産自動車株式会社［2017］「「収益認識に関する会計基準（案）等の公表」に対する意見について」CL 04。またスズキ株式会社もトヨタと同様の見解を示している。企業会計基準委員会公表，スズキ株式会社［2017］「「収益認識に関する会計基準（案）等の公表」に対する意見について」CL 36。さらに経団連も，経済的実態から乖離する提案であるとし，反対の意見を表明している。

第Ⅱ編　収益認識についての個別論点研究

企業から支給先へ支給品が譲渡された後の取引や契約の形態はさまざまであり，各取引の実態に応じた処理が求められるが，設例を設けることで画一的な会計処理が求められているという誤解を生じかねないと考えられることから，適用指針案［設例32］を削除したうえで，収益認識適用指針に有償支給取引の処理を定めることとした(5)。」として，設例を削除している。しかし，有償支給取引関する基準，指針はほぼ公開草案のままで維持されていた。

　この点については2020年ASBJ解説書などの以下の記述からも明らかである(6)。

　2017年の公開草案とそれに対する意見については，おおむね買取義務のある場合の会計処理に集中していたため，検討がここに限定されてしまったが，ここでの議論の中心は，収益の認識の是非というより，支給品の認識つまり，資産の認識に関連していた。支給元が支給先に支給品である部材を提供する時点で収益を認識しないということは，基準，指針の草案，そして各種の草案に対する意見に共通している。異なるのは先にも述べたように，支給品の認識である。このほか，有償支給に係る負債についても問題が指摘されているが，本論文は収益認識に関する論点に限定するため，ここでは取り上げないこととした。

　買戻し義務がない場合については，公開草案に対する意見表明に明確な反対意見が見られなかったため，ここでは取り上げていない。補足として，山本，中島による論文から仕訳を示しておく。

---

(5) 企業会計基準委員会［2019］「企業会計基準公開草案第61号『収益認識に関する会計基準（案）』等に対するコメント」。
(6) 企業会計基準委員会事務局，公益財団法人財務会計基準機構編［2020］『詳解収益認識会計基準』109頁。PwCあらた有限責任監査法人編［2020］『収益認識の会計実務改訂版』340-341頁。

(2) 買戻し義務がない場合

山本，中島による「原則的な会計処理」(収益認識基準準拠[7])

①(借)	部　材（資　産）	90	(貸)	現　　　　　金	90	
②(借)	未　収　入　金	100	(貸)	部　材（資　産）	90	
				有償支給に係る負債	10	
③(借)	材　　　　　料	110	(貸)	買　　掛　　金	120	
	有償支給に係る負債	10				
④(借)	買　　掛　　金	120	(貸)	未　収　入　金	100	
				現　　　　　金	20	

②の時点で部材という棚卸資産が減少している点が特徴になる。部材は原価で貸方に記入され，借方は，支給先への請求権の金額である100を未収入金として計上する。差額は，買戻し義務がある場合にも論点となった，有償支給に係る負債として10計上する。収益は認識されない。

③の買戻し時に有償支給に係る負債10は買掛金に振り替えられる。借方の材料は90の減価に外注加工費相当の20を加算した110になる。④では，②で計上された未収入金100と買掛金120の差額が決済される。

Ⅳ　おわりに

有償支給取引については，基準，指針そしてそれ以前の実務においても，支給時に支給元は収益を認識しない。つまり，収益認識に関しては，会計基準および実務において齟齬は存在していないと考えられる。しかしながら，支給される部材の処理，有償支給に係る負債の認識，という収益認識以外の点で大きな論点が存在することが理解できた。これらの論点は，いずれも負債の定義，費用の定義に関連する重要な論点である。本章では収益の認識に限定して議論を展開してきたが，これらの論点についてもより良い基準設定に向けて，解決しなければならない。今後の検討課題としたい。

---

[7] 山本守，中島由紀子［2019］「収益認識基準における有償支給取引の論点」『経理情報』(2019.7.1) 15頁（なお著者が数値を改変している）。

第Ⅱ編　収益認識についての個別論点研究

〔参考文献〕
企業会計基準委員会［2020］『収益認識会計基準』中央経済社。
企業会計基準委員会［2017］「「収益認識に関する会計基準（案）等の公表」に対する意見について」。
企業会計基準委員会［2019］「企業会計基準公開草案第61号『収益認識に関する会計基準（案）』等に対するコメント」。
桜井久勝［2019］「有償支給取引の管理会計と財務報告」『商学論究』第66巻第4号（関西学院大学），453－469頁。
中原康宏，河上修一郎［2018］「有償支給取引の実務対応」『企業会計』第70巻第10号，54－58頁。
廣本敏郎，挽文子著［2015］『原価計算論第3版』中央経済社。
山本守，中島由紀子［2019］「収益認識基準における有償支給取引の論点」『経理情報』（2019.7.1），11－25頁。
有限責任監査法人トーマツ［2020］『ケース＆図解でわかる収益認識基準の基本と実務』中央経済社。
PwCあらた有限責任監査法人［2020］『収益認識の会計実務』中央経済社。

千葉啓司（千葉商科大学教授）

第16章

工事契約に関する収益認識[1]

Ⅰ　はじめに

　工事契約における会計基準としては2008年に公表された企業会計基準第15号「工事契約に関する会計基準」(以下，工事契約会計基準という)が存在していたが，収益認識に関しては「企業会計原則第二損益計算書原則」において「売上高は，実現主義の原則に従い，商品等の販売又は役務の給付によって実現したものに限る。ただし，長期の未完成請負工事等については，合理的に収益を見積もり，これを当期の損益計算に計上することができる(三B)」と規定しているのみであり，包括的な収益認識基準は存在していなかった。

　国際会計基準審議会(IASB)と米国財務会計基準審議会(FASB)との，収益費用アプローチにおける実現ではなく資産負債アプローチに基づいた収益認識基準を開発しようとする合同プロジェクトによる国際財務報告基準(IFRS)15号を受け，わが国では2018年3月に企業会計基準第29号「収益認識に関する会計基準」(以下，収益認識会計基準という)が公表された。本章では建設業における工事契約の収益認識に焦点を当てて検討する。

---

[1]　本章は，2023年9月30日公表の会計理論学会スタディグループ(主査　岩崎勇)『収益認識についての総合的研究〔最終報告書〕』会計理論学会，第2部第18章所収の浅野論文に基づいている。

Ⅱ 工事契約会計と工事進行基準

1 従来の工事契約における収益認識

　工事契約とは,仕事の完成に対して対価が支払われる請負契約のうち,土木,建築,造船や一定の機械装置の製造等,基本的な仕様や作業内容を顧客の指図に基づいて行うものをいう。

　従来の収益認識においては実現主義がとられており,①取引の相手方が存在し,②財又はサービスを相手方に提供し,③対価として現金又は現金同等物を受領する,という要件が求められていた。これは一般的には販売を契機として収益を認識するものである。しかしながら工事契約は一般的に長期にわたるため,企業会計原則においては「長期の未完成請負工事等については,合理的に収益を見積もり,これを当期の損益計算に計上することができる。」としており,「長期の請負工事に関する収益の計上については,工事進行基準又は工事完成基準のいずれかを選択適用することができる。」と規定していた(注解7)。ここでの工事進行基準は期末に工事進行程度を見積り,適正な工事収益率によって工事収益の一部を当期の損益計算に計上するというものであり,工事完成基準は工事が完成し,その引渡しが完了した日に工事収益を計上するというものである。

　このような工事進行基準と工事完成基準の選択適用が認められる状況の下では,同様の内容の工事契約であっても企業の選択により異なる収益額が計上されることになり,財務諸表の比較可能性が損なわれるという批判があった[2]。

2 工事契約会計基準

　2008年に企業会計基準委員会(ASBJ)は企業会計基準第15号「工事契約に関

---

[2] 工事契約会計基準適用前のゼネコン各社の完成工事高の計上基準を見ると,請負金額が大きく工期が長いものは工事進行基準,それ以外は工事完成基準が適用されてい

する会計基準」を公表した。これは前年の2007年にASBJとIASBが会計基準における国際的な統合を目指した合意（東京合意）を受けてのものである。IASBの工事契約に関する会計基準（IAS 11）では工事契約においてわが国のように企業の裁量による選択適用は認められておらず，また前述のようにわが国の規定に対しては比較可能性が損なわれるという批判があったために設定されたものである。

　この工事契約会計基準では期間の長短という観点ではなく，工事の進捗度について信頼性をもって見積もることができるのかという観点から工事進行基準を適用するべきケースと工事完成基準を適用するべきケースとに分類している[3]。すなわち，工事の進捗過程で進捗部分について成果の確実性が認められる場合には工事進行基準を適用し，認められない場合には工事完成基準を適用する。ここでの「成果の確実性」は，①工事収益総額，②工事原価総額，③決算日における工事進捗度，の各要素について信頼性をもって見積もることができる場合に認められるものであり，これら①から③の要素は工事進行基準における売上高の算定において重要なものである。

　成果の確実性が認められず，工事完成基準を適用する場合には，工事が完成し，目的物の引き渡しを行った時点で工事収益と工事原価を損益計算書に計上する。工事の完成・引き渡しまでに発生した工事原価は未完成工事支出金等の適切な科目でもって貸借対照表に計上される。

3　工事進行基準の論拠

　従来の伝統的な会計基準においては発生主義会計の下，実現主義が収益認識

たが，各社が工事進行基準を適用する際の基準は次のように各社で異なっていた。

	大 成 建 設	鹿 島 建 設	竹中工務店
請 負 金 額	10億円以上	1億円以上	50億円以上
工　　　期	1年以上	1年超	2年超

（2008年3月期の各社の有価証券報告書をもとに筆者作成）

(3)　工事契約会計基準における「工事進行基準」とは，工事契約に関して，工事収益総額，工事原価総額及び決算日における工事進捗度を合理的に見積り，これに応じて当

基準として採用されていた。この実現の要件としては先に挙げた，①取引の相手方が存在し，②財またはサービスを相手方に提供し，③対価として現金または現金同等物を受領する，という要件が求められていた。これは，収益の確定性と，それにより算定された利益の資金的裏付けを重視するものである。一般的に実現は販売の事実をもってその要件を満たすと考えられる。このような実現主義にのっとって考えるのであれば，工事完成基準が実現主義に基づくものであり，工事進行基準については発生主義的な適用形態であり，実現主義の例外としてとらえる考え方がある。

発生主義とは経済価値の増減の原因となる事象の発生によって収益費用を認識するものであり，販売の事実や資金的な裏付けを必ずしも必要としていない。工事進行基準によれば相手方への引渡し前に収益を認識することになるので，この点に着目すれば発生主義的な適用であると考えられる。例えば黒澤［1977］は，「長期の未完成請負工事の仕掛勘定については，実現主義の例外を認め，工事完成前の各決算期に予想利益を見積って計上することが，会計慣行上許容されている。」（黒澤［1977］212頁）と述べている。

これに対し，工事進行基準を実現主義の範囲内とする考え方もある。実現の範囲を「実現可能」をも包含するものと解釈するのであるならば，工事進行基準は実現主義によるものといえる。長期の請負工事の場合には契約が取り交わされているために実現の可能性が高い。この点につき山桝・嶌村は「長期請負工事の場合には，契約に基づく工事であるために実現が保証されており，それゆえにまた工事未完成の段階でも進行程度に見合う収益の計上を認めうるわけである。」（山桝・嶌村［1977］38頁）と述べている。また実現主義における要件である対価の受領の側面から見ても，工事契約の対価が工事完成後にまとめて支払われることはまれであり，通常は契約段階，仕掛中，完成後と工事の進行に応じて複数の時点で支払われることから，実現の要件を満たしているといえ

期の工事収益及び工事原価を認識する方法をいう。また，「工事完成基準」とは，工事契約に関して，工事が完成し，目的物の引渡しを行った時点で，工事収益及び工事原価を認識する方法をいう。（基準6項(3), (4)）

る。

　これらのことから，工事進行基準を工事の途中で収益を認識するという発生主義の適用形態とみるのはあくまで外形的な取引の特徴に着目したに過ぎず，実質優先主義の考え方にもとづけば，工事進行基準も実現主義の範疇であるといえるだろう（倉田［2018］38頁）。

　工事完成基準によれば収益は工事が完成し引き渡した期間に一括して計上されるため，期間利益が著しく変動することになる。この場合には期間利益の業績指標性にも問題が生じるといえるだろう。収益は工事が完成し引き渡した時点で一気に発生するわけではなく，それ以前の工事が行われている複数の会計期間にわたり徐々に形成されるものである。また，通常は契約により完成までの期間に複数回にわたり顧客からの支払を受け，実現の要件を満たしていると考えられる。この場合，工事の進行に従って成果としての収益を認識する工事進行基準のほうが収益と費用の対応という観点から企業の業績をより忠実に表現していると考えられる。

収益認識会計基準における工事契約にかかる収益認識

1　履行義務が充足される期間の判定

　工事契約における収益認識で最も問題となるのがステップ5の履行義務の充足である。収益認識会計基準35項では，「企業は約束した財又はサービス（本会計基準において，顧客との契約の対象となる財又はサービスについて，以下「資産」と記載することもある。）を顧客に移転することにより履行義務を充足した時に又は充足するにつれて，収益を認識する。資産が移転するのは，顧客が当該資産に対する支配を獲得した時又は獲得するにつれてである。」と述べている。長期請負工事は長期にわたり履行義務が充足される性質のものである。それゆえ履行義務が一定期間にわたり充足されるのか，それとも一時点に充足される

のかが問題となるのである。

　この点につき，一定期間にわたり履行義務が充足される判定基準として，収益認識会計基準38項では，次のように述べている。

「次の(1)から(3)の要件のいずれかを満たす場合，資産に対する支配を顧客に一定の期間にわたり移転することにより，一定の期間にわたり履行義務を充足し収益を認識する。

(1)　企業が顧客との契約における義務を履行するにつれて，顧客が便益を享受すること

(2)　企業が顧客との契約における義務を履行することにより，資産が生じる又は資産の価値が増加し，当該資産が生じる又は当該資産の価値が増加するにつれて，顧客が当該資産を支配すること

(3)　次の要件のいずれも満たすこと

　①　企業が顧客との契約における義務を履行することにより，別の用途に転用することができない資産が生じること

　②　企業が顧客との契約における義務の履行を完了した部分について，対価を収受する強制力のある権利を有していること」

　上記の要件を工事契約に当てはめて検討することにする。

　収益認識会計基準38項(1)については土地や建物の賃貸借や資金の貸し付けなどの継続的なサービスの提供を前提としたものであり，基本的に工事契約を対象とはしていないと考えられる[4]。38項(2)の要件に関しては工事契約書の記載内容によるが，例えば，顧客の土地に建物を建設する工事契約の場合が考えられる。これは，工事が進むにつれて建物の価値は増加するが，顧客が所有する

---

[4]　これを工事契約に当てはめるとするならば，例えば工事が途中で契約解除になり，他の業者が工事を続行するといった場合が考えられる。適用指針9項では「仮に他の企業が顧客に対する残存履行義務を充足する場合に，企業が現在までに完了した作業を当該他の企業が大幅にやり直す必要がないときには，企業が顧客との契約における義務を履行するにつれて，顧客が便益を享受するものとする」と述べている。この場合にはそれまでに完了した作業についてやり直す必要がなければ，顧客は当該企業の作業が完了した部分については便益を享受すると考えることができる。

第16章　工事契約に関する収益認識

土地に建物を建設している場合，顧客が建設中の建物を物理的に占有していると考えられるためである。38項(3)の要件については，①については，例えば，顧客仕様にカスタマイズされた建物を建設する工事が該当するといえる。また，②の要件については，例えば，顧客の設計図に基づいた工法等により部材を製作し納品する請負契約で，かつ中途解約となった場合でも企業が履行義務を果たさなかったという理由で契約解除される以外は，少なくとも履行を完了した部分については対価を請求する権利を有しているものと推測されるが，実際は工事契約書の内容によるものと考えられる。

　一定期間にわたり履行義務が充足される場合には，履行義務の充足に係る進捗度の見積りが必要となる（基準41項）。一定の期間にわたり充足される履行義務については，単一の方法で履行義務の充足に係る進捗度を見積り，類似の履行義務及び状況に首尾一貫した方法を適用する（基準42項）。履行義務の充足に係る進捗度を合理的に見積ることができる場合にのみ，一定の期間にわたり充足される履行義務について収益を認識し（基準44項），合理的に見積もることができない場合には当該履行義務を充足する際に発生する費用を回収することが見込まれる場合には，履行義務の充足に係る進捗度を合理的に見積ることができる時まで，一定の期間にわたり充足される履行義務について原価回収基準により処理する（基準45項）。

　したがって，収益認識会計基準38項の要件を満たし，進捗度を合理的に見積もることができるものが一定期間にわたり充足される履行義務ということになり，進捗度を合理的に見積もることができない場合には原価回収基準によることになる。

　なお，収益認識会計基準適用指針では工事契約の期間がごく短いものについては代替的な取り扱いが認められている。これは，契約における取引開始日から履行義務を完全に充足すると見込まれる時点までの期間がごく短い場合には，一定の期間にわたり収益を認識するのではなく，完全に履行義務が充足されたときに収益を認識するというものである（指針95－96項）。この点については工事契約会計基準においても「工期がごく短いものは，通常，金額的な重要性が

191

乏しいばかりでなく，工事契約としての性格にも乏しい場合が多いと想定される。このような取引については，工事進行基準を適用して工事収益総額や工事原価総額の案分計算を行う必要はなく，通常，工事完成基準を適用することになると考えられる」（基準53項）とされており，収益認識適用指針においても工期がごく短いものは通常，金額的にも重要性は乏しいと想定され，完全に履行義務を充足した時点で収益を認識しても財務諸表間の比較可能性を大きく損なうものではないと考えられるために代替的な取り扱いを認めている（指針168項）。

2　進捗度の見積り

　履行義務の充足に係る進捗度の見積りにあたってはアウトプット法とインプット法とがあり，いずれを適用するかについては財又はサービスの性質による（指針15項）。ここでアウトプット法とは現在までに移転した財又はサービスの顧客にとっての価値を直接的に見積るものであり，現在までに移転した財又はサービスと契約において約束した残りの財又はサービスとの比率に基づき，収益を認識するものである。アウトプット法に使用される指標には，現在までに履行を完了した部分の調査，達成した成果の評価，達成したマイルストーン，経過期間，生産単位数，引渡単位数等がある（指針17項）。これは，例えば決算日における工事完了部分を施工面積等の直接的な指標により測定し，契約における残存部分と当期の工事完了部分との比率に基づいて収益を認識する方法である。

　インプット法とは履行義務の充足に使用されたインプットが契約における取引開始日から履行義務を完全に充足するまでに予想されるインプット合計に占める割合に基づき，収益を認識するものである。インプット法に使用される指標には，消費した資源，発生した労働時間，発生したコスト，経過期間，機械使用時間等がある。企業のインプットが履行期間を通じて均等に費消される場合には，収益を定額で認識することが適切となることがある（指針20項）。工事契約会計基準において採用されていた見積方法である原価比例法は「決算日までに実施した工事に関して発生した工事原価が工事原価総額に占める割合を

もって決算日における工事進捗度とする方法をいう。」(基準6項(7))ため，このインプット法に該当するということができる。

工事契約会計基準では「決算日における工事進捗度は，原価比例法等の，工事契約における施工者の履行義務全体との対比において，決算日における当該義務の遂行の割合を合理的に反映する方法を用いて見積る。工事契約の内容によっては，原価比例法以外にも，より合理的に工事進捗度を把握することが可能な見積方法があり得る。このような場合には，原価比例法に代えて，当該見積方法を用いることができる」(基準15項)と規定しており，この原価比例法以外の方法として収益認識会計基準ではアウトプット法が提示された。

アウトプット法は工事完了部分を測定して収益を認識するため，履行義務の充足を直接的に反映することが可能であるといえる。しかし，インプット法の一例である原価比例法は，発生原価という比較的容易に把握できる指標をもとに進捗度を測定できるため，実務では広く用いられてきたという背景がある[5]。

Ⅳ　おわりに
－工事契約における収益認識会計基準の意義－

収益認識会計基準は財又はサービスの顧客への移転と，企業が権利を得ると見込む対価の額で収益を認識する点においては従来の実現主義と変わらないようにも思える。工事契約においても履行義務の充足という基準に従った収益認識は，工事の完成前に段階的に収益を計上するという点で結果的にそれまでの

---

[5] 収益認識基準適用後の大手ゼネコン各社の会計処理方針を見ると，進捗度の測定にあたっては原価比例法を採用している企業が大多数である。例えば大成建設の有価証券報告書では以下のように記載されている。
「土木・建築事業においては，工事契約を締結しており，工事の進捗に応じて一定の期間にわたり履行義務が充足されると判断していることから，少額またはごく短い工期を除き，履行義務の充足に係る進捗度に基づき収益を認識しております。なお，履行義務の充足に係る進捗度の見積りは，当該連結会計年度末までに実施した工事に関して発生した工事原価が工事原価総額に占める割合をもって工事進捗度とする原価比例法によっております。」(大成建設2023年3月期有価証券報告書)

第Ⅱ編　収益認識についての個別論点研究

工事契約会計基準における工事進行基準と同様の効果を企業にもたらすといえよう。

　しかしながら実現主義は企業の顧客への財又はサービスの移転という働きかけをもって，すなわち資産・負債の増減の要因によって収益を認識するのであり，フロー概念であるといえるが，収益認識会計基準では履行義務の充足という資産・負債に焦点を当て，ストックの変動によって収益を計上する点で異なっている。この意味で収益認識会計基準は資産負債アプローチにより収益を認識しようとしているのである。

　収益認識会計基準においては資産・負債の変動について支配概念を用い，支配の移転によって収益をとらえようとしている。工事契約に関しては収益認識会計基準136項では「顧客の土地の上に建設を行う工事契約の場合には，通常，顧客は企業の履行から生じる仕掛品を支配する」と述べている。しかしながら，例えば建設中の建物に対して顧客が当該建物の使用を指図し，当該建物からの便益を享受するとは考えにくいという批判もある（万代［2015］3頁）。

　収益認識会計基準は収益の認識に関して包括的な規定を目指したものであるが，それゆえ工事契約に限ると収益認識の鍵概念である「支配」が把握しづらくなっているといえる。工事契約に関連し，収益認識における「支配」の概念について検討されることが望ましい。

　収益認識会計基準の規定は従来の工事契約会計基準における工事進行基準の規定を資産負債アプローチの観点からとらえなおしたものと解釈できよう。工事契約に関しては業界特有の処理が多く，それゆえ独自の基準が設けられてきた。これを統一的な基準にまとめることの有用性や問題点についてさらに検討を重ねる必要があるだろう。

〔参考文献〕
浅野千鶴［2023］「工事契約に関する収益認識」会計理論学会スタディグループ（主査岩崎勇）『収益認識についての総合的研究〔最終報告書〕』会計理論学会，第2部第18章所収。

倉田幸路［2018］「収益認識に関する工事進行基準の理論的説明の合理性について」『青山アカウンティング・レビュー』2018年第8号，34-39頁。
黒澤清［1977］『近代会計学』春秋社。
佐々木隆志［2016］「新収益認識基準におけるもう一つの資産負債アプローチ」『會計』第189巻第6号，1-13頁，森山書店。
万代勝信［2013］「収益認識プロジェクトの展開」『會計』第184巻第3号，1-14頁，森山書店。
万代勝信［2015］「我が国への収益認識基準の導入に向けて」『會計』第188巻第3号，1-14頁，森山書店。
山桝忠恕・嶌村剛雄［1977］『体系財務諸表論（基準編）』税務経理協会。

浅野千鶴（明治大学専任講師）

第17章

役務提供取引に関する収益認識

I はじめに

　サービス（役務）は「提供」されると同時に「消費」されるのが通常である。そのため，収益認識基準に照らしたとき，サービスに対する支配の移転がどのようになされているのかが問題となる。

　本章では役務提供取引に焦点を合わせ，新しい収益認識会計基準がどのような枠組みをなしているかを概観したうえで，わが国経済を支える重要な産業たる海運業を題材として，役務提供取引に関する収益認識がいかになされるかについて考察する[1]。

II 役務提供取引に関する収益認識

1　会計基準の基本的枠組み

　企業会計原則では，収益の認識について「すべての費用及び収益は，その支

---

[1] 本章は，会計理論学会スタディグループ（主査　岩崎勇）『収益認識についての総合的研究〔最終報告書〕』会計理論学会，2023年9月30日公表の第2部第19章所収の石山［2003b］に基づいている。

第Ⅱ編　収益認識についての個別論点研究

出及び収入に基づいて計上し，その発生した期間に正しく割当てられるように処理しなければならない。ただし，未実現収益は，原則として，当期の損益計算に計上してはならない」（「企業会計原則」第二・一A）と定めた上で，「売上高は，実現主義の原則に従い，商品等の販売又は役務の給付によって実現したものに限る」（「企業会計原則」第二・三B，下線筆者（以下同じ））とする。つまり，役務収益も実現主義に従うことを明示している。

　これに対し，収益認識基準では，ステップ5において次のように定める（基準17(5)項）。「約束した財又はサービスを顧客に移転することにより履行義務を充足した時に又は充足するにつれて，充足した履行義務に配分された額で収益を認識する。履行義務は，所定の要件を満たす場合には一定の期間にわたり充足され，所定の要件を満たさない場合には一時点で充足される」。ここで注目すべきは，収益の認識が「履行義務の充足」に依存することである。換言すれば，収益を認識する場合には，それと同時もしくはそれ以前に「履行義務」[2]が把握されなければならない。

　それでは，「履行義務の充足」は，何をもって判定されるのか。これに関しては，次のように規定される（基準35項）。「企業は約束した財又はサービス（本会計基準において，顧客との契約の対象となる財又はサービスについて，以下「資産」と記載することもある。）を顧客に移転することにより履行義務を充足した時に又は充足するにつれて，収益を認識する。資産が移転するのは，顧客が当該資産に対する支配を獲得した時又は獲得するにつれてである」。当該規定で明らかなように，「履行義務の充足」は，約束した財又はサービス（＝資産）が「顧客に移転」する時点もしくは期間である。その資産の顧客への移転は何が要件とされるのかといえば，「顧客が当該資産に対する支配を獲得」することである。これらを整理してみれば，収益認識の指標は「履行義務の充足」にあり，

---

[2]　ここに「履行義務」とは，「顧客との契約において，次の(1)又は(2)のいずれかを顧客に移転する約束をいう。
　(1)　別個の財又はサービス（あるいは別個の財又はサービスの束）
　(2)　一連の別個の財又はサービス（特性が実質的に同じであり，顧客への移転のパターンが同じである複数の財又はサービス）」（基準7項）。

「履行義務の充足」の指標は「資産の顧客への移転」にあり、「資産の顧客への移転」の指標は「資産に対する支配の獲得」にあるということになる[3]（図17－1）。

図17－1　収益認識の構造

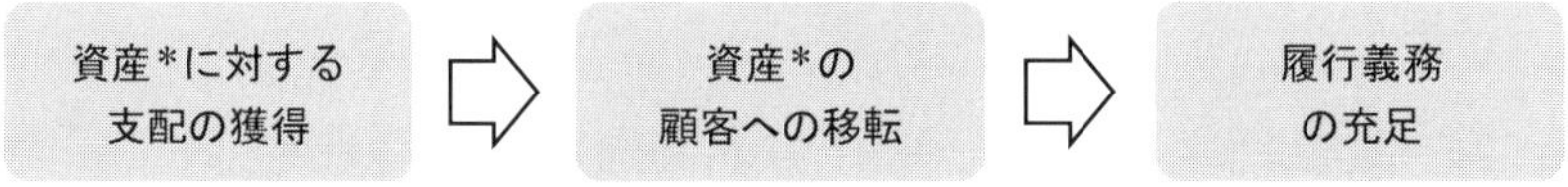

資産＊に対する支配の獲得 ⇒ 資産＊の顧客への移転 ⇒ 履行義務の充足

＊資産：顧客との契約の対象となる財又はサービス

ここで、企業会計原則と収益認識基準の収益認識の規定おける区分（ないし分類）の視点を比べる。企業会計原則では「商品等の販売」と「役務の給付」に分けており、いわば取引形態別に捉えている。これに対して、収益認識基準では、履行義務が「一時点で充足」されるか、「一定の期間にわたり充足」されるかで分け、資産の引き渡しタイミング別で捉えている[4]。これを整理したものが表17－1である。

表17－1　収益認識における区分の視点

	「企業会計原則」	「収益認識基準」
区分の視点	商品等の販売（財）	一時点で履行義務充足
		一定の期間にわたり履行義務充足
	役務の給付（サービス）	一時点で履行義務充足
		一定の期間にわたり履行義務充足

一般的な解釈によれば、企業会計原則における収益認識は、収益費用アプローチに基づく「実現」（realization）がメルクマールとされ、一方収益認識基準における収益認識は、資産負債アプローチに基づく「履行義務の充足」

---

[3] 石山［2019］163頁。
[4] 識別された履行義務のそれぞれが、一定の期間にわたり充足されるものか又は一時点で充足されるものかは、契約における取引開始日に判定することが要求されている（基準36項）。

（satisfaction of performance obligations）がメルクマールとされよう。このように収益認識の根本的ロジックと切り分けの基準が変化したものの、収益認識基準がIFRS 15と同様、その収益認識モデルにおいて当初取引価格アプローチ（original transaction price approach）に立脚しているとみる限り、実務適用上大きな変化はないといえよう。

2　「一定の期間にわたり充足」される履行義務の判定

　前記のとおり収益認識基準では、役務提供における収益認識につき、所定の要件を満たす場合には「一定の期間にわたり充足」され、所定の要件を満たさない場合には「一時点で充足」される。したがって、そこで問題となるのは「所定の要件」の適用である。これにかんし収益認識基準は、次のように定める（基準38項）。

「次の(1)から(3)の要件のいずれかを満たす場合、資産に対する支配を顧客に一定の期間にわたり移転することにより、一定の期間にわたり履行義務を充足し収益を認識する。

(1)　企業が顧客との契約における義務を履行するにつれて、顧客が便益を享受すること

(2)　企業が顧客との契約における義務を履行することにより、資産が生じる又は資産の価値が増加し、当該資産が生じる又は当該資産の価値が増加するにつれて、顧客が当該資産を支配すること

(3)　次の要件のいずれも満たすこと

　①　企業が顧客との契約における義務を履行することにより、別の用途に転用することができない資産が生じること

　②　企業が顧客との契約における義務の履行を完了した部分について、対価を収受する強制力のある権利を有していること」

　これらにつき具体例を挙げれば、「一定の期間にわたり充足」される履行義務となった役務収益中、識別規準(1)で判定された役務収益は、期間極めの役務提供取引（例：清掃サービス、輸送サービス、経理処理等の請負サービス）が該当し、

識別規準(2)で判定された役務収益は，顧客が所有する土地で行われる建物建築工事等が該当し，識別規準(3)で判定された役務収益は，コンサルティングサービス，ソフトウェアの制作，建物建築工事等が該当する(5)。また，「一定の時点で充足」される履行義務となった役務収益としては，機械装置の故障修理等が該当する(6)。

　この判断規準中，「一時点で充足」される履行義務となった役務収益は一時点で収益が認識され，「一定の期間にわたり充足」される履行義務となった役務収益は一定期間で収益が認識される。これらを従来の収益認識における一般的な方法名称に当てはめれば，「一時点で充足」される履行義務となった役務収益は「販売基準」(sales basis)であり，「一定の期間にわたり充足」される履行義務となった役務収益は「生産基準」(production basis)に相当するといえよう。

　なお，「一定の期間にわたり充足」される履行義務となった役務収益の認識にかんして，辻山［2023］は，次のように批判する(7)。すなわち，「(基準38項で示されている；筆者注)具体的な要件は，例えば『(1)企業が顧客との契約における義務を履行するにつれて，顧客が便益を享受すること』のように，支配の移転としての具体的な指標というよりは，収益を認識することができると解釈できる事象を列挙するような建付けになっている。

　したがって収益認識基準は，『一時点で充足される履行義務』については『支配の移転』という視点を取り入れることによって，DPが意図したようなより明確な収益認識時点を特定できる道を開いたといえるが，『一定の期間にわたり充足される履行義務』については『支配の移転』という視点を持ち込むことで，かえって具体的な指標の説得力を損なわせている」と。つまり「支配の移転」という鍵概念は，「一定時点で充足」される履行義務とは整合しているものの，「一定の期間にわたり充足される履行義務」とは整合的ではないという批判である。

---

(5)　太田［2021］176頁。
(6)　太田［2021］180頁。
(7)　辻山［2023］43頁。

3　履行義務の充足にかかる進捗度

「一定の期間にわたり充足」される履行義務となった役務収益は、一定期間で収益が認識されるが、その際いかなるパターンで収益を認識するのかが問題となる。これに関し収益認識基準では、「一定の期間にわたり充足される履行義務については、履行義務の充足に係る進捗度を見積り、当該進捗度に基づき収益を一定の期間にわたり認識する」（基準41項）[8]。もし、履行義務の充足に係る進捗度を合理的に見積ることができない場合には、「当該履行義務を充足する際に発生する費用を回収することが見込まれる場合には、履行義務の充足に係る進捗度を合理的に見積ることができる時まで、一定の期間にわたり充足される履行義務について原価回収基準により処理する」こととされる（基準45項）。

ここに「原価回収基準」とは、履行義務を充足する際に発生する費用のうち、回収することが見込まれる費用の金額で収益を認識する方法をいう（基準15項）。換言すれば、実際に生じた原価額をそのまま収益として認識する方法といえる。当該方法は、従来適用されていたが、今般の収益認識基準導入にて消滅することとなった企業会計基準第15号「工事契約に関する会計基準」においては認められていなかったまったく新しい会計処理である。

Ⅲ　役務提供取引に関する収益認識の具体例
　　－海運業における収益認識－

1　海運業の損益計算書

海運業は「海上運送法」に基づいて事業が行われるが、「財務諸表等規則」

---

[8]　ただし、「履行義務の充足に係る進捗度を合理的に見積ることができる場合にのみ、一定の期間にわたり充足される履行義務について収益を認識する」ことが要求されている（基準44項）。

第2条に定める特定事業（別記事業）を営む株式会社に該当するため，個別財務諸表の作成においては「海運企業財務諸表準則」に従うことになる。

「海運企業財務諸表準則」における開示上，一般事業会社に適用される「財務諸表等規則」と比較した際，特に大きく異なるのは損益計算書である。一般事業会社における売上原価（ないし役務原価）は，海運業にあってはまず海運業費用を差し引いたうえで海運業利益を明示し，次いでそれにその他事業収益とその他事業費用を加減したうえで営業総利益を明示する。また販売費及び一般管理費の代わりに一般管理費が明示される[9]。

2　海運業における収益認識基準導入前の収益認識

海運会社の主な収益源は，海運業利益の源泉となる海運業収益，すなわち①運賃（貨物運賃等），②賃船料，③その他海運業収益である。①貨物運賃は，荷主との間で締結した貨物運送契約に基づき，貨物運送することによる収益である。貨物運賃の収益認識方法は複数ある（図17-2）。それは海運活動が一航海につき数週間から数ヶ月を要するという事業的特質に由来する。

「積切（出帆）基準」とは，貨物を船舶に積む時点，もしくは積地を出航した時点で運賃収益を認識するもの，「航海日割基準」とは，航海開始から航海完了までの予定日数に占めるその期の航海日数の比率で総運賃を期間配分して運賃収益を認識するもの，「航海完了基準」とは，貨物を船舶より荷揚げした時点で運賃収益を認識するものである。収益認識基準適用前においては，貨物運賃（不定期船）については航海完了基準が適用されているケースが多い。②賃船料は，傭船契約に基づき，他社に船舶を貸し出すことによる収益である。賃船料の収益認識基準は，傭船契約に基づき傭船期間のうち事業年度内に経過

---

[9] 石山［2021］185-186頁。これらの損益区分と利益から判明することは，一般事業会社では営業収益活動イコール物品引き渡しないし役務提供活動のみであるのに対し，海運業では営業活動に濃淡をつけ，中核事業たる損益と営業外ではないものの中核事業にはあたらない事業の損益とを分けていることである。なお，一般事業会社に存在する販売費及び一般管理費が海運業において一般管理費とされているのは，販売という概念が海運業には存在しないためであろう。

第Ⅱ編　収益認識についての個別論点研究

した日数を日割計上していると考えられる[10]。

図17-2　運賃にかかる収益認識

前航海地点の港　→航海→　積地の港（発港地）　→航海→　揚地の港（帰港地）

　　　　　　　　　　　t1　　　　　t1－t2　　　　　t2
　　　　　　　　積切（出帆）基準　航海日割基準　航海完了基準

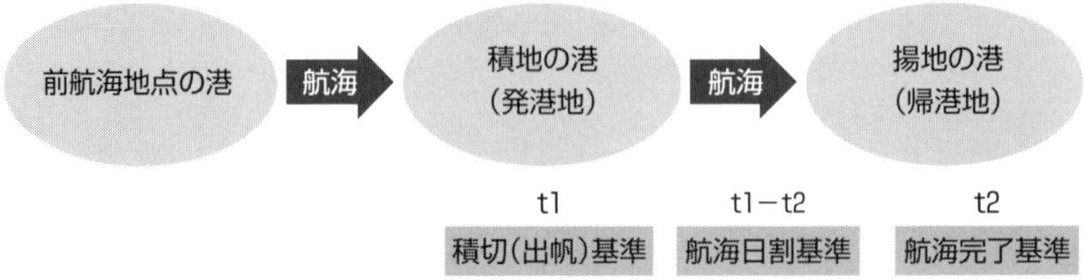

3　海運業における現行の収益認識

　収益認識基準は，2021年4月より強制適用されている。これにより，海運会社における貨物運賃にかかる収益認識も変更がなされた。例えば，海運最大手の日本郵船の有価証券報告書（第135期（自2021年4月1日至2022年3月31日），日本基準）では，連結財務諸表における注記事項中「会計方針の変更」として，下記のような記述がみられる。

> （収益認識に関する会計基準等の適用）
> 「収益認識に関する会計基準」（企業会計基準第29号　2020年3月31日。以下「収益認識会計基準」という。）等を当連結会計年度の期首から適用し，約束した財又はサービスの支配が顧客に移転した時点で，当該財又はサービスと交換に受け取ると見込まれる金額で収益を認識することとしています。これにより，従来は，航海の完了時に海運業収益を計上する航海完了基準（ただし，コンテナ船については複合輸送進行基準）を採用してきましたが，当連結会計年度の期首より，主として航海期間における日数に基づき，履行義務の充足に係る進捗度を合理的に見積り，収益を計上する方法に変更しています。

　海運業収益の大半を占める①貨物運賃は，収益認識基準で規定する「一定の期間にわたり充足」される履行義務であり，「企業が顧客との契約における義務を履行するにつれて，顧客が便益を享受する」（基準38(1)項）という要件を満

---
[10]　石山［2021］188－189頁。

たすため，資産に対する支配を顧客に一定の期間にわたり移転することにより，一定の期間にわたり履行義務を充足し収益を認識することとなる。つまり，従来適用されていた「積切基準」や「航海完了基準」は，原則として認められない。そこで，「履行義務の充足に係る進捗度を見積り，当該進捗度に基づき収益を一定の期間にわたり認識する」（基準41項）方法たる「航海日割基準」が，現在では原則的な収益認識基準となる[11]。

Ⅳ　おわりに

収益認識基準の適用開始に伴い，海運業における貨物運賃にかかる収益認識は，従前の「航海完了基準」から「航海期間における日数に基づき，履行義務の充足に係る進捗度を合理的に見積り，収益を認識」する方法，すなわち「航海日割基準」へと移行したことが確認された。これは，当該基準の要諦でもある「履行義務の充足」の観点による結果であり，その根底には「資産に対する支配の移転」という概念が横たわっている。しかしながら当該概念は，物品販売に適用する場合ならばとくだんの問題もないかに見えるが，海運業における貨物運賃などには妥当するのであろうか。これに関しては明瞭に「疑義なし」とは，言明できないのではなかろうか。然らば役務提供取引において「履行義務の充足」を具現化する概念（ないし事象）を，さらに探求する必要性があるようにも思われる。

---

[11] 「航海日割基準」は，従来存在し，収益認識基準により廃止された企業会計基準第15号「工事契約に関する会計基準」が一定の条件下で認めていた「工事進行基準」と考え方を同じくする収益認識方法と捉えられる。ただし，「工事進行基準」はその名称も含め，現下では使用されないことに留意すべきであろう。すなわち，「工事契約に関する会計基準」（14項の見出し：工事進行基準の適用による工事収益及び工事原価の計上）では「…工事進捗度を合理的に見積り，これに応じて当期の工事収益及び工事原価を損益計算書に計上」されたが，収益認識基準（17(5)項）では前記のように「約束した…サービスを顧客に移転することにより履行義務を…充足するにつれて，充足した履行義務に配分された額で収益を認識する。履行義務は，…一定の期間にわたり充足され…る」こととなった。

第Ⅱ編　収益認識についての個別論点研究

　また，役務提供取引に関する収益認識につき，収益認識基準の適用開始に伴い，会計方針における「収益の計上基準」としての文言に業種を問わず統一性が見られるようになったことも，特筆すべき点であろう。すなわち，従来は広い意味では同じロジックに基づく収益認識でありながら，業種によって収益計上の文言が異なっていた。具体例を掲げれば，海運業における貨物運賃の計上基準では「航海完了基準」や「航海日割基準」，ゼネコン等における完成工事高の計上基準では「工事完成基準」や「工事進行基準」といった業界固有の名称である。これに対し収益認識基準の適用後では，海運業における貨物運賃の計上基準では「航海期間における日数に基づき，履行義務の充足に係る進捗度を合理的に見積り，収益を認識」[12]という文言に，またゼネコン等における完成工事高の計上基準では「土木・建築事業においては，工事契約を締結しており，工事の進捗に応じて一定の期間にわたり履行義務が充足されると判断していることから，少額又は期間がごく短い工事を除き，履行義務の充足に係る進捗度に基づき収益を認識」[13]といった具合である。これらは収益認識における区分の視点が従来（企業会計原則）の取引形態別であったものが，今般（収益認識基準）の資産の引き渡しタイミング別に変更されたことと整合していると考えられる。しかし，それが財務情報利用者の投資意思決定における理解可能性に対しより有用な変更であるかどうかは，前記第一の観点とともに，今後さらなる検討が必要になろう。

〔参考文献〕
石山宏［2019］「収益認識会計基準導入にかかる簿記的考察」菊谷正人編著『会計学と租税法の現状と課題』第12章，税務経理協会。
石山宏［2021］第14章「海運業の会計」小野正芳編著『27業種別　簿記・会計の処理と表示』所収，中央経済社。

---

[12]　日本郵船株式会社　有価証券報告書（第136期（2022/04/01－2023/03/31））会計方針の注記事項。
[13]　大成建設株式会社　有価証券報告書（第163期（2022/04/01－2023/03/31））会計方針の注記事項。

第17章　役務提供取引に関する収益認識

石山宏〔2023a〕「新勘定科目管見－収益認識会計基準における新勘定科目の検討－」『山梨国際研究』第18号。
石山宏〔2023b〕「役務提供取引に関する収益認識－海運業を題材として－」会計理論学会スタディグループ（主査　岩崎勇）『収益認識についての総合的研究〔最終報告書〕』会計理論学会，第19章所収。
太田達也〔2021〕『「収益認識会計基準と税務」完全解説』税務研究会出版局。
辻山栄子〔2023〕「『企業会計原則』再考　収益—『実現主義』の普遍性」『企業会計』第75巻第1号。
EY新日本有限責任監査法人〔2021〕『業種別会計シリーズ　海運業（改訂版）』中央経済社。

石山宏（山梨県立大学教授）

第18章

ライセンス供与に関する収益認識

I はじめに

　本章では，企業会計基準第29号「収益認識に関する会計基準」（以下，収益認識基準と略す）及び企業会計基準適用指針第30号「収益認識に関する会計基準の適用指針」（以下，指針と略す）におけるライセンス供与に関する収益認識について考察する[1]。

　ライセンスとは，「企業の知的財産に対する顧客の権利を定めるもの」（指針61項）と定義される。ここにいう知的財産にはソフトウェア及び技術，動画，音楽及び他の形態のメディア・エンターテインメント，フランチャイズ，特許権，商標権及び著作権といったものがある（指針143項）。

　以下では，ライセンス供与の収益認識に関する会計処理を考察するとともに，収益認識基準がライセンス供与に係る収益認識の会計実務に与えた影響を明らかにする。

---

[1] 本章は，会計理論学会スタディグループ（主査　岩崎勇）『収益認識についての総合的研究〔最終報告書〕』会計理論学会，第20章所収の大野［2023］に基づいている。

Ⅱ ライセンス供与に関する収益認識の会計処理

1 ライセンス契約に含意される約束

ライセンスは同一の契約書において他の財又はサービスと組み合わせて供与されることが多々ある[2]。そのため収益認識基準（61項，62項）では，ライセンス供与の約束が，他の財又はサービスを移転する約束と区別できるか否かを最初に判定するものとしている。

この判定は基本的に契約書に記された内容をもとにする。ただし，契約書に明記されないとしても，企業が履行するという合理的な期待を顧客に生じさせるものは，契約に含意された約束として捉えられる（片山［2019］20頁）。例えば，フランチャイズのライセンス供与の契約により，商標権の使用許諾と商品販売権の提供を約束したとする。このとき，企業が商品の嗜好分析や販売促進キャンペーンを取引慣行として実施していれば，契約書に明記されなくともこれらの取引慣行は契約に含意された約束となる。

2 ライセンス供与の約束と他の約束との区別

ライセンス供与の約束が他の財又はサービスを移転する約束と区別できるか否かは，履行義務の充足の判定や取引価格の算定と配分に係る重要な問題である。

(1) ライセンス供与の約束と他の約束が区別できない場合

ライセンス供与の約束が他の財又はサービスを移転する約束と区別できない場合は，両者を一括して単一の履行義務とし，一定の期間にわたり充足される

---

[2] この例として情報サービス産業の複合取引がある。「サービスの提供や機器（ハードウエア）の販売のように異なる種類の取引を同一の契約書等で締結しているもの」を複合取引という（上原［2019］14頁）。

履行義務か又は一時点で充足される履行義務かを判定する（基準61項）。例えば，特許権のライセンス供与において特殊な機械の移転を必要とする場合は，顧客は特殊な機械の移転なしに特許権の便益を享受できないため，両者を一括し単一の履行義務として処理する。

(2) ライセンス供与の約束と他の約束が区別できる場合

　ライセンス供与の約束が他の財又はサービスを移転する約束とは別個のものであり，当該約束が独立した履行義務である場合は，ライセンスを供与する約束の性質に応じて履行義務の充足を判定する（基準62項）。その際，ライセンス供与の約束が他の財又はサービスを移転する約束と別個のものとなるか否かは，次の2要件をもって判定する（基準34項）。2要件をすべて満たすとき，当該ライセンス供与の約束は別個のものとなり，独立した履行義務と判定される。

(a) 顧客が財又はサービスから単独で便益を享受することができる，あるいは当該財又はサービスと容易に利用可能な他の資源を組み合わせて便益を享受することができる

(b) 財又はサービスを移転する約束が，契約に含まれる他の約束と区分して識別できる

　なお，追加的な視点として，知的財産が相対的独占権[3]の場合は，企業が顧客に対して一定の知的財産の利用を許諾するほか，第三者に対してもその利用を許諾し，第三者からも対価を受け取ることがある。こうしたライセンス供与の約束では，顧客への利用許諾と第三者への利用許諾を区別するかどうかも判定する必要がある（片山[2017]369頁）。

3　ライセンス供与の約束の性質の判定

　独立したライセンス供与の履行義務については，ライセンスを供与する約束

---

[3] 相対的独占権とは「他人が独自に創作したものにはその効力が及ばない」権利のことをいい，著作権，回路配置利用権，商標及び不正競争防止法上の利益などがこれに該当する（特許庁HP）。

の性質に応じてその充足を判定する。このときライセンスを供与する約束の性質は，ライセンスの契約期間に渡って存在する知的財産へのアクセス権を付与するものと，ライセンスの供与時点で存在する知的財産の使用権を付与するものに分けられる（基準62項）。アクセス権の場合は一定の期間にわたり充足される履行義務として，使用権の場合は一時点で充足される履行義務として処理する（基準62項）。

ライセンス供与の約束の性質は次の3要件をもって判定する（指針63項）。3要件のすべてに該当する場合はアクセス権，いずれかに該当しない場合は使用権となる。

(a) 顧客が権利を有している知的財産に著しく影響を与える活動を企業が行うことが，契約に定められている又は顧客により合理的に期待されている

(b) 顧客が権利を有している知的財産に著しく影響を与える企業の活動により，顧客が直接的に影響を受ける

(c) 顧客が権利を有している知的財産に著しく影響を与える企業の活動の結果として，企業の活動が生じたとしても，財又はサービスが顧客に移転しない

このように約束の性質の判定では，ライセンスの供与後，顧客が権利を有している知的財産に対して，企業が著しい影響を与える活動を行うか否かに目が向けられている。この背景には，知的財産の所有権を企業が保有するというライセンス供与の特徴がある。すなわち，企業はライセンスの供与後においてもなお顧客が権利を有する知的財産に影響を与え続けることが可能であり（上原［2019］15頁），顧客がライセンスの供与後において当該ライセンスの残りの便益のすべてを実質的に得られるかを検討する必要がある（岡部［2015］66頁）ということである。

したがって，ライセンスの供与後においても企業が知的財産に著しい影響を与えるとすれば，顧客には知的財産へのアクセス権を付与したことになり，当該ライセンス供与の履行義務は一定の期間にわたり充足されるものと判定される。他方，ライセンスの供与後，企業が知的財産に著しい影響を与えないのであれば，ライセンスの供与時点で顧客はライセンスの残りの便益のすべてを実

質的に得る可能性が高いため使用権が付与されたことになり，その履行義務は一時点で充足されるものとなる（岡部［2015］67頁）。

4　売上高又は使用量に基づくロイヤルティ

ライセンスの供与では，その対価として売上高又はライセンスの使用量に基づくロイヤルティを受け取ることがある。売上高又は使用量に基づくロイヤルティが知的財産のライセンスのみに関連している場合，あるいは当該ロイヤルティにおいて知的財産のライセンスが支配的である場合は，次の(a)と(b)のいずれか遅い方で，当該ロイヤルティについて収益を認識する（指針67項）。

(a)　知的財産のライセンスに関連して顧客が売上高を計上するとき又は顧客が知的財産のライセンスを使用するとき
(b)　売上高又は使用量に基づくロイヤルティの一部又は全部が配分されている履行義務が充足（あるいは部分的に充足）されるとき

この処理の適用は売上高又は使用量に基づくロイヤルティに限定される。したがって，約束された対価に変動性のある部分を含む他の種類の変動対価には適用できない。この規定により，企業は不確実性が解消されるまで，売上高又は使用量に基づくロイヤルティについて収益を認識できない（指針151項）。この変動対価の見積りに関する例外的な規定は，顧客による販売やライセンス使用による不確実性が解消される前に，その対価を見積って収益が認識されてしまうと，事後的に長期にわたって収益の金額の修正が必要になることが考慮されたものと考えられる（吉岡［2017］39頁）。

Ⅲ　ライセンス供与の収益認識に係る会計実務への影響

収益認識基準の本格適用が開始されるにあたり，石田［2020］は，製造業の実務担当者を対象にアンケートを実施し，収益認識基準導入に伴う企業の対応と課題について分析した。この調査によれば，一番多く行われている取引や契約はライセンス供与（調査対象の27.6％）であり，収益認識基準に日本基準を採

用する上場企業の46.2％がライセンス供与に関する取引や契約を行っているとの結果となった（石田［2020］9頁）。

　塚原他［2020］は，上場企業へのアンケートにより，収益認識基準が財務諸表数値に及ぼす影響を分析した。この調査によれば，財務諸表数値に影響を及ぼす会計取引は，本人と代理人の区分に関する取引が一番多く（39.19％が影響大と回答），次いで変動対価を伴う取引（28.82％が影響大と回答）の順となり，ライセンス供与に関する取引は財務諸表数値に大きな影響を及ぼさないという結果となった（塚原他［2020］14－15頁）。

　これらの先行研究は，収益認識基準が本格適用される前の企業の意識調査として，同時期にアンケートを通じて行われた。両者の調査結果は同様の傾向を示すものではなく[4]，ライセンス供与に係る結果は両者の相違を顕著にあらわしている[5]。

　本章では，有価証券報告書における「会計方針の変更」を調査することにより，ライセンス供与の収益認識に係る会計実務への影響を明らかにする。また，変更内容の詳細などは，フランチャイズのライセンス供与に係る収益認識に焦点を絞って調査する。本章で調査対象とする企業は，東京証券取引所に上場している企業のうち日本基準を採用する企業とし，収益認識基準が本格適用となった2021年4月1日から2023年3月31日までに決算を実施した企業とする。なお，東京証券取引所は2022年4月4日付で市場を再編しているため，2021年4月1日から2022年4月3日まで（以下，第1年度とする）は市場第一部，第二部及びマザーズに上場している企業，2022年4月4日から2023年3月31日まで（以下，第2年度とする）はプライム市場，スタンダード市場及びグロース市場

---

[4]　石田（［2020］14頁）と塚原他（［2020］19頁）は共に，両者の調査結果が異なる要因として，両者の調査対象が相違する点（前者は製造業に限定されており，後者はすべての上場企業を対象としている）を指摘している。ただし，検証されたものではない。
[5]　石田［2020］は勤務先で行っている取引や契約について質問しているのに対して，塚原他［2020］は財務諸表の数値に影響する取引を質問していることから，両者の質問の主旨は異なるものとも解される。

に上場している企業とする[6]。

1 ライセンス供与の収益認識に係る会計方針の変更

表18－1に示すように，「会計方針の変更」に「収益認識基準等の適用」による会計方針の変更を記載した企業は，第1年度が1,717社，第2年度が1,414社あった。このうち「ライセンスの収益認識」と「フランチャイズの収益認識」（両者をあわせて「ライセンス供与の収益認識」とする[7]）に係る会計方針の変更を記載した企業が，第1年度は1,717社中41社で2.4％，第2年度が1,414社中43社で3.0％である。

各期ともに「ライセンス供与の収益認識」に係る会計方針の変更の割合は低い。ただし，第1年度のマザーズ市場における割合は8.6％となっており，この中では目立って高い数値を示している。こうした傾向を示す要因は，マザーズ市場には情報通信に係る企業が他の市場に比べて多く，多様なライセンスが扱われていることが考えられる。マザーズ市場の10社の内訳を調べたところ，情報通信分野の企業が6社，情報通信関連のサービス分野の企業が2社であった。

---

[6] 2022年4月3日時点で東京証券取引所の一部市場に上場している企業数は2,176社，二部市場は474社，マザーズ市場は429社あり，市場再編後の2023年4月4日時点でプライム市場に上場している企業は1,839社，スタンダード市場が1,466社，グロース市場は516社である（日本証券取引所グループ［2023］）。

[7] 定義上，フランチャイズはライセンスの範疇にあるが，「会計方針の変更」の記載を調査したところ，フランチャイズとライセンスは区別して扱われていた。そのため，本章では両者をあわせて「ライセンス供与」に係る会計方針の変更の企業とした。

第Ⅱ編　収益認識についての個別論点研究

表18－1　ライセンス供与の収益認識に係る会計方針の変更

	決算日	2021年4月1日から2022年4月3日				2022年4月4日から2023年3月31日			
	東証の市場区分	第一部	第二部	マザーズ	合計	プライム	スタンダード	グロース	合計
1	「会計方針の変更」に「収益認識基準等の適用」に係る会計方針の変更を記述した日本基準採用企業	1,288	313	116	1,717	526	555	333	1,414
2	「会計方針の変更」に「ライセンスの収益認識」に係る会計方針の変更を記述した日本基準採用企業	20	2	9	31	6	9	9	24
3	「会計方針の変更」に「フランチャイズの収益認識」に係る会計方針の変更を記述した日本基準採用企業	8	1	1	10	11	6	2	19
4	ライセンス供与の収益認識に係る会計方針の変更をした企業数（上記2と3の合計）	28	3	10	41	17	15	11	43
	上記1の企業に占める上記2と3の企業の割合	2.2%	1.0%	8.6%	2.4%	3.2%	2.7%	3.3%	3.0%

（注）　筆者作成。%で示した数字は小数第2位を四捨五入，それ以外の数字は会社数を示す。

2　フランチャイズ契約の収益認識に係る会計方針の変更内容

「フランチャイズの収益認識」に係る会計方針の変更を記載した企業29社について，引き続き会計方針の変更内容と重要な会計方針について調査した。

会計方針の主たる変更内容については，29社中26社（89.7%）がフランチャイズ加盟金（又は加盟料）と更新料に係る収益認識の変更を記載していた。このうちの25社は，収益認識基準の適用前において，フランチャイズ加盟金と更新料を契約時又は対価の受領時の一時点で認識していたが，適用後は契約期間又は一定期間にわたり認識するように変更された。26社中残りの1社は，加盟金については契約時の一時点において認識していたものを履行義務の充足に従って認識するものとし，更新料については更新手続きの手数料収入という形で受領時に認識するものとしていた。

なお，フランチャイズ加盟金と更新料に係る収益認識の変更に次ぐものとして，フランチャイズ加盟店への財又はサービスの提供に係る収益認識の変更が29社中8社あり27.6％を占めた。その変更内容は本人または代理人の取引に係る収益認識の変更であり，収益認識基準の適用前は，財又はサービスの提供において本人か代理人かを区別することなく総額で収益を認識したが，適用後は代理人の役割と判定される取引の収益は純額で認識するように変更された。

次に，重要な会計方針については，29社中8社[8]がフランチャイズ加盟店への食材や商品等の販売に関して出荷基準を採用するといった記載がみられた。続いて29社中7社（24.1％）が，対価として受領するロイヤルティについて売上高の発生に応じて収益を認識していると記載していた。収益認識基準の審議の過程では，売上高や使用量に基づくロイヤルティに関して，特に海外からのロイヤルティ収入などは現金主義による処理を要望するコメントが寄せられたが，ASBJは比較可能性の面から認められないものとした（ASBJ［2017］53頁）。こうした経緯を考慮すると当該処理の会計実務への影響が考えられたが，その影響は特に確認できなかった。

Ⅳ　おわりに

本章では，ライセンス供与の収益認識に関する会計処理を考察し，収益認識基準がライセンス供与に係る収益認識の会計実務にどのような影響を与えたかを明らかにした。

当該会計処理では，ライセンス供与の約束が他の財又はサービスを移転する約束と別個のものであるか否かを判定し，ライセンス供与の約束が別個のものである場合は，その約束の性質に応じて履行義務の充足を判定する。ライセンス供与の約束の性質の判定は，ライセンス供与に係る履行義務の性質と収益の認識方法を決定する鍵となり，約束の性質がアクセス権の場合は一定の期間に

---

(8) この数字はフランチャイズ加盟店への財又はサービスの提供に係る収益認識の変更を記載した企業数と同じであるが，その企業と同一企業というわけではない。

わたり充足される履行義務として，使用権の場合は一時点で充足される履行義務として収益を認識する。また，ライセンス供与の収益認識では，売上高又は使用量に基づくロイヤルティが変動対価の例外として扱われる。売上高又は使用量に基づくロイヤルティについて，企業は不確実性が解消されるまで収益を認識することができない。

　収益認識基準が会計実務に与えた影響に関しては，次の点が指摘できる。第1に，会計方針の変更からみると，収益認識基準がライセンス供与の収益認識に与えた影響は全体的には小さい。ただし，情報通信関連の企業が多いマザーズ市場での影響は他の市場に比べて大きいことが明示された。第2に，フランチャイズの収益認識に係る会計方針の変更を記載した企業の89.7％が，フランチャイズ加盟金と更新料に係る収益について，契約時又は対価の受領時に一時点で認識してきたものを契約期間又は一定期間にわたり認識するように変更した。また，同企業の24.1％が，重要な会計方針において，対価として受領するロイヤルティについて売上高の発生に応じた収益の認識を記載していた。

〔参考文献〕

石田万由里［2021］「新収益認識基準導入に伴う企業の対応と課題－財務・会計・経理部門および経営企画部門を対象にしたアンケート調査からの分析－」『玉川大学経営学部紀要』第32号，1－18頁。

上原啓輔［2019］「ソフトウェア・コンテンツ・製薬業界には影響大　ライセンスの供与の会計処理」『旬刊経理情報』No.1550，8－18頁。

大野智弘［2023］「ライセンス供与に関する収益認識」会計理論学会スタディグループ（主査　岩崎勇）『収益認識についての総合的研究－最終報告書－』会計理論学会，第20章所収。

岡部健介［2015］「ライセンス契約」『企業会計』Vol.67 No.5，64－71頁。

片山智裕［2017］『収益認識の契約法務－契約法と会計基準の解釈・適用』中央経済社。

片山智裕［2019］「契約書を踏まえた会計処理が求められる　ライセンス契約書の収益認識に関する着眼点」『旬刊経理情報』No.1550，19－26頁。

企業会計基準審議会（ASBJ）［2017］「企業会計基準公開草案第61号『収益認識に関する会計基準（案）』等に寄せられたコメント」（https://www.asb-j.jp/jp/project/exposure_draft/y2017/2017-0720/comment.html）2024年3月2日閲覧。

塚原慎・中村亮介・小澤康裕［2020］「収益認識基準変更の影響分析－上場企業へのアンケート調査に基づいて－」『HERMES－IR（一橋大学機関リポジトリ）Working

paper』No. 237，1－22頁。
特許庁HP（https://www.jpo.go.jp/system/patent/gaiyo/seidogaiyo/chizai02.html）2023年8月14日閲覧。
日本証券取引所グループHP（https://www.jpx.co.jp/listing/co/index.htm）2023年8月14日閲覧。
浜田宰［2019］「ライセンス契約」『企業会計』Vol. 71 No. 3，59－67頁。
藤田晶子［2012］「改訂版ED『顧客との契約から生じる収益』とライセンス契約」『産業経理』Vol. 72 No. 1，57－63頁。
吉岡亨［2017］「医薬業界，テクノロジー業界等で見られる　ライセンス契約に関する実務ポイント」『旬刊経理情報』No. 1490，35－39頁。
渡邉宏美［2015］「ロイヤルティの収益認識」『産業経理』Vol. 75 No. 2，114－126頁。

　　　　　　　　　　　　　　　　　　　　　　大野智弘（創価女子短期大学教授）

第19章

請求済未出荷契約に関する収益認識[1]

I　はじめに

　本章では，請求済未出荷契約について，その概要と特徴を明らかにする。そのうえでわが国の収益認識基準，すなわち企業会計基準第29号「収益認識に関する会計基準（以下，収益認識基準と略す）」が適用される前の会計処理と適用後の会計処理を比較して，収益認識基準の適用によってどのような会計処理の変化が生じているのか検討することにしたい。

　請求済未出荷契約は，収益認識基準の5つのステップのうち，ステップ5の一時点で充足される履行義務に含まれる論点である。

　収益認識基準では資産に対する支配を顧客に移転した時点を決定するにあたっては，資産に対する支配（37項）の定めを考慮するとしている。さらに支配の移転の指標の一つとして，企業が資産の物理的占有を移転したこと（40項）をあげている。

　しかし，請求済未出荷契約では，条件を満たせば資産の物理的占有の移転を伴わない支配の移転が生じる可能性があり，その会計上の取扱いを慎重に検討する必要があるのではないかと考えている。

---

[1]　本章は，会計理論学会スタディグループ（主査　岩崎勇）『収益認識についての総合的研究〔最終報告書〕』会計理論学会，第21章をもとに内容を修正して作成した。

請求済未出荷契約については，これまで理論研究および実証研究を含めて先行研究がほとんど行われていない論点であると考えられる[2]。そこで，今回の研究を通じて何らかの新たな知見を示すことができれば幸いであると考えている。

Ⅱ 請求済未出荷契約の概要と特徴

請求済未出荷契約とは，企業が商品または製品について顧客に対価を請求したが，将来において顧客に移転するまで企業が当該商品または製品の物理的占有を保持する契約をいう（指針77項）。したがって，請求済未出荷契約は，例えば，商品などの納入が完了しても当該商品の支配が受託者である企業に移転することがない，いわゆる委託販売とは全く異なり，むしろその逆のケースということになる。請求済未出荷契約に基づく売上は，会計実務上で，預り売上といわれることがある。

このような契約は，例えば，顧客に商品または製品の保管場所がない場合や，顧客の生産スケジュールの遅延等の理由により締結されることがあるとされている（指針159項）。しかし，請求済未出荷契約に基づいた預り売上は，出荷基準や検収基準による売上と比較すると，買い手である顧客の要請で引渡しが遅れていることを示す文書が通常は存在しないため，売上根拠の事実を客観的に確認するのが難しいとされ，特に締め日から期末日までの期間に生じた預り売上を，どの会計年度の売上とするかについての判断が難しいといわれる[3]。さらに，請求済未出荷契約に基づいた預り売上には，関連当事者に対するものも含まれるため，その場合には，売上根拠の事実を客観的に確認するのがより一層困難になるものと考えられる。

---

[2] 筆者が先行研究（学術論文）を調査したところ，濱本［2020］でごくわずかに請求済未出荷契約について言及されていることが確認できた。
[3] T社（東証一部）は，平成19年3月期から平成28年3月期にかけて実際には病院などのエンドユーザーに出荷していないにもかかわらず，製品が完成した段階で，「先上げ」と称される売上高の前倒し計上を行っていたといわれている（http://tentaitentei.com/ 2017／11／19/post-996/）（2022年8月7日閲覧）。

収益認識基準の適用による会計処理の変化

　収益認識基準の適用前は，請求済未出荷契約について，日本基準には規定が存在していなかったとされる。このため，会計実務上は実現主義の観点から，財やサービスの移転の完了と対価の獲得の2要件が満たされているかどうかを判断することとされていた。

　請求済未出荷契約では，物品が未出荷の場合，財やサービスの移転が完了していない。このため売り手である企業が収益を認識できるのは，物品の未出荷の理由が買い手企業による要請であり，それが経済的合理性を有すると客観的に判断できる場合に限られる。

　したがって収益認識基準の適用前は，一般的には，後述するIAS 18の付録第1項に示される4要件をめやすにして判断されていたようであるが，わが国の会計実務上で最低限必要とされる条件として，商品または製品の保管料が販売対価に含まれているか，顧客が負担していることが求められ，そのような場合に，商品または製品の物理的な占有を維持したままで売上を計上しているケースがあり，会計実務上，各会社ごとの判断にゆだねられているといわれていた。それでは設例にもとづいて検討することにしたい。

【設例】

> 　岐阜株式会社は園芸用の土を販売している。取引先である神奈川株式会社に商品5トンを5百万円で販売したが，取引先の倉庫に空きスペースがなく，保管場所がないという理由で先方から依頼があり，岐阜株式会社所有の倉庫に保管している。ただし，現時点でまだ他の商品とは明確に区別していない。なお，倉庫における販売した商品の保管料25万円と取引先への運送料2万円は取引先が負担する契約になっている。
> 　（出所）　筆者が作成した

第Ⅱ編　収益認識についての個別論点研究

　設例では，売り手（岐阜株式会社）が取引先（神奈川株式会社）に販売した商品は未出荷であり，財やサービスの移転が完了していない。しかし，商品の未出荷が取引先の要請によるものであり，商品の保管料を取引先が負担していることから，請求済未出荷契約であると考えられる。

　このような場合，収益認識基準の適用前は，日本基準で次のような仕訳が行われていたと考えられる。なお，取引先が負担する運送料2万円は売掛金に含めており，保管料は未収入金で処理している。

　　（借）売　　掛　　金　5,020,000　　（貸）売　　　上　　　高　5,000,000
　　（借）未　収　入　金　　 250,000　　（貸）受　取　保　管　料　　 250,000

　一方，国際会計基準では，収益認識基準の適用前は，改訂前のIAS 18で規定される物品の販売に係る収益認識の条件（par.14），すなわち，以下の5つの条件すべてが達成されたときに認識しなければならないとされていた[4]。

　これら5つの条件に加え，収益認識基準の適用前の国際会計基準では下記の4要件を満たしている場合に限り，収益を認識することができるとされていた（付録1項）[5]。

　上述の設例について，収益認識基準の適用前の国際会計基準に基づく場合，下線部は(2)の要件を満たさないため，この時点では売上を計上する仕訳はできないと考えられる。

　そしてIAS 18が改訂後に適用されたIFRS 15のもとでも，支配の移転時期に

---

[4] (a) 物品の所有に伴う重要なリスクおよび経済価値を企業が買手に移転したこと
　　(b) 販売された物品に対して，所有と通常結び付けられる程度の継続的な管理上の関与も有効な支配も企業が保持していないこと
　　(c) 収益の額を信頼性をもって測定できること
　　(d) その取引に関連する経済的便益が企業に流入する可能性が高いこと，ならびに，
　　(e) その取引に関連して発生したまたは発生する原価を信頼性をもって測定できること
[5] (1) 引渡しが行われる可能性が高いこと
　　(2) 販売を認識した時点で物品が手許にあり，他と区別され，かつ，買手にいつでも引き渡せる状態にあること
　　(3) 買手が引渡延期の指示を明確に認めていること
　　(4) 通常の支払条件が適用されること

関する一般規定や，請求済未出荷契約に関して収益を認識するために満たすべき要件を欠いているため，日本基準のもとでは売上を計上している場合でも改訂前のIAS 18を適用している場合と同様に，改訂後のIFRS 15を適用した場合も売上を計上できないケースが生じていたものと考えられる。

これに対して，収益認識基準の適用後（とりわけ2021年4月以降）は，請求済未出荷契約の収益認識についても次のような会計規定が日本基準に整備され，IFRS 15とのコンバージェンスが図られている。

商品または製品を移転する履行義務をいつ充足したか判定するさいは，顧客が当該商品または製品の支配をいつ獲得したか考慮する（指針78項）。

請求済未出荷契約においては，会計基準第39項および第40項の定め（<u>一時点で充足される履行義務</u>）を適用し，次の(1)から(4)の要件のすべてを満たす場合には，顧客が商品または製品の支配を獲得する（指針79項）[6][7]。

つまり，企業が商品または製品を物理的に保有したままで未出荷の状態であっても，上記の4要件をすべて満たしている場合は顧客が商品または製品を支配していると判断され，売上は，これら4要件の充足時点で計上する。さらに，下記の規定も考慮する。

請求済未出荷の商品または製品の販売による収益を認識する場合には，取引価格の一部を配分する残存履行義務（例えば，顧客の商品または製品に対する補完サービスに係る義務）を有しているかどうかについて判断しなければならない（指針160項）。

つまり，請求済未出荷契約では，顧客に販売済みの商品または製品の保管

---

[6] 下線部は筆者が追加した。
[7] (1) 請求済未出荷契約を締結した合理的な理由があること（例えば，顧客からの要望による当該契約の締結）
 (2) 当該商品または製品が，顧客に属するものとして区分して識別されていること
 (3) 当該商品または製品について，顧客に対して物理的に移転する準備が整っていること
 (4) 当該商品または製品を使用する能力あるいは他の顧客に振り向ける能力を企業が有していないこと

第Ⅱ編　収益認識についての個別論点研究

サービスを提供している場合が考えられ，それについては契約における履行義務を識別する収益認識基準の32項から34項にしたがって判断する。

　保管サービスが①当該サービスから単独であるいは他の資源と組み合わせて顧客が便益を享受することができる，および，②契約に含まれる他の約束と区別して識別できる，のいずれも満たす場合には，保管サービスを別個の履行義務として会計処理する。

　ここで，さきほどの設例について考えると，収益認識基準の適用後は，日本基準を適用した場合もIFRS 15を適用した場合も，設例で示された時点では，いずれも売上を計上する仕訳はできないという結果になるものと考えられる。

　このように収益認識基準の適用後は，請求済未出荷契約についてもIFRS 15とのコンバージェンスが図られており，同一の取引について適用前のような日本基準適用時とIFRS 15適用時で会計処理が相違してしまう問題に会計ルール上で対応が図られていることが確認できた。そして適用前には会計基準が存在しなかった状態であったのとくらべて請求済未出荷契約に関するわが国の会計基準が整備されたものと考えられる。

　しかし，収益認識基準で物品販売にかかる売上の計上が原則として検収時点とされ（検収基準），売上を出荷時点に計上する出荷基準は代替的な取り扱いとして認められている（指針98項）。改訂前は，出荷時点，船積時点，引渡や納品時点，試運転完了時点，検収時点などから選択が可能であったが，会計実務上は引渡や納品時点が多くの日本企業で選択適用されていたことを考えると，明らかに売上計上の厳格化の潮流が生じているものと考えられる。

　これに対して，請求済未出荷契約は，検収基準や出荷基準と比べて買い手である顧客の要請で引渡しが遅れていることを示す文書が通常は存在しないため，売上根拠の事実を客観的に確認するのが難しく，売上の早期計上などの会計不正につながりかねない大きなリスクを引き続き孕んでいる。

Ⅳ 関連当事者に対する請求済未出荷契約の会計基準の有効性

　Ⅲ節で述べたように，収益認識基準の適用後（とりわけ2021年4月以降），請求済未出荷契約の収益認識についてIFRS 15とのコンバージェンスが図られている。

　しかし，関連当事者に対する請求済未出荷契約については，それ以外の一般的な請求済未出荷契約の場合とくらべて，売上根拠の事実を客観的に確認するのがより一層困難になると考えられることから，本節で若干の理論的検討を行うことにしたい。

　わが国の企業会計基準第11号で関連当事者とは，ある当事者が他の当事者を支配しているか，または，他の当事者の財務上および業務上の意思決定に対して重要な影響力を有している場合の当事者等をいい，親会社・子会社・関連会社・役員などをいう（5項）。

　これらの当事者との取引は，対等な立場で行われているとは限らず，会社の財政状態や経営成績に偏った影響を及ぼすことがある（桜井［2021］390頁）[8]。

　本節では，請求済未出荷契約に関する日本の収益認識基準の前述の4要件の有効性について，Ａ．独立第三者間取引のケースとＢ．関連当事者取引のケースを比較して考察する。

　まず(1)請求済未出荷契約を締結した合理的な理由がある，については，一般的な販売のケースとくらべて，ＡとＢのいずれのケースも，買い手である顧客の要請で引渡しが遅れていることを示す文書が通常は存在しないため，売上根

---

[8]　なお，研究会で高須教夫先生より，「関連当事者に対する請求済未出荷契約の不正は，連結会計上は，会計ビッグバン以前の親会社の個別財務諸表が重視されていた時代とは異なり，いまや企業集団の業績には影響しないが，個別会計上は，なお，業績を良くみせかけるメリットがある。ただし，総合的に考えると関連当事者間でもそのような取引をするメリットはなくなってきているのではないか」という貴重なコメントを頂いた。

第Ⅱ編　収益認識についての個別論点研究

拠の事実を客観的に確認するのが難しいと考えられる。

　このため，Aのケースについては，売上取引に関する各種の証憑書類が存在する一般的な販売取引の会計情報と比べて，公認会計士による監査が行われている請求済未出荷契約については信頼性や検証可能性が同程度か，やや低くなる可能性が考えられる。その理由は，会計士の監査により，時間とコストは一般的な販売取引の場合より余分に必要になるが，売上根拠の事実の合理性がチェックできると考えられるためである。

　一方，Bのケースについては，会計士の監査を行っても十分な結果が得られない可能性もあることが考えられ，そのような場合は，信頼性と検証可能性のいずれも低くなる。

　次に，4要件の(2)商品または製品が，顧客に属するものとして区分して識別されている，(3)商品または製品について，顧客に対して物理的に移転する準備が整っている，(4)商品または製品を使用する能力あるいは他の顧客に振り向ける能力を企業が有していない，の各要件は，Aのケースについては，公認会計士による監査が有効に機能している場合は，一般的な販売のケースとくらべて，取引に関する会計情報の信頼性はそれ程大きく変わらないと考えられるものの，検証に必要な時間とコストが余分に必要となり，客観的な証拠を得ることも困難になると考えられることから，検証可能性がやや低下すると考えられる。一方，Bのケースについては，会計士の監査を行った場合についても一定のリスクが残る場合があると考えられるため，信頼性が大幅に低下するが，検証可能性については，若干低下する程度にとどまるのではないかと考えられる。

　このように，請求済未出荷契約では，A．独立第三者間取引のケースも，B．関連当事者取引のケースも，いずれも請求済未出荷契約ではない一般販売のケースと比較すると，当該取引に関する会計情報の信頼性や検証可能性が低くなる傾向を有すると考える。

　また，AのケースよりもBのケースの方が会計情報の信頼性や検証可能性がより低くなる可能性が高いと考えられる。

　このため前述の4要件（指針79項）の適用が厳格かつ適正に行われているか

疑義が生じるケースがありうるのではないかと考えられる。

現行制度では，このような疑義に対し，関連当事者の状況や取引について詳細な情報提供を求める[9]ことや厳格な監査を行うことで対応を図っているものと考えられる[10][11]。また，詳細な情報提供を求めることや厳格な監査を行うことで，会計不正の発生を抑制または防止する結果につながり，独立第三者間取引の場合と比較した場合に十分ではないかもしれないが，関連当事者に対する請求済未出荷契約の会計基準の有効性を保つのに役立っているものと考えられる[9][10]。

 おわりに

本章では，請求済未出荷契約について，その概要と特徴，および収益認識基準の適用によってどのような会計処理の変化が生じているのかについて検討を行った。その結果，収益認識基準の適用前は，請求済未出荷契約について，日本基準には規定が存在していなかったことが確認された。収益認識基準が適用される前の会計処理は，実現主義の観点から商品または製品の保管料が販売対価に含まれているか，顧客が負担している場合は，商品または製品の物理的な占有を維持したままで売上を計上している場合があることが明らかにされた。

これに対して，収益認識基準の適用後は請求済未出荷契約の収益認識についてもいくつかの会計規定が日本基準に整備され，IFRS 15とのコンバージェンスが図られている。

---

[9] 桜井［2021］390頁。
[10] 本章では，公認会計士による監査が有効に行われていることを前提に請求済未出荷契約に関する日本の収益認識基準の売上計上のための4要件について検討を行っている。このため，監査の対象とならない会社については，別途，詳細な検討が必要であると考えられる。
[11] 米国においては，会社が実証できない限り，関連当事者との取引が第三者との取引と同等な条件で行われた旨を明記してはならないとの規定が設けられている（伊藤［2012］99頁）。

第Ⅱ編　収益認識についての個別論点研究

　しかし，改定前は，物品販売にかかる収益認識は出荷時点，船積時点，引渡や納品時点，試運転完了時点，検収時点などから選択が可能であったが，会計実務上は引渡や納品時点が多くの日本企業で適用されていたという。一方，改訂後は原則として検収時点に変更され，多くの日本企業で適用されているようであり，収益認識基準のもとで売上の計上の厳格化の潮流が生じているのではないか，あるいは，取引の経済的な実質をより一層厳密に反映しようとしているのではないかと筆者は個人的に考えている。

　しかしながら請求済未出荷契約については，収益認識基準の下でIFRS 15とのコンバージェンスを通じた会計基準の整備が図られているものの，会計基準の改訂後も検収基準や出荷基準を適用した場合と比べて，買い手である顧客の要請で引渡しが遅れていることを示す文書が通常は存在しないため，売上根拠の事実を客観的に確認するのが難しく，売上の早期計上などの会計不正につながりかねない大きなリスクを引き続き孕んでいることが懸念される。

　本章では，上述の検討結果を踏まえて，さらに関連当事者に対する請求済未出荷契約の収益認識基準の有効性について，若干ではあるが理論的な検討を行った。

　その結果，請求済未出荷契約では，独立第三者間取引のケースも，関連当事者取引のケースも，いずれも請求済未出荷契約ではない一般販売のケースと比較すると，当該取引に関する会計情報の信頼性や検証可能性がより低くなる傾向を有すると考えられる。

　また，独立第三者間取引のケースよりも関連当事者取引のケースの方が会計情報の信頼性や検証可能性がより低くなる可能性が高いと考えられる[12]。

　このため売上を計上するための4要件（指針79項）の適用が厳格かつ適正に行われているか疑義が生じるケースがありうることが考えられる。

　このような課題に対して，現行制度では，関連当事者の状況や関連当事者間取引について詳細な情報提供を求めることや厳格な監査を行うことによって対

---

[12]　本章で示したこれらの考察結果は，仮説のレベルにとどまっており，何らかの形でデータによる検証が必要であると考えられる。

応を図ろうとしている。これだけでは，会計情報の信頼性や検証可能性を担保するのに，独立第三者間取引の場合と比較した場合には十分ではないかもしれないが，関連当事者に対する請求済未出荷契約の会計基準の有効性を維持するために一定の有効性を有しているものと考えられる。

〔参考文献〕
伊藤功樹［2012］「関連当事者・後発事象・経営者確認書・比較情報」『企業会計』第64巻第9号，98-99頁。
小澤義昭［2011］「国際監査基準の明確化に伴う関連当事者取引に係る我が国監査実務への影響」『現代社会と会計』第5号，51-64頁。
企業会計基準委員会（ASBJ）［2020］企業会計基準第29号「収益認識に関する会計基準」
企業会計基準委員会（ASBJ）［2021］企業会計基準適用指針第30号「収益認識に関する会計基準の適用指針」
桜井久勝［2021］『財務会計講義 第22版』中央経済社。
濱本道正［2020］「（研究ノート）収益認識：資産の支配と物理的占有の関係」国際経営論集，第59巻。
International Accounting Standards Board ［2001］ *IAS 18, Revenue*, originally issued by IASC in 1982 and replaced in 1993.
International Accounting Standards Board ［2014］ International Financial Reporting Standard 15, *Revenue from Contracts with Customers*, International Accounting Standards Board.
Luca, F. D., et al. ［2022］ *Global Comparability of Financial Reporting under IFRS*, Springer.

池田健一（福岡大学教授）

索　　引

【数字・欧文】

1989年CF ………………………… 43
2010年CF ………………………… 43
2015年ED ………………………… 43
2018年CF ………………………… 43
AcSB …………………………… 101
ASBJ概念フレームワーク ……… 65
EITF 99-19 …………………… 165
Enron事件 ……………………… 99
GAAP …………………………… 18
IFRIC第13号 …………………… 151
IFRS15と概念フレームワークの
　関係性 ……………………… 62
IFRS第15号 …………………… 3,86
KAM …………………………… 92
S&L危機 ……………………… 99
Sarbanes-Oxley法 …………… 99

【あ行】

アウトプット法 ……………… 192
アクセス権 …………………… 212
新しい収益認識基準の特徴点 … 12
新しい発生主義会計 …………… 8
アメリカにおける会計理論の
　生成・発展 ………………… 67
委託販売 ……………………… 222
一時点で充足 ………………… 199
一致の原則 ……………………… 19
一定の期間にわたり収益計上 … 13
一定の期間にわたり充足 …… 200

一般に認められた会計原則 …… 18
一般目的財務報告の目的 ……… 43
インプット法 ………………… 192
売上の負債化 ……………… 32,34
売上の負債化の機能 ………… 35
運賃 …………………………… 203
運賃にかかる収益認識 ……… 204
役務原価 ……………………… 203
役務提供取引 ………………… 197
役務の提供 …………………… 117

【か行】

海運企業財務諸表準則 ……… 203
会計基準の内部化 …………… 49
回収費用 ……………………… 142
買取仕入 ……………………… 167
概念フレームワーク・アドプション説 … 83
概念フレームワークの外部化 … 49
概念フレームワークの可変性 … 69
概念フレームワークの変化 …… 76
概念フレームワークの変遷と
　固有の目的 ………………… 70
概念フレームワークの役割の変化 … 76
概念フレームワーク不要説 …… 83
買戻し義務 …………………… 176
買戻し義務がある …………… 178
買戻し義務がない …………… 178
価格設定の裁量権 …………… 169
確認価値 ……………………… 55
カスタマー・ロイヤルティ・
　プログラム ……………… 151,152

仮定上の取引	101
可変性	75
貨物運賃	203
仮単価	128
完成品メーカー	176
関連当事者	227
関連当事者取引のケース	228
期間帰属重視指向	21
企業会計基準第29号	3
企業業績	111
基準設定のための基準	75, 77
基準の適用レベルの変化	13
規範的アプローチ	101
規範理論	68
基本原則	31
基本となる原則	31
逆基準性	77
（狭義）資産負債アプローチ	i, 5
（狭義の）収益	56
業績に基づくインセンティブ	127
金額捕捉重視志向	22
具体的制度的計算構造	30
繰延収益方式	155
経済的実質	57
計算構造	29
契約	104, 141
契約の識別	57
契約負債	34
原価回収基準	191, 202
現在出口価格アプローチ	105, 156
現在の株主と将来の株主との利害調整	36
検収基準	226
検収時点	230
航海完了基準	203
航海日割基準	203
広義の収益	56
（広義）資産負債アプローチ	i, 5
貢献性	68
工事完成基準	186, 188, 192
工事契約	116, 185, 186
工事契約会計基準	185, 187, 193
工事契約にかかる収益認識	189
工事契約の期間がごく短いもの	191
工事進行基準	186, 187
公正価値アプローチ	105
公正価値モデル	10
コール・オプション	115
顧客	104
顧客からの返金が不要な支払い	118
顧客対価アプローチ	129
顧客対価モデル	10
顧客との契約から生じる収益	3
国際会計基準の国内会計基準化	71
国内会計基準の国際会計基準化	71
コスト制約	78
固定対価	127
コンバージェンス	86

【さ行】

サービス（役務）	197
財貨用役の提供	128
債権者保護	37
在庫リスク	169
財務会計の概念フレームワーク	5, 65
財務諸表の作成表示に関する枠組み	8
財務諸表の比較可能性	112
参照枠	17
試運転完了時点	230

索　引

支給先 …………………………… 176, 177
支給品 ……………………………… 176
支給元 ……………………………… 177
資産と負債の変動に焦点を合わせた
　収益認識に対するアプローチ ……… 100
資産負債・公正価値アプローチ … 102
資産負債・履行価値アプローチ … 102
資産負債アプローチ ………………… 4
資産負債アプローチ系統 …………… 22
資産負債アプローチの計算構造 …… 29
資産負債の変動と連携した
　発生主義会計 …………………… 8
資産負債の変動に焦点を当てた
　収益認識アプローチ …………… i
自社型ポイント制度 ……………… 151
実現 ……………………………… 9, 128
実現・稼得アプローチ …………… 102
実現・稼得規準 …………………… 102
実現稼得過程モデル ……………… 10
実現可能 …………………………… 188
実現原則の適用対象レベルの変化 … 13
実現主義の原則 …………………… 9
実現の要件 ……………………… 9, 128
実質優先 ……………………… 55, 57
質的特性の実質化 ………………… 60
指導原理 …………………………… 77
指導原理性 ………………………… 77
支配 ……………………………… 166
支配アプローチ ……………… 59, 129
支配の移転 ……………… 87, 88, 140
収益 ……………………………… 56
収益会計 ………………………… 17
収益間接把握法 …………………… 11
収益控除処理 …………………… 128

収益純額処理法 ………………… 135
収益認識基準の目的 ……………… 31
収益認識における区分の視点 …… 199
収益認識に関する会計基準 ……… 3
収益認識の構造 ………………… 199
収益認識プロセス ……… 11, 129, 134
収益認識モデル ………………… 54
収益の把握方法 ………………… 14
収益の負債化 …………………… 131
収益費用アプローチ ……………… 4
収益費用アプローチ系統 ………… 19
収益費用の期間帰属の決定 ……… 7
収支額基準 ……………………… 21
収支額基礎 ……………………… 7
収支主義 ………………………… 21
収支と連携した発生主義会計 …… 7
収支と連携しない発生主義会計 … 8
従来型発生主義 ………………… 18
従来の収益認識基準 ……………… 9
受託責任目的 …………………… 44
主たる責任 ……………………… 169
出荷基準 ………………………… 226
出荷時点 ………………………… 230
純額 ……………………………… 164
純額処理 ………………………… 132
純額処理法 ……………………… 14
純額表示 ………………………… 114
純粋制度的計算構造 ……………… 30
純利益 …………………………… 80
純利益の表示方法 ………………… 79
消化仕入 ………………………… 167
商標権 …………………………… 209
商品券等 ………………………… 114
商品等の瑕疵 …………………… 141

235

情報提供機能 …………………… 36	
情報提供目的 …………………… 44	
新基準の導入により影響のあるもの …… 14	
慎重性 …………………………… 55	
進捗度 ………………………… 202	
信頼性 …………………………… 44	
数量値引き …………………… 133	
ステップ1 ……………………… 57	
ステップ2 ……………………… 58	
ステップ5 ……………………… 59	
ストック ………………………… 7	
成果の確実性 ………………… 187	
請求済未出荷契約 ……… 118, 221, 222	
生産基準 ……………………… 201	
制度設計 ………………………… 68	
制度的対応 ……………………… 90	
製品保証 ……………………… 118	
積切（出帆）基準 …………… 203	
説明原理 ………………………… 77	
説明原理性 ……………………… 77	
全面的な認識の中止アプローチ …… 49	
総額 …………………………… 164	
総額表示 ……………………… 114	
相対的独占権 ………………… 211	
測定基礎 ………………………… 47	
測定対価主義 …………………… 21	
測定の不確実性 ………………… 46	
測定モデル ……………………… 10	
外生の要因 ……………………… 76	
その他海運業収益 …………… 203	
ソフトウェア ………………… 209	
損益計算構造 …………………… 7	
損益計算書アプローチ ………… 4	

【た行】

対価の受領 …………………… 128
貸借対照表アプローチ ………… 4
タイミングレベルの変化 ……… 13
代理人 ………………………… 171
単純な計算構造 ………………… 30
知的財産 ……………………… 209
忠実な表現 ……………………… 44
中小企業会計要領 ……………… 9
長期の請負工事 ……………… 186
著作権 ………………………… 209
賃船料 ………………………… 203
追加オプション ……………… 155
提携型ポイント制度 ………… 151
伝統的発生主義会計 …………… 7
当期純利益 ……………………… 80
当初取引価格アプローチ … 106, 156
独立第三者間取引のケース …… 228
独立販売価格 ………………… 156
特許権 ………………………… 209
トップダウン・アプローチ … 101
トップライン ………………… 111
取引価格 ……………………127, 155
取引価格の算定 ……………… 128
取引価格配分方式 ………… 151, 155
トレード・オフ関係 …………… 44

【な行】

内生的要因 ……………………… 76
内部利益相当額 ……………… 181
内部ロビング …………………… 98
二元的アプローチ ……………… 5
日本基準の高品質化 …………… 73

索　　引

認識規準 …………………………… 45, 60
認識の中止 ………………………………… 60
値引き ……………………………… 127, 132, 133

【は行】

ハイブリッド・アプローチ ……………… 4
配分モデル ………………………………… 10
買戻契約 ………………………………… 115
発生 ………………………………………… 21
発生主義 ……………………………… 24, 188
発生主義会計 ……………………… 8, 17, 19, 24
発生主義会計の変容 ……………………… 7
販売基準 ………………………………… 201
販売不成立アプローチ ………………… 143, 144
比較可能性レベルの変化 ………………… 13
引当金方式 ……………………………… 153
引渡や納品時点 ………………………… 230
非行使部分 ……………………………… 159
ビッグ・バス ……………………………… 97
費用会計 ………………………………… 17
費用処理 ………………………………… 128
部材サプライヤー ……………………… 176
プット・オプション …………………… 115
船積時点 ………………………………… 230
部品サプライヤー ……………………… 176
部分的な認識の中止アプローチ ……… 49
フランチャイズ ………………………… 209
フランチャイズの収益認識 …………… 215
フリークエント・ショッパーズ・
　プログラム ………………………… 151
フロー ……………………………………… 7
ペナルティー …………………………… 128
変化の「可能性」 ………………………… 78
変化の可能性 ……………………………… 75

返金 ……………………………………… 127
返金の見込み …………………………… 131
返金負債 …………………………… 131, 146
返金負債の特質 ………………………… 145
変動対価 …………………………… 127, 142
変動対価概念 …………………………… 134
変動対価の見積プロセス ……………… 130
返品 ……………………………………… 131
返品権 …………………………………… 140
返品権付取引 …………………………… 113
返品権付きの商品 ……………………… 141
返品権付販売 …………… 33, 127, 131, 132, 139
返品権の付与 …………………………… 140
返品調整引当金 ………………………… 141
返品調整引当金繰入法 ………………… 131
ポイント制度 ……………………… 113, 151
ポイント総数 …………………………… 153
ポイント付販売 ………………………… 33
ポイントの付与 ………………………… 155
ポイント引当金 ………………………… 153
ポイント引当金繰入 …………………… 153
法人税法22条の2 ……………………… 91
法人税法における対応 ………………… 90
本人 ……………………………………… 171
本人と代理人の区分 …………… 114, 163, 170

【ま行】

マーク・トゥ・マーケット会計 ……… 106
マイレージ・プログラム ……………… 151
未実現収益 ……………………………… 198
未履行義務 ……………………………… 37
メタ基準 …………………………………… 6
目的適合性 ……………………………… 45

237

【や行】

有償支給取引 ·················· 115, 175, 176
有償支給取引係る負債 ················ 181
有償支給に係る負債 ·················· 180
有用な財務情報の質的特性 ············ 43
有用な財務諸表の質的特性 ············ 55
予測価値 ······························ 55

【ら行】

ライセンス ···························· 209
ライセンス供与 ······················ 209
ライセンス供与の収益認識 ············ 215
ライセンス契約 ··············· 117, 210
ライセンスの収益認識 ················ 215
利益観 ······························ 4, 5
利益観レベルの変化 ···················· 13
利害調整機能 ·························· 36
履行義務 ···························· 198
履行義務アプローチ ·················· 143
履行義務の識別 ······················· 58
履行義務の識別要件 ··················· 58
履行義務の充足 ·················· 11, 59
リベート ······················ 127, 132
累積数値 ······························ 21
レリバントな測定属性 ················ 101
連結損益計算書における
　純利益の表示方法 ··················· 80
ロイヤルティ ························ 213

【わ行】

割増金 ······························ 128

著者紹介（あいうえお順）

浅野　千鶴（あさの　ちづる）　　　　　　　　　第14章・第16章担当
明治大学専任講師
略歴：明治大学大学院経営学研究科博士後期課程修了。博士（経営学）。
主要著書等：『企業簿記論』（共著）創成社，「収益認識基準の展開―資産負債中心観における収益認識―」『水野忠恒先生古稀記念論文集　公法・会計の制度と理論』渋谷雅弘他編　中央経済社，「コンテンツ産業の会計における諸問題」『経営論集』第68巻第1号（明治大学経営学研究所）。

池田　健一（いけだ　けんいち）　　　　　　　　第10章・第19章担当
福岡大学教授
略歴：神戸大学大学院博士課程修了。博士（経営学）。
主要著書等：『テキスト国際会計基準（新訂第2版）』（共著）白桃書房，『はじめて学ぶ国際会計論（第3版）』同文舘出版，『1からの会計（第2版）』（共著）碩学舎，『仕訳で学ぶ簿記』（共著）税務経理協会。

石山　宏（いしやま　ひろし）　　　　　　　　　第13章・第17章担当
山梨県立大学教授
略歴：中央大学商学部卒業。国士舘大学大学院経営学研究科博士課程単位取得退学。
主要著書等：『検定簿記講義／2級商業簿記〈2024年度版〉』（共著）中央経済社，『会計学説の系譜と理論構築』（共著）同文舘出版，「新勘定科目管見－収益認識会計基準における新勘定科目の検討－」『山梨国際研究』第18号。

市川　紀子（いちかわ　のりこ）　　　　　　　　第6章担当
駿河台大学教授
略歴：千葉大学大学院博士後期課程修了。博士（経済学）。
現在：日本会計教育学会理事，財務会計研究学会学会誌編集委員。
主要業績等：『財務会計の現代的基盤』（単著）森山書店，『簿記のススメ』（共著）創成社（日本簿記学会学会賞），『新版財務会計論』（共著）税務経理協会，『会計学説の系譜と理論構築』（共著）同文舘出版，『人生を豊かにする簿記』（共著）創成社，『スタートアップ会計学』（共著）同文舘出版，『現場で使える簿記・会計』（共著）中央経済社，『日本簿記学説の歴史探訪』（共著）創成社，『27業種別簿記・会計の処理と表示』（共著）中央経済社，『エッセンス簿記会計』（共著）森山書店等。

井上　定子（いのうえ　さだこ）　　　　　　　　　　　　　　　　第5章担当
兵庫県立大学大学院教授
略歴：神戸商科大学（現兵庫県立大学）大学院経営学研究科博士後期課程修了。博
　　　士（経営学）（神戸商科大学）。
現在：財務会計研究学会監事，会計理論学会理事。
主要著書等：『外貨換算会計の研究』千倉書房，『環境財務会計の国際的動向と展開』
　　　（共著）森山書店，*Economic Change in Asia : Implications for Corporate Strategy and Social Responsibility*, Routledge, London and New York（co-authored）. 等。

岩崎　勇（いわさき　いさむ）　　　　　はじめに・第1章・第11章担当
大阪商業大学教授・九州大学名誉教授
編著者紹介を参照。

大野　智弘（おおの　ともひろ）　　　　　　　　　　　　第12章・第18章担当
創価女子短期大学教授
略歴：明治大学大学院経営学研究科博士後期課程単位取得退学。
主要著書等：『IFRSを紐解く』（編著）森山書店，『ニューステップアップ簿記』（編著）創成社，『会計学』（共著）森山書店，『エッセンス簿記会計』（共著）森山書店，『基本から学ぶ会計学』（共著）中央経済社，Impact of impairment accounting on company behavior : questionnaire research studies on impairment accounting in 2009（co-authored）『国際会計研究学会年報』等。

岡田　裕正（おかだ　ひろまさ）　　　　　　　　　　　　　　　　第3章担当
長崎大学教授
略歴：九州大学大学院経済学研究科博士後期課程単位取得退学。
現在：会計理論学会会長。
主要著書等：「資産負債アプローチの計算構造の段階的考察－IASB概念フレームワークとIFRS第15号との関連で－」『會計』第204巻第2号，「資産負債アプローチにおける利益のリサイクリング」『會計』第202巻第1号，「評価・換算差額等とリスクシェアリング」『會計』第199巻第3号，「会計基準の標準化の下での会計実務の多様化の可能性」『会計理論学会年報』第30号等。

椛田　龍三（かばた　りゅうぞう）　　　　　　　　　　　　第9章担当
専修大学教授（元）
略歴：福岡大学大学院商学研究科博士後期課程単位取得退学。経済学博士（武蔵大学）。税理士試験元試験委員。
現在：中小企業会計学会理事，日本インベスター・リレーション研究学会理事，会計理論学会監事。
主要著者等：『自己株式会計論』白桃書房（博士論文），『会計における責任概念の歴史―受託責任ないしは会計責任―』（共著）中央経済社，『IASB概念フレームワーク』（共著）税務経理協会，「IFRS時代における受託責任概念（目的）の普遍妥当性」『会計理論学会年報』第26号（会計理論学会学会賞），「FASB概念フレームワーク・プロジェクトの変容」『専修商学論集』第112号，「経済の金融化と新概念フレームワーク（2010年）の関係」『専修商学論集』第113号，「IASB／FASB概念フレームワーク（2010年）の設定過程の分析」『会計学研究』第48号（専修大学会計学研究所），「貯蓄貸付組合の危機とFASB・SFAS第115号の設定過程の分析」『産業経理』第82巻第2号，「会計目的と収益認識の会計基準」『専修商学論集』第119号等。

杉山　晶子（すぎやま　あきこ）　　　　　　　　　　　　　第8章担当
東洋大学教授
略歴：明治大学商学部卒業。明治大学大学院経営学研究科博士後期課程単位取得退学。
現在：公認会計士試験委員，関税・外国為替等審議会委員，一般財団法人 産業経理協会理事。
主要著書等：「会計上の見積りに係る情報開示の拡充と監査報告書におけるKAMの報告の意義」『ディスクロージャー ＆IR』vol.23，「『顧客との契約に係る収益の認識』と『資産の販売等に係る益金の認識』の比較にみる会計と税務の計算思考の乖離」『税務会計研究』第32号，「財務報告の信頼性と内部統制の有効性の関係性に見るわが国会計プロフェッションの役割と課題」『国際会計研究学会年報　2017年度第1・2合併号』。

高須　教夫（たかす　のりお）　　　　　　　　　　　　　　第4章担当
大阪学院大学教授・兵庫県立大学名誉教授
略歴：神戸大学経営学部卒業。神戸大学大学院経営学研究科博士後期課程単位取得退学。博士（経営学）（神戸大学）。公認会計士試験元試験委員，税理士試験元試験委員。
主要著書等：『連結会計論―アメリカ連結会計発達史―』森山書店，『会計とイメージ』（共著）神戸大学経済経営研究所。

千葉　啓司（ちば　けいじ）　　　　　　　　　　　　　　　　　第15章担当
千葉商科大学教授
略歴：千葉商科大学商経学部卒業。明治大学大学院経営学研究科博士後期課程単位
　　　取得退学。日本簿記学会理事（2011－2014）。
現在：日本商業教育学会副会長，危機管理システム研究学会理事。
主要著書等：『比較会社法会計論』（共著）白桃書房，『図解でナットク！会計入
　　　　　　門』（共著）中央経済社，『エッセンス簿記会計』（共著）森山書店，『日商簿
　　　　　　記ゼミ商業簿記２級教本』（共著）実教出版。

徳山　英邦（とくやま　ひでくに）　　　　　　　　　　　　　　第２章担当
帝京大学教授
略歴：明治大学大学院商学研究科博士後期課程単位取得退学。
主要著書等：『財務分析からの会計学［第３版］』（共著）森山書店，『基本から学ぶ
　　　　　　会計学』（共著）中央経済社，『エッセンス簿記会計』（共著）森山書店，『会
　　　　　　計学』（共著）森山書店，『財務会計テキスト：簿記会計的アプローチ』（共
　　　　　　著）同文舘出版，「会計システムにおける二元性（双対性）原理―IASB概
　　　　　　念フレームワークにおける経済的資源―」帝京経済学研究第51巻第１号，帝
　　　　　　京大学経済学会。

藤井　秀樹（ふじい　ひでき）　　　　　　　　　　　　　　　　第７章担当
金沢学院大学教授・京都大学名誉教授
略歴：京都大学大学院博士後期課程修了。京都大学博士（経済学）。税理士試験元
　　　試験委員，公認会計士試験元試験委員。
現在：日本会計研究学会評議員，国際会計研究学会理事，会計理論学会理事，財務
　　　会計研究学会会長，グローバル会計学会副会長，日本公認会計士協会非営利
　　　組織会計検討会委員等。
主要著書等：『現代企業会計論』森山書店（日本会計研究学会太田・黒澤賞），『制
　　　　　　度変化の会計学』中央経済社（国際会計研究学会賞，日本公認会計士協会学
　　　　　　術賞），『国際財務報告の基礎概念』（編著）中央経済社，『入門財務会計』中
　　　　　　央経済社。

編著者紹介

岩崎　勇（いわさき　いさむ）　　　　はじめに・第1章・第11章担当
群馬県前橋市生まれ
略歴：明治大学大学院経営学研究科博士後期課程単位取得退学。
現在：九州大学名誉教授・大阪商業大学教授・岩崎哲学研究所所長。
　　　財務会計研究学会副会長・グローバル会計学会常務理事・日本会計史学会理事・日本簿記学会理事・国際会計研究学会理事・日本会計研究学会評議委員・会計理論学会学術賞審査委員。
著書論文：『AI時代に複式簿記は終焉するか』（編著），『基本財務会計』（編著），『IASBの概念フレームワーク』（編著），『IFRSの概念フレームワーク』，『キャッシュ・フロー計算書の読み方・作り方』，『経営分析のやり方・考え方』，『新会計基準の仕組みと処理』以上，税務経理協会，（文部科学省検定済教科書）『財務会計Ⅱ』，（文部科学省検定済教科書）『現代簿記』，（文部科学省検定済教科書）『原価計算』以上，東京法令出版，『人生の法則』，『哲学輝く未来を拓くために』，『幸せになれる「心の法則」』以上，幻冬舎等の多数の本，及び『収益認識についての総合的研究〔最終報告書〕』（編著：会計理論学会　スタディグループ），『IFRSの概念フレームワークについて－最終報告書』（編著：国際会計研究学会　研究グループ），『会計概念フレームワークと簿記－最終報告書』（編著：日本簿記学会　簿記理論研究部会）等の多数の論文。
その他：税理士試験委員，福岡県監査委員，FM福岡QT PROモーニングビジネススクール，会計，税務，コーポレート・ガバナンス，監査，哲学等のテーマで講演会の講師等を経験する。また，現在『東大阪（新聞）』（東大阪新聞社）に「幸せな人生を送るために」を連載中。

最新の収益認識会計

2024年10月15日 初版発行

編著者	岩崎　勇
発行者	大坪克行
発行所	株式会社 税務経理協会 〒161-0033東京都新宿区下落合1丁目1番3号 http://www.zeikei.co.jp 03-6304-0505
印刷所	光栄印刷株式会社
製本所	牧製本印刷株式会社

 本書についての
ご意見・ご感想はコチラ

http://www.zeikei.co.jp/contact/

本書の無断複製は著作権法上の例外を除き禁じられています。複製される場合は，そのつど事前に，出版者著作権管理機構（電話03-5244-5088, FAX03-5244-5089, e-mail: info@jcopy.or.jp）の許諾を得てください。

JCOPY ＜出版者著作権管理機構 委託出版物＞
ISBN 978-4-419-07240-7　C3034

Ⓒ 岩崎　勇 2024 Printed in Japan